INTRODUCTION

A LA

SOCIOLOGIE

(Première Partie)

ÉLÉMENTS

PAR

GUILLAUME DE GREEF

BRUXELLES
Gustave MAYOLEZ
13, rue de l'Imprimerie.

PARIS
Félix ALCAN, Éditeur
108, boulevard Saint-Germain, 108

1886

INTRODUCTION A LA SOCIOLOGIE

PUBLICATIONS DU MÊME AUTEUR :

L'Ouvrière dentellière en Belgique. Bruxelles, 1872. . fr. 0.50

Abrégé de Psychologie. Bruxelles, 1882 . . . . . . » 3.00

Le Budget et l'Impôt. Bruxelles, 1883 . . . . » 1.00

Les Impôts de consommation. L'Accise sur la Bière.
Bruxelles, 1884 . . . . » 0.25

Le Rachat des Charbonnages. Bruxelles 1886 . . . . » 1.00

INTRODUCTION

A LA

SOCIOLOGIE

(Première Partie)

ÉLÉMENTS

PAR

GUILLAUME DE GREEF

—⸻ ⚬✦⚬ ⸻—

BRUXELLES

GUSTAVE MAYOLEZ

13, rue de l'Impératrice.

PARIS

FÉLIX ALCAN, Éditeur

108, boulevard Saint-Germain, 108

1886

BRUXELLES. — IMPRIMERIE A. LEFÈVRE, RUE SAINT-PIERRE, 9.

PRÉFACE

La première partie de cette *Introduction* est exclusivement consacrée à la démonstration de l'existence d'une science sociale et à la classification hiérarchique des diverses espèces de phénomènes qui en forment le domaine ; la deuxième le sera à l'organographie et à la dynamique spéciales et générales du superorganisme sociétaire, c'est-à-dire à sa structure et à son fonctionnement.

Appliquer la méthode positive à la politique, arracher cette dernière à l'empirisme aussi bien qu'à l'utopie : tel est le but de cet ouvrage.

La sociologie implique une classification et celle-ci une hiérarchie des phénomènes qu'elle embrasse ; cette classification et cette hiérarchie sont en rapport avec une division correspondante des fonctions et des organes, dont la combinaison constitue la structure et la vie du superorganisme général.

Ces divisions ne sont pas artificielles ; elles ne constituent pas de simples procédés destinés à venir en aide à notre faiblesse intellectuelle ; bien que la matière soit une et continue, ses manifestations ne sont pas uniformes, mais elles s'élèvent, par une suite de créations naturelles, des propriétés les plus générales et les plus simples à des propriétés de plus en plus spéciales et complexes.

Les mathématiques, la physique, la chimie, la biologie et la psychologie sont les principaux degrés de l'échelle hiérarchique des sciences ; la sociologie en est le dernier.

Celle-ci, à son tour, se forme successivement de couches superposées. La méconnaissance de cette loi fondamentale est la cause directe du peu de progrès de la sociologie depuis Auguste Comte.

Sans classification hiérarchique des phénomènes sociaux, il n'y a pas de politique véritablement scientifique. Tous les faits, placés sur le même plan, comme dans les tableaux de nos vieux peintres, ont, dès lors, la même importance; on ignore ceux qui agissent directement sur les autres ou qui, au contraire, subissent cette impulsion et ne font que réagir contre elle. Tous les organes, toutes les fonctions sont uniformes et jouent le même rôle. La conséquence se tire aisément : La politique est la science la plus élémentaire de toutes; il suffit de la rattacher à une formule universelle quelconque; du moment qu'on possède le mot de passe, soit révolutionnaire, soit rétrograde, l'effet est infaillible; on a le droit de purger ou de saigner le corps social; grâce à la formule toute-puissante, l'opération miraculeuse s'accomplit à tout coup !

Telle est, au fond, l'illusion de tous les partis qui se disputent le pouvoir; en réalité, ils représentent tous des intérêts distincts et légitimes; mais ces intérêts, n'étant ni classés, ni pondérés, s'entre-choquent dans des luttes stériles et ruineuses, qui se terminent, du reste, toujours à l'avantage des partis les mieux organisés au point de vue de la guerre.

La lutte des castes est le reflet de la classification inexistante ou insuffisante des facteurs sociaux; celle des partis est l'image de l'antagonisme des intérêts représentés par les castes.

Les atomes sociaux auront beau tourbillonner, s'accrocher et s'entre-choquer : il ne résultera jamais, des innombrables rapports et combinaisons de rapports produits par cette agitation incessante, la combinaison unique qui représente le superorganisme social, c'est-à-dire l'ordre véritable.

Cet ordre, il faut le découvrir dans l'étude des diverses fonctions et structures de la société; il ne s'agit pas de le créer de toutes pièces, mais bien de le reconnaître tel qu'il se découvre à nous, sauf à le perfectionner s'il est démontré qu'il est susceptible de perfectionnement.

Le dénombrement exact des phénomènes sociaux, leur classification et leur formation hiérarchiques, logiques et naturelles, la démonstration scientifique qu'ils peuvent et doivent faire l'objet d'une science spéciale, la description de leurs organes spéciaux et de leur action et réaction réciproques, enfin la reconstruction générale de l'ensemble du superorganisme et la description des lois de son évolution et de son fonctionnement : voilà la base préliminaire indispensable de toute éducation et de toute action politiques rationnelles.

La politique, à vrai dire, c'est la méthode sociale.

La méthode est le procédé le plus élevé de l'intelligence individuelle; elle est aussi supérieure au simple raisonnement que celui-ci l'est à l'action réflexe ou automatique. Ces dernières sont également des modalités de l'intelligence collective; à défaut de la méthode positive, l'instinct, l'action réflexe et l'automatisme ont heureusement, jusqu'ici, garanti la conservation et le progrès des agrégats sociaux avec plus d'efficacité que n'eut pu le faire la raison individuelle ou collective de leurs membres; l'inconscience collective corrige les effets de l'ignorance individuelle; il y a dans la structure et le fonctionnement de la force collective des lois qu'il ne dépend de personne ni de supprimer, ni de bouleverser. L'irrésistible contrepoids de ces conditions fondamentales a sauvé la civilisation moderne bien plus que notre empirisme et nos utopies; nous eussions, hélas! été submergés mille fois s'il avait dépendu uniquement de notre sottise de l'être.

L'étude du rôle du conscient et de l'inconscient dans l'histoire naturelle des sociétés est un des problèmes les plus importants de la sociologie ; elle fait donc partie intégrante de toute étude de ce genre.

Le véritable titre de cette *Introduction* eut peut-être été : *De la méthode en Sociologie* ; elle n'est, en effet, qu'un exposé de la façon dont cette science doit être étudiée ; c'est seulement accessoirement et à titre d'exemple que nous traitons de la sociologie même.

Les diverses branches de cette dernière feront l'objet de publications postérieures successives, conformément à l'ordre naturel de leur classification, de manière à former, avec la présente *Introduction*, un cours complet de sociologie, dont le couronnement sera la constitution d'une science politique positive.

Tous les progrès de la science et particulièrement de la méthode ont des conséquences pédagogiques.

La diffusion du bien-être et de l'instruction est la loi des civilisations progressives.

L'homme social n'est heureux et complet que si, à côté de la satisfaction légitime de ses besoins matériels, par la juste rémunération de son travail, il est à même de recevoir tout le développement intellectuel dont sa nature est susceptible.

L'enseignement intégral, à la fois scientifique et professionnel, théorique et pratique, est une nécessité de la démocratie ; cet enseignement seul est capable, avec de larges réformes économiques, de relever le niveau des classes inférieures et de remédier aux effets désastreux d'une division excessive du travail, qui elle-même est une nécessité du progrès industriel et intellectuel.

La spécialisation des fonctions, tant libérales que manuelles, doit être contre-balancée par la généralité de l'enseignement.

Aujourd'hui, à côté des milliers de jeunes gens qui reçoivent l'instruction primaire, un bien petit nombre, sans autre titre que le privilège de la fortune, fait des études moyennes, et une partie plus restreinte encore, des études supérieures.

Le privilège de la science, fruit des privilèges économiques, doit disparaître avec ces derniers.

Il faut qu'à tous les degrés l'enseignement soit complet.

L'enseignement primaire, l'enseignement moyen, l'enseignement supérieur doivent chacun parcourir le cycle entier des connaissances humaines, mais, à chacun de ces degrés, dans la mesure de la capacité intellectuelle des élèves.

Il ne faut pas qu'un jeune homme quitte les bancs soit de l'école primaire, soit de l'école moyenne et de l'athénée, soit de l'université, sans posséder des notions générales de toutes les sciences : mathématiques, astronomie, physique, chimie, physiologie, psychologie et sociologie.

Il va de soi qu'à chacun de ces échelons de l'enseignement doit correspondre une méthode pédagogique appropriée à la méthode naturelle du progrès de l'intelligence.

La psychologie positive enseigne les lois de ce développement; il appartient à la science pédagogique de s'y conformer; ainsi, la méthode intuitive sera à la base, et les méthodes expérimentales et descriptives au sommet de l'édifice.

L'enseignement scientifique théorique n'est toutefois que la moitié de l'enseignement; pour être intégral, celui-ci doit être, en même temps, professionnel.

L'école moyenne, l'athénée, l'université, ont donc pour complément nécessaire des écoles d'apprentissage pour toutes les professions, tant manuelles et artistiques que libérales.

La constitution de syndicats professionnels de toute espèce

semble être le procédé le plus rationnel et le plus pratique de l'organisation de l'apprentissage dans toutes les branches de l'activité humaine.

Le développement peu méthodique de l'enseignement actuel, en rapport, du reste, avec une anarchie économique et intellectuelle inouïe, a produit des résultats étranges et néfastes, qu'il est impossible de méconnaître.

D'un côté, l'enseignement primaire et moyen, qui devrait être surtout pratique, est trop exclusivement théorique ; de l'autre, l'enseignement supérieur a cessé de mériter ce titre en dégénérant de plus en plus en un simple enseignement professionnel.

L'échelle hiérarchique des sciences, c'est-à-dire le véritable caractère social de l'enseignement, est méconnu. Le médecin ne connaît rien ni de l'art, ni du droit, ni de la politique ; l'avocat ignore les sciences naturelles et nous avons déjà signalé antérieurement (1) l'inconséquence incroyable qu'il y avait à lui enseigner, par exemple, la psychologie sans une étude préalable de la physiologie.

Les hautes études sont de plus en plus désertées.

Il appartient aux universités et particulièrement aux universités libres, telles que celle de Bruxelles, de réagir contre cette tendance si destructive de toute science, en soumettant les diverses facultés à un enseignement intégral à la fois théorique et professionnel, de manière à concilier les nécessités de l'existence matérielle avec celles, non moins importantes, de la vie intellectuelle.

Au point de vue spécial qui nous occupe en ce moment, il ne

_____

(1) *Abrégé de Psychologie*, Introduction.

faudrait pas qu'un seul élève sortît de l'université sans avoir suivi un cours complet de sociologie.

Les médecins, les avocats, les ingénieurs ne peuvent être des hommes, c'est-à-dire des membres intelligents de la société, qu'à cette condition.

Il ne faut pas se le dissimuler : l'ignorance politique des classes soi-disant dirigeantes est encore plus dangereuse peut-être que les revendications instinctives et, du reste, légitimes des classes prétenduement dirigées, mais, en réalité, deshéritées.

La combinaison d'un enseignement intégral scientifique et professionnel, de plus en plus complexe à tous les degrés, la possibilité matérielle pour tous de parcourir tous les stades de l'enseignement, non plus de par le privilège de la richesse, mais suivant les aptitudes constatées par les examens et les concours, sont une impérieuse condition de la réconciliation des classes et du progrès futur de la civilisation.

La création d'une chaire de sociologie et même d'une faculté comprenant l'enseignement des diverses parties de la science sociale, conformément à notre classification, est le complément nécessaire de l'enseignement supérieur, qui, sans cela, pas plus que le catholicisme, ne serait à la hauteur de sa dignité ni de sa mission et mériterait, comme lui, d'être déchu de ses prétentions à l'universalité (1).

1er *juillet* 1886.

G. De Greef.

---

(1) Cette réforme capitale serait d'une réalisation facile pour l'Université libre de Bruxelles; le point de départ en est tout indiqué : il suffirait de fondre le doctorat en philosophie avec la faculté des sciences politiques et administratives et d'y adjoindre un cours de sociologie générale. Le cours libre actuel d'histoire des religions ferait naturellement partie de cette faculté.

INTRODUCTION A LA SOCIOLOGIE.

PREMIÈRE PARTIE.

CHAPITRE PREMIER.

LE PROBLÈME SOCIOLOGIQUE.

Existe-t-il une science sociale?

Cette question soulève ce problème préalable : A quelles conditions la science sociale peut-elle se constituer en science indépendante?

Pas de matière sans force, pas de force sans matière : telle est la loi générale du cosmos aussi bien organique qu'inorganique.

Pas d'intelligence sans matière organisée, mais souvent matière organisée sans intelligence : d'où légitimité de la science dite physiologie de l'esprit ou psychologie, qui, des formes les plus élevées de la matière organisée, se relie, par l'intermédiaire des formes plus simples, à toutes les sciences antécédentes.

Les progrès décisifs de la chimie vers la fin du xviiie siècle, ceux non moins merveilleux de la biologie dans le siècle actuel, ont seuls permis à Spencer, Maudsley, Bain, Bastian, en Angleterre; à Herbert, Wundt, Haeckel, en Allemagne; à Hertzen et à Siciliani, en Italie; à Th. Ribot, Perrier, Ferrière et Luys, en France, pour ne citer que les plus connus, d'arracher au joug de la métaphysique, en la constituant sur des bases strictement positives, cette science essentiellement moderne de la physiologie mentale, en l'absence de laquelle la sociologie restait condamnée à s'agiter dans les régions stériles de l'utopie soit rétrograde, soit révolutionnaire.

De même que la biologie était la base indispensable de la science de l'intelligence, de même la psychologie positive unie à la biologie était la matrice où la science sociale en gestation devait se développer et s'alimenter avant de s'affirmer comme création indépendante.

Certes, avant A. Comte, Stuart-Mill et H. Spencer, il était démontré, sinon admis, que l'observation directe ou indirecte et l'expérience, physiologiquement ou intellectuellement héritées ou acquises, sont l'unique source de nos connaissances. Les révélations légendaires minées par la critique philosophique et, ce qui est mieux, expliquées par le développement organique des idées et des croyances avaient fait leur temps; les idées innées avaient reçu une explication purement physiologique; toutefois, la logique et la méthode, ces deux branches les plus hautes de la psychologie, étaient encore et nécessairement imparfaites par cela même que les procédés et les lois de l'intelligence étaient insuffisamment analysés et connus.

Au lieu de rechercher dans ses manifestations les plus simples comment fonctionnait, en réalité, notamment l'intelligence des animaux supérieurs et de l'enfant, les métaphysiciens, y compris l'immortel Kant lui-même, s'ingéniaient à créer de toutes pièces des systèmes et des méthodes auxquels ils s'efforçaient de soumettre les intelligences. Au lieu de prendre pour point de départ de leurs observations les faits les plus simples, pour s'élever insensiblement, mais sûrement, aux plus composés, ils s'attachaient directement à ces derniers et en arrivaient à expliquer les phénomènes les plus élémentaires par les hypothèses les plus ridicules tirées d'un ordre d'idées complexes et sublimes.

D'après Kant, par exemple, le premier cri de l'enfant au moment de sa naissance avait pour signification la proclamation de la liberté humaine ; ainsi, un fait physiologique vulgaire revêtait l'apparence grandiose de la plus haute conception psychique et sociale.

Transportée dans la sociologie, cette façon de procéder conduisait aux conclusions et aux systématisations les plus fantaisistes ; les premières écoles socialistes et Comte lui-même, ce dernier par son dédain volontaire de la psychologie et de l'économie sociale, toutes par l'oubli persistant ou momentané de la méthode scientifique, ne parvenaient pas à échapper à ce vertige métaphysique.

La loi sociologique des trois états, théocratique, métaphysique et positive, dans lesquels Comte scindait l'évolution sociale, était absolument dérisoire, même au simple point de vue de l'évolution psychique individuelle, à plus forte raison à celui du développement psychique social et surtout du développement de ce dernier en général, lequel n'est pas seulement et exclusivement intellectuel et moral.

L'intelligence humaine, en réalité, n'a jamais fonctionné de façons différentes; elle passe seulement par une succession parfaitement naturelle, organique et méthodique d'états de plus en plus complexes suivant que ses expériences, fruit de son activité, deviennent elles-mêmes plus nombreuses et plus parfaites.

La méthode positive a toujours été la méthode effective et réelle, le degré de science et de conscience a seul varié ; le développement physiologique et psychique, tant individuel que social, a toujours été un développement naturel, c'est-à-dire organique et logique ; seuls les philosophes et les savants, *à fortiori* les ignorants et les demi-savants, se sont trompés ; l'erreur se produit non pas dans l'objet observé, mais dans le sujet qui observe.

L'organisation et l'évolution sociales ont toujours été une organisation et une évolution réalistes, c'est-à-dire adaptée à la structure collective et en correspondance de plus en plus parfaite avec les conditions externes dans le milieu et dans le temps.

La politique des Égyptiens, des Grecs et des Romains, et j'entends par là leur développement non pas raisonné, mais spontané, était aussi positive que celle du xixᵉ siècle; ces grandes sociétés agissaient et vivaient de la seule manière dont elles pouvaient et devaient le faire alors. Quoi de plus réaliste, par exemple, aussi que la politique des républiques italiennes et flamandes? Aristote, Machiavel déterminaient-ils par hasard leurs consultations politiques aux peuples et aux princes de leur temps par de pures préoccupations scolastiques ou métaphysiques, et, en les supposant telles, l'instinct social ne brisait-il pas leurs formules pour s'adapter rigoureusement aux conditions de l'époque?

Prenez pour exemple l'évolution du langage, ce grand instrument social. Cette évolution, malgré toutes les arguties des pédants, des scoliastes et des métaphysiciens, n'a-t-elle pas été toujours et partout rigoureusement organique?

Dans aucun cas, il ne faut donc confondre les théories subjectives de la philosophie et de la sociologie, telles qu'elles apparaissent dans les travaux des écrivains et des penseurs, avec l'évolution réelle des sociétés; ces théories sont un aspect particulier de l'évolution sociale, elles ne sont pas toute cette évolution; elles sont un facteur spécial de la structure et du développement sociologiques, elles ne sont pas la loi de cette structure et de ce devenir.

La loi sociale doit se découvrir dans l'ensemble des faits, non dans les faits particuliers; les théories sociales individuelles, tout en étant déterminées elles-mêmes par l'évolution générale, sont des phénomènes particuliers; elles peuvent servir d'explication à la sociologie, elles ne sont pas la sociologie.

La formation successive des croyances sociales, principalement des croyances subjectives des philosophes et des écrivains politiques, est, en partie, soumise à des règles différentes de celles de la formation des autres fonctions et organismes sociaux : tandis que les premières arrêtent leurs observations aux phénomènes complexes et mystérieux de la surface, les deuxièmes procèdent systématiquement et naturellement du simple au composé. La science sociale même acquiert sa constitution définitive quand elle est parvenue, après des déblaiements continus, à pénétrer jusqu'aux couches profondes de la phénoménalité sociologique, là où gisent les formes et où s'accomplissent les fonctions les plus simples et les plus générales.

La constitution hiérarchique et historique des sciences sans distinction n'a pu s'opérer qu'après la constatation de leurs éléments les plus simples, seule base possible à la construction des étages supérieurs et de leur couronnement sociologique.

Les mathématiques, la mécanique, la physique, la chimie et les agrégats qui en dérivent, l'astronomie, la minéralogie et la géologie, semblent, avec la biologie et la psychologie, former l'échelle naturelle de l'évolution scientifique, historique et logique.

J'ai exposé ailleurs (1) le débat soulevé entre A. Comte et Spencer au sujet de cette classification hiérarchique. Les grandes lignes, à mon sens, n'en sont que faiblement altérées par les divergences existant entre les vues des deux illustres chefs de l'école positive française et anglaise; j'ai tâché de prouver que leur antagonisme, dans cette question spéciale, était plus apparent que réel. Que j'aie réussi ou non, un phénomène véritablement social vient en aide à cette conciliation philosophique, celui de l'interdépendance, de part et d'autre reconnue, et de plus en plus visible et prépondérante, de toutes les sciences.

Aujourd'hui cette interdépendance et cette action et réaction réciproques des sciences en correspondance exacte avec l'interdépendance des phénomènes qui constituent leur domaine forment d'elles toutes un agrégat organique dont toutes les parties, quel que soit leur degré d'antériorité au point de vue de la genèse ou de la logique, sont rigoureusement reliées les unes aux autres et subissent mutuellement leurs transformations et leurs révolutions particulières.

La sociologie, en supposant qu'il existe une science de cette nature, aurait sa place au sommet de la pyramide des sciences; cette situation privilégiée ne lui est contestée par personne, pas plus que sa sujétion vis-à-vis des sciences antécédentes.

(1) Préface à l'*Abrégé de Psychologie*; Bruxelles, 1882, Kistemaeckers, éditeur.

Avant d'aborder son étude, il convient d'établir la légitimité de son existence comme science en partie indépendante et de justifier de ses titres à cette situation suprême.

Nous verrons plus tard que la royauté sociologique est loin d'être une monarchie absolue; comme pour toutes les royautés, sa suprématie est plus apparente qu'effective.

La question préalable est de savoir s'il existe une science sociale embrassant un ensemble de phénomènes et de rapports susceptibles d'une classification, c'est-à-dire d'une différenciation distincte.

Pour être plus précis, comme il est certain qu'une science plus élevée et plus complexe que la biologie et la psychologie ne peut avoir pour objet qu'un ou des organismes également plus élevés et plus compliqués que les organismes relatifs à ces dernières, existe-t-il dans le monde de la phénoménalité des agrégats superorganiques dont la structure, les fonctions et les organes soient inexplicables par les seules lois de toutes les sciences antécédentes ?

Si la biologie et la psychologie peuvent, à elles seules, expliquer les phénomènes sociaux, la constitution de la sociologie en science particulière est une superfétation. La légitimité de cette dernière ne peut résulter que de la reconnaissance d'un ordre de phénomènes *sui generis* impliquant un ensemble d'observations au moins en partie qualitativement distinctes de celles fournies par les sciences antérieurement établies.

Le problème, tel qu'il vient d'être exposé, a sans doute été entrevu ; à ma connaissance, il ne l'a jamais été d'une façon suffisamment nette ; dans tous les cas, il n'a jamais été résolu.

La démonstration rigoureuse de l'existence d'une science sociale est cependant indispensable ; la plupart des théories sociologiques en vogue depuis l'antiquité jusqu'aujourd'hui tendraient, en effet, précisément, si elles étaient fondées, à établir qu'il n'y a pas lieu d'instituer une science spéciale de ce nom.

Les philosophes les plus anciens cherchèrent successivement l'explication et la loi des sociétés soit dans les nombres, soit dans les forces mécaniques ou physiques de la nature et notamment dans les influences sidérales, soit dans des compositions et des combinaisons d'éléments mystérieux empruntés aux sciences chimiques. Dans les derniers temps enfin, et surtout depuis les progrès de la biologie, ils se complurent à comparer la structure sociale à celle des êtres vivants et son évolution au cycle éternel des âges de l'individu. Ainsi, les nations et l'humanité même parcouraient fatalement, sauf décès prématuré et accidentel, les quatre époques de la vie humaine.

Les sciences les plus avancées servent toujours d'explication à celles qui, naturellement plus complexes, attendent, pour se détacher du rameau principal et originaire, que les premières aient acquis un développement suffisant pour produire des ramifications nouvelles. La sociologie est le rejeton de la biologie et de la psychologie; c'est maintenant seulement que, tout en reconnaissant ses origines et sa dépendance vis-à-vis des autres sciences, elle peut et doit trouver, si elle le peut, en elle-même sa justification et sa loi.

Ne fallait-il pas, en effet, notamment qu'une exacte physiologie de l'esprit eût réduit à sa juste mesure à la fois la conception métaphysique du fatalisme et celle non moins antiscientifique du libre arbitre absolu, pour qu'une saine appréciation des phénomènes sociaux devînt possible ? Tant que la raison humaine était considérée comme une souveraine absolue, libre dans le choix de ses actions et, par conséquent, responsable sans mesure, la conséquence la plus juste à la fois et la plus radicale d'un pareil système spiritualiste devait être également l'instauration correspondante dans l'ordre social de la souveraineté inconditionnée du nombre avec son corollaire, l'écrasement des intérêts spéciaux les plus essentiels au nom d'une formule aussi peu démocratique en réalité que populaire en apparence. Il a fallu qu'une psychologie positive moins idéaliste et sentimentale vînt prouver l'inanité même du libre arbitre de la raison individuelle, pour qu'il fût possible à certains esprits, du reste encore peu compris, de tenter de soumettre à des lois d'une justesse et d'une justice supérieures tirées de l'observation exacte des faits sociaux, le principe inorganique et antisocial de la souveraineté et du suffrage universels.

Le nombre des individus en sociologie est un des facteurs les moins importants, leur organisation collective est ce qui importe le plus ; la classification et la pondération des divers intérêts, voilà le problème de la politique. Si telle n'avait pas été la loi constante de l'histoire, les agglomérations humaines les plus considérables eussent toujours absorbé et anéanti les civilisations supérieures moins étendues ; le contraire, heureusement, s'est généralement vérifié et a garanti une certaine continuité du progrès.

La caractéristique des utopies sociales consiste, du reste, bien moins dans une conception absolument erronée de l'ordre social que dans l'application à celui-ci d'explications empruntées à des sciences insuffisamment constituées et surtout trop simples pour être utilisées en des matières plus complexes.

Hésiode, Pythagore, Aristote, Lucrèce, Montesquieu, Herder, Vico, Fourier et la puissante et riche végétation des premières doctrines socialistes basées principalement sur l'hypothèse de la puissance réformatrice illimitée de la volonté populaire, sont les types de cette évolution persistante de la sociologie à la recherche des titres justificatifs de son droit à l'existence.

Les représentants les plus scientifiques de la sociologie à notre époque, A. Comte et H. Spencer, ont si bien compris la nécessité de cette démonstration que l'un et l'autre n'en abordent l'étude qu'après s'être proposé la question préalable de la légitimité de son existence (1).

L'autorité dont jouissent, à juste titre, les travaux de ces deux chefs de la science sociale positive moderne exige un examen sérieux de leurs essais de démonstration. Certes, un philosophe du génie de Comte n'a pu méconnaître absolument les conditions

_____

(1) A. COMTE, *Cours de Philosophie positive*, tome IV, pp. 11 à 200. — H. SPENCER, *Introduction à la Science sociale*, pp. 1 à 78, et *Principes de Sociologie*, tome II, pp. 1 à 198.

fondamentales du problème ; la vision qu'il en eut nécessairement a dû laisser au moins des traces éparses dans son immortel ouvrage. Malheureusement, ces traces, le regard fervent de ses plus fidèles disciples serait seul à même de les découvrir ; dans tous les cas, de ces tâtonnements et de ces lambeaux de vérité à une conception rigoureuse, complète et méthodique, il y a un abîme.

Ce point est si important que, pour l'établir, il nous faut résumer les deux cents pages environ consacrées par le fondateur de la sociologie positive à la preuve de l'existence d'une science sociale. Si ce grand homme n'a pas même, comme nous allons le prouver, su établir ni indiquer les données du problème qu'il se proposait de résoudre, on ne sera plus étonné des préjugés innombrables qui doivent obscurcir en cette matière non seulement l'intelligence des masses, mais celle des publicistes et des hommes politiques les plus éclairés.

Cette faiblesse étonnante de Comte relativement au problème initial et presque fondamental de la sociologie n'enlève en rien à la doctrine positive de sa valeur comme méthode ; cette doctrine a précisément cette supériorité sur tous les systèmes, qu'elle n'est jamais un obstacle au progrès. En critiquant A. Comte, je ne le diminue donc en rien ni ne le combats ; au contraire, je lui rends hommage et je le continue ; le positivisme en sociologie n'est pas moins susceptible de perfectionnements que les autres sciences antérieurement constituées. C'est encore se conformer à la pensée du maître de constater qu'après lui H. Spencer a serré de plus près la vérité, et d'essayer, dans la mesure de nos forces et grâce à leurs propres travaux, de compléter la démonstration de l'un et de l'autre.

En sociologie, pas plus qu'ailleurs, les résultats scientifiques ne sont œuvre individuelle et aucun penseur ne peut élever la prétention, ni pour lui-même, ni pour ses ancêtres intellectuels, d'avoir été ni d'être le premier ou le dernier.

La démonstration par Comte de l'existence d'une science sociale est basée sur sa nécessité et son opportunité, ainsi que sur l'exposé des travaux antérieurs qui ont suscité et facilité sa constitution définitive. D'après lui, l'ensemble de la situation contemporaine est essentiellement caractérisé par une anarchie profonde et de plus en plus étendue, bien que transitoire : de cette anarchie découle la nécessité d'une science sociale destinée, par une série d'opérations philosophiques et politiques, à délivrer la société de sa fatale tendance à une imminente dissolution et à y substituer l'idée d'ordre et de progrès adéquate à l'idée d'organisation et de vie en biologie. L'ordre et le progrès sont aujourd'hui deux idées distinctes appartenant chacune à un parti différent, l'un le parti théologique, l'autre le parti métaphysique ; de là, l'état révolutionnaire d'un côté, réactionnaire de l'autre ; de là, l'impérieuse nécessité d'une science sociale. Suit alors l'analyse admirable de cette situation et de ses conséquences pour les individus, les familles et les États.

Il résulte de tout ceci que la science sociale est opportune et nécessaire ; d'un autre côté, d'après Comte, les nombreuses tentatives faites jusqu'ici pour la constituer rendent son avènement définitif possible. Ce progrès n'était pas réalisable avant l'époque actuelle, car la sociologie est la science la plus complexe de toutes et les phénomènes sociaux n'avaient pas encore atteint le degré de consolidation et de durée nécessaire pour en fournir la matière.

Tout en se ralliant à la sagesse et à la grandeur de ces hautes vues générales, on ne peut cependant admettre qu'il suffise que la constitution d'une science spéciale quelconque soit opportune et nécessaire, c'est-à-dire désirable, pour que son existence objective et indépendante soit justifiée. S'il s'agit simplement d'appliquer par analogie à la sociologie l'idée d'ordre et de progrès révélée par la biologie, il est inutile d'instituer une science nouvelle.

Voyons la deuxième partie de la démonstration de Comte. Elle comprend simplement l'exposé des travaux qui ont servi à préparer l'avènement de la science sociale positive ; ces travaux se réduiraient, d'après lui, à la *Politique* d'Aristote, au *Traité sur la politique romaine* et à l'*Esprit des lois* de Montesquieu, enfin à l'*Esquisse d'un tableau historique des progrès de l'esprit humain*, de Condorcet. Ces livres célèbres représentent exactement les progrès de la science sociale. La *Politique* d'Aristote, ainsi que les travaux ultérieurs, tous formés sur le même type, ne donnent pas le moindre aperçu des lois naturelles de la civilisation et sont continuellement dominés par les discussions métaphysiques sur le principe et la forme des gouvernements; Montesquieu fit enfin prévaloir la tendance à concevoir désormais les phénomènes politiques comme aussi nécessairement assujettis à d'invariables lois naturelles que tous les autres phénomènes quelconques. Turgot, dans son *Essai sur la théorie générale de la perfectibilité humaine*, et surtout Condorcet introduisirent en sociologie la notion fondamentale de la progression continue de l'humanité; l'un et l'autre cependant appartiennent encore à l'école révolutionnaire du xviii⁰ siècle en ce qu'ils n'envisagent les institutions du passé que par leur côté négatif et rétrograde, alors, au contraire, que ces institutions ont été des éléments positifs du progrès. Quant aux travaux des économistes, y compris les physiocrates, Comte ne les considère, en dehors des analyses réellement positives d'Adam Smith, que comme de pures discussions scolastiques dont l'esprit général conduit à ériger en dogme universel l'absence nécessaire de toute intervention régulatrice quelconque comme le moyen le plus convenable de seconder l'essor spontané de la société.

Telles sont, résumées impartialement et fidèlement, les deux cents pages que l'auteur du cours de philosophie positive consacre à la démonstration de l'existence d'une science sociale. Cette démonstration n'a évidemment aucune valeur scientifique et ne peut être admise comme décisive.

L'opportunité et la nécessité de l'existence d'une science sociale, c'est-à-dire d'une doctrine destinée à servir d'explication à un ensemble de rapports *sui generis* et non susceptibles d'être entièrement démontrés par les sciences plus générales antécédentes ne sont des raisons probantes qu'à la condition de prouver, en même temps, que les phénomènes dits sociaux sont distincts de ceux qui font l'objet des autres sciences, notamment de la biologie et de la psychologie; si ces deux sciences et celles plus générales encore, comme la mécanique, la physique et la chimie, suffisent à la compréhension des lois sociolog... , .. ' inutile d'instituer une science supplémentaire en f eur de ce ...ières. L'opportunité et la nécessité de l'ex ..e d'un objet quelconque ne démontrent pas plus l'existen ..e cet objet que les tentatives théologiques analogues, cent f .pe.tées, de prouver l'existence de Dieu par la nécessité et l'o rtunité d'une semblable hypothèse créatrice et morale n'ont atteint ce résultat. Des raisonnements de cette nature ne restent jamais que de purs raisonnements, et l'hypothèse qu'ils avaient la prétention de vérifier ne continue à subsister que comme hypothèse.

En ce qui concerne la sociologie, ce qu'il fallait apporter pour légitimer son existence, c'est la preuve d'une différence entre les phénomènes sociaux et les autres phénomènes. Cette différence ne réside évidemment ni dans la loi des trois états, ni dans le phénomène, du reste présenté d'une façon trop absolue, du progrès continu de l'humanité; l'une et l'autre, en effet, s'appliquent aussi bien à l'être individuel qu'à l'être social; l'intelligence individuelle, d'après Comte lui-même, transite par la même série progressive que l'intelligence collective; quant à la perfectibilité continue de l'humanité, elle est inséparable de celle des êtres qui la composent. Il est indéniable, au surplus, que certaines sociétés humaines particulières, aussi bien que les individus, périssent; la plus grande étendue dans l'espace et le temps ne constitue qu'une différence quantitative; or, les mêmes lois s'appliquent aux mêmes phénomènes sans tenir compte de leur grandeur ou de leur nombre.

Ce qu'il faut établir, c'est une différence qualitative.

Dans la suite de son cours, Comte, il est vrai, signale le degré supérieur de complexité et de plasticité des phénomènes sociaux comme constituant leur caractère distinctif. Ce ne sont là, encore une fois, que des différences quantitatives; cette constatation n'entraîne nullement la nécessité d'une science spéciale; la même différence de plasticité et de complexité se rencontre dans le domaine des sciences particulières ; la raison et l'intelligence sont plus complexes et plastiques que l'action réflexe : ce n'est pas cependant un motif pour scinder la psychologie en deux sciences distinctes. Même le degré supérieur de composition et de plasticité de l'intelligence de l'homme sur les autres primates et les animaux en général ne légitime pas, contrairement au préjugé religieux et métaphysique ancien, l'introduction d'une psychologie spéciale exclusivement réservée au type *homo*.

L'exposé des travaux qui ont préparé la constitution de la science sociale n'a pas plus de valeur au point de vue de la démonstration de l'existence objective de cette science. Cet exposé, au surplus, est aussi injuste qu'incomplet ; des trois volumes de son cours consacrés par Comte à la sociologie, la postérité ne retiendra probablement pour sa gloire que la conception, si magistralement par lui décrite, du développement réellement organique des sociétés humaines, ainsi que ses vues si nettes sur l'importance historique du moyen âge et la grande révolution opérée dans l'Europe occidentale par la séparation du spirituel et du temporel. La substitution progressive des sociétés industrielles et pacifiques aux sociétés militaires et sa réhabilitation du moyen âge, dont les côtés positifs et supérieurs à l'antiquité classique avaient, jusqu'à lui, été absolument méconnus, sont de véritables découvertes scientifiques, qui survivront, dans tous les cas, avec la méthode positive même, à la ruine de son système.

Quant au mépris de Comte pour l'empirisme économique régnant de son temps, bien que justifié en partie, il constitue la cause probablement déterminante d'une des lacunes les plus importantes de son œuvre ; ce mépris, généralisé et étendu à la science économique entière, sauf l'exception tout à fait personnelle en faveur d'Adam Smith, le fit tomber précisément dans le préjugé si justement reproché par lui aux historiens du moyen âge : il ne comprit rien à l'évolution de la science économique, contemporaine cependant aussi d'Aristote et illustrée, depuis et de son propre temps, par de si grands noms ; il ne vit de cette science que l'aspect négatif.

Cette même prévention injustifiée lui fit retrancher, pour ainsi dire systématiquement, ou plutôt exclure inconsciemment de son exposé des progrès de l'esprit humain ce vaste mouvement socialiste, principalement économique cependant, aussi ancien que le monde et si vivace à l'époque de Comte. Le reproche qu'il adressait aux économistes d'ériger en dogme l'absence de toute règle, il n'avait cependant pas le droit de l'appliquer aux doctrines économiques du socialisme et à ses agitations et revendications toujours réprimées et jamais étouffées, qui, se développant en sens contraire de l'économie politique officielle, finirent par la soumettre aux mêmes conditions de moralité et de justice que les autres parties de la science sociale.

Cette réconciliation de l'économie politique et du socialisme sur le terrain du droit social, scientifiquement sinon pratiquement obtenue enfin de notre temps, Comte ne l'a pas prévue et ne pouvait sans doute pas la prévoir à son époque, où leur antagonisme semblait ne pouvoir cesser que par la destruction de l'une ou de l'autre. Il ne comprit pas plus la fonction historique de l'économie politique que celle du socialisme ; c'étaient pour lui de simples causes perturbatrices.

L'exclusion de ces deux affluents du grand fleuve social dont il avait entrepris de décrire le cours, jointe à son ignorance à peu près complète des phénomènes juridiques, furent sans doute la cause principale, avec l'abandon momentané de sa propre méthode, que l'œuvre de Comte dégénéra en une conception purement idéaliste de la société et que cette conception idéaliste, elle-même basée sur une biologie insuffisamment constituée à ce moment et sur une psychologie pour ainsi dire rudimentaire et dont il repoussait sans doute, pour ce motif, systématiquement l'existence, aboutit à l'hypothèse d'un organisme social autoritaire et rigide, absolument en contradiction avec les lois réelles aussi bien de la société que de l'intelligence humaine individuelle. Ce qui est plus grave, c'est que la dernière partie et le couronnement de l'œuvre de Comte est le produit inévitable de l'oubli et de la méconnaissance de la méthode positive par celui qui fut, en ce siècle, son plus noble représentant philosophique.

Heureusement la philosophie positive, grâce à sa méthode, toujours la même, mais toujours mieux outillée de par le progrès continu des sciences, suffit à guérir les blessures qu'elle a pu causer soit par la faiblesse momentanée de ceux qui la mettent en œuvre, soit par l'insuffisance transitoire de ses matériaux et de ses observations.

La sociologie, ne pouvant être qu'une science plus complexe que toutes les sciences antérieures, a, par cela même, pour fondements toute la nature inorganique et organique, y compris les phénomènes psychiques, qui en sont la manifestation la plus élevée. Dès lors, il est certain que, sans un développement préliminaire suffisant, notamment de la géologie, de la paléontologie et de l'anthropologie, elle ne pouvait se dégager complètement ni des hypothèses métaphysiques, c'est-à-dire utopiques, ni de la pratique gouvernementale, c'est-à-dire empirique, où elle a végété jusque dans ces derniers temps.

Il est indéniable que la biologie, sous l'influence des illustres continuateurs modernes de Lamarck et de Baer, s'est absolument transformée; Vogt, Claude Bernard, Darwin, Haeckel et vingt autres non moins savants ont prouvé toute l'insuffisance des idées biologiques de Comte, puisées, en grande partie, dans les hypothèses hasardées de Gall. La doctrine de l'évolution appliquée, à son tour, à la physiologie psychique vient, mais seulement dans le dernier quart de ce siècle, de constituer définitivement cette science d'une façon autonome, tout en la reliant, par un enchaînement exclusivement organique et naturel, d'une façon directe à la biologie et indirecte aux autres sciences antécédentes.

La sociologie de Comte, produite à l'origine encore indécise de cette transformation complète des sciences organiques supérieures, devait donc naturellement participer de cette incohérence : là est l'excuse de ce grand génie; cette imperfection relative et fatale ne peut rien diminuer de sa gloire.

La biologie et la psychologie ont seules pu nous donner une explication de la vie tant physiologique que mentale; cette vie elle-même a été démontrée comme étant en correspondance avec les milieux organiques et inorganiques; elles seules, les premières, nous ont fourni la conception lumineuse d'assemblages collectifs et organisés, non seulement soumis à l'action ambiante, mais réagissant, par leur ensemble et leurs parties, contre cette dernière; elles seules nous ont initiés les premières aux phénomènes tant de la division que de la coopération et de l'interdépendance de leurs fonctions et de leurs organes, de l'association, de la sériation et du groupement des idées, ainsi que des phénomènes sympathiques par lesquels on entre de plain-pied et par une transition naturelle du domaine de la biologie et de la psychologie dans celui de la sociologie.

Il était donné à H. Spencer, grâce à l'avancement des sciences, dont son œuvre encyclopédique a profité, de serrer de plus près la démonstration de l'existence d'une science sociale en établissant d'une façon plus rigoureuse les facteurs de ce problème, sans le résoudre toutefois d'une façon suffisante.

Le chef de l'école positiviste anglaise consacre le premier chapitre de son *Introduction à la science sociale* à établir la nécessité et l'opportunité d'une science sociale. Dans cette partie, comme dans l'ouvrage en général, il faut bien le reconnaître, il n'a pas atteint à la largeur et à la profondeur des considérations si magistralement développées par son prédécesseur. Il le dépasse toutefois en un point : il n'envisage plus cette nécessité et cette oppor. unité comme une preuve suffisante de l'existence réelle de la sociologie, et, dans les chapitres suivants, il soulève de nouveau nettement ces questions : « Y a-t-il une science sociale? — Quelle est la nature de la science sociale? » Voyons si et comment il a résolu ces problèmes.

D'après Spencer, et, sur ces points, théologiens et philosophes métaphysiciens ou positivistes doivent se trouver d'accord, l'hypothèse d'une direction providentielle des affaires humaines est exclusive de l'idée même d'une science sociale. Il en est ainsi encore de la théorie, qui en est la réduction appliquée à l'histoire et ne considère dans le cours de la civilisation que les faits et gestes des personnages quasi providentiels dont les actions ont, en apparence, dirigé les événements.

Du moment où l'on suppose l'existence de phénomènes sociaux, supérieurs même aux phénomènes de la vie organique individuelle, on suppose également l'existence de lois nécessaires, inhérentes à ce *superorganisme*. Sans cela, pas de science sociale.

Si le philosophe anglais avait arrêté là sa démonstration, il faudrait encore reconnaître qu'elle est insuffisante; en effet, malgré toute la justesse de ces considérations, il ne nous serait pas permis d'en conclure que les phénomènes dits sociaux ne soient pas explicables par les seules lois de la psychologie, de la biologie et des autres sciences. Il existe toute une école politique, philosophique et historique qui ne voit dans la société que des individus et, dans leur agrégat, une simple addition d'unités plus ou moins considérables. Heureusement, Spencer pousse plus loin son raisonnement.

D'après lui, la simple observation des unités visibles et tangibles, ainsi que des masses matérielles qui font l'objet de la physique et de la chimie, démontre cette vérité générale, que le caractère de l'agrégat est déterminé par le caractère des unités qui le composent. Le même principe se vérifie sur les agrégats qu'on rencontre dans la matière vivante : un fragment de polype constitue un polype, un morceau de feuille de Begonia produit une plante complète. Cette tendance des unités à reproduire l'agrégat est frappante, surtout dans les cas où les conditions d'existence de ces agrégats sont très simples, comme dans les exemples cités.

Ainsi, étant donnée la nature des unités, celle des composés qu'ils forment est déterminée à l'image et d'après les traits, essentiels bien entendu et non accidentels, de ces unités. La même vérité se manifeste dans les sociétés plus ou moins définies formées entre eux par les êtres inférieurs; leurs agrégats présenteront forcément les traits de ces individus, et aucune communauté offrant les mêmes traits ne pourra être formée par des individus doués d'une autre structure et d'instincts différents. Cette loi est commune et identique pour le monde organique, aussi bien que pour le monde inorganique.

Dans toutes les communautés, il existe donc un groupe de phénomènes qui est le résultat naturel des phénomènes accusés par les membres de cette communauté. En d'autres termes, l'agrégat présente une série de propriétés déterminées par la série des propriétés de ses parties.

« *Ce sont les relations entre ces deux séries qui*, d'après Spencer, *constituent l'objet d'une science sociale*, qui aura pour matière la croissance, le développement, la structure et les fonctions de l'agrégat social, en tant que produits par l'action réciproque d'hommes dont la nature contient des traits communs à toute l'humanité, des traits particuliers à une race spéciale et des traits individuels. »

Arrêtons ici Spencer dans sa démonstration, et, malgré ce qu'elle a de plus rigoureux que celle de Comte, indiquons-en de suite l'insuffisance fondamentale, déjà entrevue sans doute par le lecteur habitué à la précision des méthodes positives.

Si les relations entre la série des propriétés individuelles de structure, de croissance et de fonctionnement et la série des propriétés sociales de même nature doivent former le domaine de la sociologie et si les premières déterminent les secondes dans leurs traits essentiels, sinon accidentels, ces relations elles-mêmes seront identiques aux relations purement individuelles, sauf au point de vue de la complexité et de la masse; mais aucun élément ne se rencontrera en sociologie qui ne trouve son semblable en biologie et en psychologie. En poursuivant le même raisonnement en ce qui concerne les rapports de ces derniers avec les sciences antécédentes, on en arrive, de généralisation en généralisation, à ramener toutes les lois de la nature sociale, physiologique et inorganique à un phénomène unique et général, tel, par exemple, que celui d'équilibre. Spencer, lui-même, s'est livré à ce que je considère comme un simple jeu d'esprit, dans ses Premiers principes.

Généraliser une science, ce n'est pas l'expliquer; au contraire, c'est éliminer ses caractères propres, précisément ceux qu'il s'agit d'étudier, pour ramener à la science antécédente ce qu'elle a de commun avec cette dernière; c'est, en un mot, escamoter le problème.

Si les agrégats sociaux ne sont que la représentation plus complexe et plus considérable des unités qui les composent, si la science sociale n'a pour objet que les relations morphologiques ou fonctionnelles entre la série des unités composantes et des agrégats composés, il en résultera évidemment qu'il existe des phénomènes sociaux, mais non pas que ces phénomènes soient distincts notamment des phénomènes biologiques ou psychologiques. Ils seront soumis, il est vrai, à des lois nécessaires et feront partie du domaine scientifique, mais ils ne feront pas l'objet d'une science spéciale appelée sociologie ou autrement.

La différenciation et la classification des sciences doivent, à mon sens, avoir pour base une complexité supérieure résultant non pas seulement du nombre et de la grandeur plus considérables de leurs éléments composants, mais bien et surtout des éléments spéciaux qui ne se rencontrent pas dans les sciences plus générales.

Tous les phénomènes physiques ne sont pas organiques, ceux-ci ne sont pas tous intellectuels, encore moins sociaux : voilà une différenciation objective qui autorise l'admission de sciences spéciales correspondantes.

Ce qu'il faut prouver pour la sociologie, c'est l'existence de signes particuliers inconnus aux autres sciences. Si les phénomènes sociaux ne présentent aucun caractère nouveau, si ce n'est au point de vue de la complexité et de la masse, il n'y a pas lieu de leur assigner une place distincte, pas plus qu'il n'échet de créer une biologie ou une psychologie spéciale pour les individus dont les circonvolutions cérébrales et l'activité psychique sont plus considérables et plus complexes que celles des individus de même espèce ou d'espèces différentes.

Spencer, en résumé, nous montre bien en quoi les phénomènes sociaux sont une combinaison nouvelle des unités biologiques et psychologiques; mais, si la trame change, le tissu est formé des mêmes éléments; il n'indique aucun phénomène qui ne soit déjà connu.

La tentative de démonstration de Spencer avorte donc comme celle de Comte; mais, comme on le voit, les termes du problème sont déjà posés d'une façon bien plus précise et nous connaissons maintenant le facteur qu'il s'agit de dégager.

Moyennant cette restriction, malheureusement capitale, le surplus de l'argumentation du célèbre philosophe anglais peut être admis complètement et constitue l'approximation la plus parfaite atteinte jusqu'ici d'un exposé des conditions scientifiques auxquelles sont soumis les phénomènes sociaux.

Rencontrant tout d'abord l'objection consistant à soutenir que la science sociale ne peut exister parce qu'il est impossible de prévoir les faits qui font la matière de l'histoire, Spencer reconnaît que cette exacte prévision est impossible; mais n'en est-il pas de même dans toutes les sciences antécédentes qui ne sont pas purement abstraites, et cela empêche-t-il que, dans ces dernières aussi bien qu'en sociologie, les phénomènes essentiels ou régulateurs soient susceptibles d'une coordination scientifique? La science physique permet-elle de prévenir à coup sûr les effets du fluide électrique? De même, les organes et les fonctions essentiels de la société peuvent être connus tout en laissant une large marge à l'accidentel et à l'imprévu.

Où Spencer dépasse aussi Comte, sans conteste, au point de vue de l'application de la méthode positive aux phénomènes sociaux, c'est quand il établit que les organismes sociaux doivent, comme les organismes individuels, être exactement divisés en classes, subdivisées elles-mêmes en ordres, conformément à leurs dissemblances et à leurs ressemblances.

On a trop perdu de vue, jusqu'ici, que la sociologie embrasse une série de sciences particulières susceptibles de classification hiérarchique, suivant leur degré de complexité, de la même manière que les autres sciences. Spencer lui-même, malgré la claire vision qu'il a eue de cette nécessité scientifique, n'en a pas essayé l'application systématique dans son traité de sociologie ni ailleurs.

Ce qu'on est convenu d'appeler la question sociale implique, en réalité, un certain nombre de problèmes spéciaux qui ne doivent et ne peuvent être étudiés et résolus que successivement et dans un ordre déterminé.

Cette classification des sciences sociales, ni Comte ni Spencer ne l'ont entreprise ; le premier, et ses disciples à sa suite, y compris M. de Roberty, dont nous discuterons plus loin les objections, l'ont formellement rejetée ; Spencer seul en a indiqué la nécessité. Se fondant sur l'exemple de la biologie, qui découvre des lois de développement, de structure et de fonctions applicables à tous les organismes en général, et d'autres lois applicables seulement à certaines classes et à certains ordres, Spencer admet que, par rapport au développement, à la structure et aux fonctions du corps social, la sociologie devra établir des principes tantôt universels, tantôt généraux, tantôt même spéciaux.

Ce que Spencer a imparfaitement indiqué, ce sont non seulement ces caractères spéciaux dans le sein même de la sociologie, mais ceux qui autorisent la constitution de la sociologie elle-même en science particulière ; il a montré la difficulté sans la résoudre. S'il détermine ce que la sociologie a de commun avec la biologie, il ne délimite pas, si ce n'est au point de vue de la masse et de la complexité quantitative et non qualitative, ce qui l'en distingue.

C'est une vérité, par exemple, en sociologie aussi bien qu'en biologie, que la formation d'un organisme vivant, quel qu'il soit, commence par une certaine différenciation dont le résultat est de rendre la portion périphérique distincte de la portion centrale. En sociologie, le même phénomène constitue la division des fonctions. Autre exemple : dans tout organisme individuel, il existe entre le développement et la structure une double relation : quand l'organisation est parfaitement adaptée à un certain but, cela l'empêche de s'approprier à un autre but ; la société également possède une organisation telle, que, passé un certain degré de développement, il n'y a plus pour elle de croissance possible sans une modification dans l'organisation, et son organisation existante devient nécessairement un obstacle.

Voilà la ressemblance. Or, bien que l'agrégat social possède la plasticité à un bien plus haut degré que l'individu, bien que son type soit moins arrêté, il tend néanmoins à se fixer et chaque addition à sa structure semble même un pas fait dans le sens de cette fixation. Il faut donc, pour établir une différence entre la sociologie et la biologie, examiner si, dans la première aussi bien que dans la deuxième, l'achèvement de la structure détermine l'arrêt de la croissance et fixe pour toujours la société au type qu'elle a atteint à cette période de son développement.

On le voit, Spencer aborde franchement la question de savoir s'il existe une science sociale ; nous sommes loin des considérations vagues et générales d'opportunité et de nécessité présentées par Comte; la façon dont les conditions du problème sont désormais précisées est rigoureusement scientifique : la solution réside dans la constatation de dissemblances suffisantes entre la sociologie et les sciences antécédentes, notamment la biologie et la psychologie.

C'est surtout dans les *Principes de Sociologie* que, pour la première fois, la sociologie est constituée sur sa base fondamentale : *La science sociale*, écrit Spencer, *existe parce qu'il existe un organisme social*. Il démontre, en effet, que la société a une structure, des organes, des fonctions, une croissance au même titre que les agrégats individuels, avec cette différence seulement qu'ils sont plus complexes. La société, en un mot, est un *superorganisme*.

Nous avons vu que la démonstration du maître devient cependant insuffisante dès qu'après avoir indiqué que les caractères essentiels de l'agrégat correspondent aux caractères de ses unités composantes et après avoir montré que cette loi universelle s'applique sans distinction aux phénomènes inorganiques et organiques et à la sociologie comme à la biologie, il conclut sans plus que ce sont les relations entre la série des unités composant l'espèce humaine et la série des agrégats sociaux formant les tribus, les États, l'humanité, qui constituent la matière de la science sociale.

Si la science sociale n'a pour objet que ces relations entre unités et agrégats, et si ceux-ci sont essentiellement déterminés et caractérisés par ceux-là, on ne peut admettre ni la légitimité ni la nécessité d'une science sociale spéciale : cette légitimité et cette nécessité ne peuvent, au contraire, résulter que de dissemblances essentielles entre la sociologie et les sciences antérieures, dissemblances telles, qu'elles exigent, pour être expliquées, la reconnaissance et l'immixtion scientifique de lois appropriées.

Cette difficulté principale du problème, Spencer y touche à diverses reprises ; de même qu'il l'avait fait dans ses *Principes de Sociologie*, il signale à nouveau, dans son *Introduction à la Science sociale*, l'exemple déjà cité : « Est-ce qu'en sociologie, aussi bien qu'en biologie, l'achèvement de la structure détermine l'arrêt de la croissance, ou, d'une façon plus générale, y a-t-il une série de phénomènes superorganiques qui ne sont pas explicables uniquement par les lois qui régissent toutes les sciences antécédentes, notamment la biologie et la psychologie ? »

Cette différenciation, Spencer l'a insuffisamment établie, si ce n'est au point de vue de la complexité supérieure, mais non qualitative, résultant de la supériorité de la masse et du nombre. C'est en vain qu'il proteste (1) contre l'assimilation qu'on l'accuse d'avoir faite des lois de la biologie avec celles de la sociologie ; cette assimilation et cette confusion sont complètes ; il n'a pas su indiquer une seule loi ni même un seul phénomène qui n'eussent leurs correspondants, sinon leurs équivalents, dans les sciences antécédentes.

Les protestations de Spencer prouvent simplement que le génie du philosophe a reconnu l'importance fondamentale du problème ; nul, avant lui ni après, n'en a mieux fixé les données ; nul, du moins d'une façon complète et systématique, n'a été plus près de sa solution.

Ainsi, sauf l'indication de certaines différences vagues, notamment au point de vue de la continuité, de la masse, de la complexité

(1) *Principes de Sociologie*, tome II, pp. 191 et suiv.

et de la plasticité supérieures de la structure et des fonctions sociales, différences déjà signalées avant lui, bien que d'une façon moins scientifique, par Comte, H. Spencer n'a, en réalité, signalé aucun ordre de lois ni de faits spécial à la sociologie. Le progrès de sa doctrine sur celle de ses prédécesseurs consiste dans une analyse plus minutieuse des faits, dans la conception moins vague et plus organique de l'ordre social, dans la nécessité reconnue de prouver l'existence de la sociologie par l'existence correspondante d'une série de phénomènes distincts, enfin dans l'indication que les phénomènes sociaux et les sciences adéquates sont susceptibles de classification.

Une seule lacune subsiste donc encore dans la preuve de l'existence d'une science sociale, celle d'une différenciation qualitative d'avec les sciences antécédentes. Faute de cette démonstration, la société, tout en étant un organisme et même un superorganisme, ne serait qu'une amplification de l'individu et soumise aux mêmes lois que ce dernier : tel un polype, quel que soit son développement, n'en demeure pas moins un polype.

L'existence d'une science sociale reste donc en question ; postérieurement à Comte et à Spencer, la solution de la difficulté, c'est-à-dire la démonstration de l'existence d'une ou de plusieurs dissemblances fondamentales, n'a pas fait un pas.

Cette démonstration, ainsi que la classification hiérarchique des phénomènes, des structures, des fonctions et des organes sociaux sont le principal objet de la présente *Introduction*.

En l'absence de ces constatations préliminaires indispensables, toutes les théories historiques ont échoué. Dans son grand ouvrage de l'*Histoire du développement intellectuel de l'Europe*, Drapper adopte précisément cette doctrine, que les lois de la biologie s'appliquent également à la sociologie : « L'homme, c'est l'architype de la société ; le développement individuel est le modèle du progrès social ; les nations, comme les individus et comme le monde inorganique, sont soumis aux lois physiques et modifiés par l'influence des agents extérieurs ; le type national poursuit son développement physique et intellectuel à travers

une série de transformations et de phases qui répondent exactement à celles que traverse l'individu : l'enfance, l'adolescence, la
jeunesse, l'âge mûr, la vieillesse et la mort; cette progression
régulière peut, comme chez l'homme, subir des perturbations provenant de causes soit extérieures, soit intérieures; ce qui est vrai
d'une nation, la Grèce par exemple, est vrai de toute une famille
de nations, l'Europe, et de l'ensemble de notre planète; seulement,
les diverses périodes ont une durée relativement plus étendue que
celle de l'individu. »

Cette doctrine nous ramène au cercle de Vico où se meuvent
éternellement les sociétés et à ces types politiques d'Aristote où se
moulent d'une façon immuable les agglomérations humaines; elle
aboutit, d'un autre côté, à cette théorie pessimiste qui a mis en
question si la vie même valait la peine de vivre.

Oui, les phénomènes sociaux sont déterminés d'une façon générale par les lois de la matière organique et même inorganique;
mais, quand vous aurez ainsi supprimé toute science spéciale quelconque en me prouvant que tous les phénomènes spéciaux sont,
par exemple, en vertu des lois de la distribution incessante de la
matière et de la force, destinés à disparaître en même temps que
notre planète, vous m'aurez montré en quoi la sociologie se rattache à la nature en général; mais, en supprimant du même coup
ce qui l'en distingue, vous aurez supprimé la sociologie elle-même!

La théorie antisociale des types et des formes prédéterminés,
des époques biologiques et de la généralisation des phénomènes
sociaux sous couleur d'explication, trouve heureusement un
remède efficace dans la méthode positive, laquelle, combinée avec
la théorie évolutionniste, après avoir régénéré les sciences, rendra
tôt ou tard à l'histoire sa raison d'être, ainsi qu'à l'individu et
aux sociétés leur énergie morale et leur confiance en l'avenir.

Notre tradition est dans Machiavel, Bacon, Montesquieu,
Turgot et les encyclopédistes, Adam Smith, Comte, Stuart-Mill,
Proudhon, Spencer et dans les grandes écoles socialistes qui ne
désespérèrent jamais du progrès; elle n'est pas avec les métaphysiciens et les mystiques, qui vont prêchant le suicide social parce

que peut-être un jour notre planète, où tant de milliers de générations aimeront et penseront encore après nous, est destinée à disparaître en vertu des lois universelles du mouvement de la matière!

La tentative de Stanley Jevons d'expliquer les crises économiques par certaines perturbations périodiques dans la distribution de la chaleur solaire, loin d'être une observation et un effort de génie, est un simple jeu d'esprit analogue aux conceptions cosmogoniques sociales qui ont présidé aux théories sociologiques les plus rudimentaires. Cela n'est pas de la sociologie, ni même de l'économie politique et de l'agronomie, mais la reconnaissance du fait vulgaire et général que la climatologie est un des facteurs de l'existence des hommes en société.

C'est, au surplus, un procédé qui a présidé à la constitution de toutes les sciences et, à la fois, la source de tous leurs progrès, mais aussi de toutes les superstitions humaines, que celui d'après lequel généralement les sciences mieux constituées, immédiatement antérieures, ont servi d'explication primitive aux sciences postérieures plus compliquées; chaque formation scientifique plus spéciale ne s'est opérée que par une différenciation lente et parfois aussi pénible et douloureuse que la naissance de l'être humain. L'avancement actuel des sciences devrait cependant prémunir contre de pareilles systématisations.

D'après Hésiode, la théogonie et la cosmogonie se résument dans la génération successive des forces physiques, s'engendrant les unes les autres, puis engendrant, à leur tour, les dieux et les hommes : c'est l'explication de la société par la physique divinisée. Identique, à quelques variantes près, est la cosmogonie attribuée à Sanchoniathon et aux Phéniciens. Homère, c'est-à-dire les croyances légendaires lui attribuées, est le metteur en scène populaire dans cette philosophie. Depuis lors, le système social a été successivement fondé sur les lois de l'astronomie, de la chimie et de la biologie. Aujourd'hui, c'est surtout cette dernière, viciée, en outre, par de fausses notions psychologiques sur la puissance et la liberté illimitées de la raison et de la conscience humaines individuelles, et appliquées par analogie à la raison collective, qui, très naturellement du reste, domine les sciences sociales et leur sert d'explication prétendue.

Cette interprétation séduisante et trompeuse par voie d'analogie de phénomènes doués de caractères distincts a été surtout favorisée par la confusion presque inévitable des termes « corps social » et « corps individuel », dont on ne s'est pas contenté de faire une dépendance du composé vis-à-vis du simple, mais une assimilation complète.

L'erreur consistant à chercher dans les lois les plus générales l'explication des phénomènes sociaux, naturelle dans certaines limites, a été poussée à des conséquences extrêmes, mais logiques, par Carey (1). Ce savant américain a cherché, en effet, dans une des sciences les plus anciennement constituées et relative, par conséquent, aux phénomènes les plus généraux, ceux de l'astronomie, la loi universelle des sociétés. Il s'efforce ainsi d'établir sur une formule purement simpliste l'unité de la science ; il atteint ce résultat, certainement original, mais peu instructif, en soumettant les sciences les plus complexes aux lois des sciences les plus générales de la nature : « Le géomètre, écrit-il, nous dit que tout entier est égal à toutes ses parties et que les parties qui forment la moitié d'un objet quelconque sont égales entre elles ; ce sont là des axiomes d'une application universelle, également vrais par rapport à tous les corps, qu'ils soient traités par le chimiste, le sociologiste ou celui qui mesure la terre. »

Appliquer ainsi à une science plus complexe les lois des sciences générales antérieures, c'est non seulement ne pas expliquer cette science, mais aboutir nécessairement aux conclusions les plus erronées. Ainsi, pour prendre l'exemple invoqué par Carey, s'il est vrai, arithmétiquement, que deux et deux font quatre, cela n'est plus absolument exact en sociologie, où l'agrégat doublement composé de deux unités vaut plus que quatre unités, ainsi qu'il résulte de tous les phénomènes relatifs à la force collective. Deux moitiés

(1) *Science sociale*, tome 1er, pp. 40 et suiv.

d'un organe ne feront jamais un organe, si ce n'est précisément en faisant abstraction de ce caractère organique spécial. Mais faire cela, c'est supprimer toutes les sciences supérieures pour se cantonner dans la plus simple; ce n'est pas un progrès, mais un recul scientifique.

Le système consistant à expliquer des phénomènes complexes uniquement par les lois des phénomènes plus simples peut être comparé au fait de celui qui, voulant se rendre compte du contenu d'un livre, au lieu de l'ouvrir et de lire page par page, ligne par ligne, le fermerait et se contenterait d'en examiner la couverture et le titre. Les abstracteurs de quintessence n'agissent pas autrement quand ils prétendent, par leur méthode en apparence sublime, mais, en réalité, puérile, nous exposer le livre de la nature : au lieu de l'ouvrir, ils le ferment.

Ayant ainsi défini quelles seraient les conditions indispensables pour légitimer la constitution de la sociologie en science distincte et en partie autonome, il reste à déterminer quels sont ses caractères spéciaux. Pour cela, une double préparation est nécessaire : d'abord, nous avons à faire choix d'une méthode appropriée à l'étude des phénomènes destinés à rentrer dans cette catégorie nouvelle de connaissances; ensuite, nous avons à procéder au dénombrement de ces phénomènes tels qu'ils se présentent et sans avoir égard à leur ordre logique ou historique, en supposant qu'un tel ordre existe. Une dernière opération préalable à la démonstration définitive de l'existence d'une science sociale consistera à exposer en quoi et comment les phénomènes qu'elle embrasse, tout en se rattachant d'une façon générale et même organique aux phénomènes antécédents, où ils sont comme en partie incrustés et englobés, s'en différencient de manière à constituer un ou des superorganisme parfaitement caractérisés.

Nous montrerons, en même temps, comment, après avoir subi l'action des phénomènes plus généraux, les phénomènes sociologiques réagissent, à leur tour, sur ces derniers.

Quand les phénomènes sociaux auront ainsi été suffisamment dégagés des facteurs généraux avec lesquels ils sont restés confondus jusqu'ici, quand ils auront été soumis, à leur tour, à la méthode positive, alors apparaîtra, dans toute sa clarté, cette règle dont l'application est déjà admise sans conteste pour toutes les sciences antécédentes, à savoir : que les lois les plus générales sont, à elles seules, impuissantes à expliquer les phénomènes plus spéciaux.

Tenter, à l'exemple de Carey, de soumettre les phénomènes sociaux de centralisation et de décentralisation a la loi universelle de gravitation, ou, à l'exemple de Jevons, les crises économiques à la présence des taches solaires, c'est ne rien expliquer du tout au point de vue sociologique et baser sur des rapports très indirects et très lointains des ressemblances purement générales, alors que des dissemblances effectives réclament, au contraire, un diagnostic spécial tout au moins complémentaire.

Les thèses de Drapper, de Carey et de Jevons, tout étonnantes qu'elles paraissent à première vue, à cause de leur exagération même, ne sont pas plus fausses que celles soutenues et appliquées par la presque unanimité de nos hommes d'État et de nos publicistes. Chez eux, ce n'est plus l'abstraction métaphysique, mais un empirisme dénotant encore plus l'absence de toute méthode scientifique, qui domine. Ne prétendent-ils pas, en effet, gouverner ou réformer les sociétés et en expliquer les événements en procédant d'une façon inverse et non moins absurde, c'est-à-dire en partant des phénomènes les plus spéciaux et les plus complexes pour interpréter ou influencer les plus généraux? Cela tient évidemment à ce que les faits les plus complexes sont précisément ceux qui sont à la surface de tous les autres faits sociaux, dont ils forment, pour ainsi dire, la végétation supérieure; par cela même, ils sont les plus apparents. De là, notamment, l'influence quasi miraculeuse attribuée à certaines formes politiques dont le triomphe ou la défaite, source de tant de bouleversements et d'agitations démoralisantes et stériles, modifient, en réalité, peu ou point l'état réel de la société.

Si la politique est trop souvent le refuge de toutes les nullités, c'est parce que, étant la plus complexe et la plus mystérieuse encore des sciences sociales, elle ouvre un plus large champ à l'intrigue et à la mystification ; la science économique et la morale, déjà mieux constituées, ne permettent plus guère cette exploitation de l'ignorance humaine par les habiles.

La constitution d'une science sociale et la soumission de cette dernière à la méthode positive sont l'introduction nécessaire à l'instauration d'une politique véritablement rationnelle. A ce mal, le règne des charlatans et des médiocrités, dont nos sociétés, inévitablement de plus en plus démocratiques, sont menacées, le remède le plus sûr réside non pas dans l'empirisme politique ni dans l'abstraction métaphysique, mais dans une étude patiente et laborieuse des phénomènes sociaux basée sur la méthode positive. Il n'y a pas, même dans nos universités, de faculté de sociologie, et, quant aux écoles moyennes, c'est à peine si l'on y enseigne, du reste sans méthode aucune, les rudiments de l'histoire et quelques notions vagues d'économie sociale et de droit constitutionnel.

Tous, ou presque tous, dans l'Europe occidentale, font de la politique ; presque personne ne fait de la science. Qui donc s'est seulement demandé s'il existait une méthode en sociologie ? A peine Comte et Spencer eux-mêmes abordent-ils ce grave problème. Que l'on ne s'étonne donc pas que l'empire soit aux inconscients et aux intrigants précisément dans les rares pays privilégiés où le despotisme absolu est constitutionnellement tempéré par l'incohérente agitation des partis et un stérile bavardage parlementaire auxquels l'absence d'une direction raisonnée, tant de la part des gouvernants que du peuple soi-disant souverain, laisse un libre cours.

CHAPITRE II.

DE LA MÉTHODE EN SOCIOLOGIE.

S'il existe des phénomènes sociaux susceptibles de constituer la matière d'une science spéciale, bien que soumise, dans ses conditions les plus générales, aux sciences antérieures ; si, entre ces dernières et cette science nouvelle, il n'existe pas un abîme, pas plus qu'entre la psychologie et la biologie, mais, au contraire, une liaison étroite, servant de transition naturelle à des phénomènes supérieurs plus complexes, il faut reconnaître également que ces phénomènes, dits superorganiques, doivent être soumis à l'unité de méthode qui régit toutes les autres sciences, depuis les plus abstraites et les plus générales jusqu'à celles qui le sont le moins.

L'observation directe ou indirecte est la seule source de nos connaissances ; ni la Providence ni la Raison, c'est-à-dire ni la révélation ni le raisonnement, ne nous apprennent rien par eux-mêmes : la méthode scientifique n'est autre, par suite, que la méthode naturelle à l'intelligence même, qui procède du simple au composé, du particulier au général, du concret à l'abstrait, de ce qui est fréquent et ordinaire à ce qui est rare et inusité.

Jusqu'ici, on a trop considéré les méthodes comme des procédés artificiels imaginés par notre faiblesse pour lui faciliter l'étude des phénomènes ; les progrès de la psychologie positive nous autorisent enfin à proclamer que la méthode n'est et ne doit être que l'emploi raisonné et systématique des procédés naturels de l'esprit, c'est-à-dire de ceux qu'il a toujours, en réalité, mis en œuvre. Cette méthode n'a jamais varié. C'est grâce à elle que l'humanité a parcouru sa carrière progressive : enfant, elle a pensé comme pense et penseront toujours les enfants, sauf le bénéfice des acquisitions héréditaires innées. Avec l'âge mûr, la méthode ne change pas; seulement, s'appliquant à des ensembles plus compliqués et plus considérables, elle devient elle-même et successivement, par une lente évolution organique, plus vaste et plus puissante. La méthode réaliste a toujours été la méthode réelle, par cela même qu'elle n'est pas une conception subjective de l'esprit, mais le résultat de son fonctionnement organique; toutes les erreurs et les superstitions humaines sont, ou le produit nécessaire d'une faiblesse constitutionnelle en rapport avec le degré d'évolution temporaire de l'intelligence individuelle et sociale, ou la conséquence de l'aveuglement corrélatif et parfois rétrograde des savants, qui substituent leurs idées soi-disant rationnelles au véritable système de la nature.

Les erreurs de l'esprit suivent, en définitive, les progrès mêmes de l'esprit. Erreurs et progrès sont les deux termes nécessaires de son évolution, laquelle passe, tour à tour, du pôle négatif au pôle positif, suivant une méthode, c'est-à-dire une route ininterrompue, mais toujours plus large, où les poteaux indicateurs, positifs et véridiques aujourd'hui, deviennent, une fois dépassés, négatifs et trompeurs, c'est-à-dire en sens inverse du développement et de la marche en avant.

La méthode scientifique en général a ses lois dans les lois de la physiologie psychique; j'ai exposé ailleurs (1) comme quoi le point le plus élevé de l'évolution intellectuelle est précisément celui où, après avoir recherché et reconnu de quelle manière on raisonne, on finit par adapter d'une façon consciente ses raisonnements aux principes logiques révélés par cette analyse et cette observation antérieure. D'abord plus ou moins artificielles et irrégulières, ces méthodes le deviennent de moins en moins, par leur emploi même des modes organiques et réguliers de l'esprit : l'analyse et la synthèse, les nomenclatures, les classifications, l'induction, la déduction, l'élimination, la comparaison, l'expérimentation,

(1) *Abrégé de Psychologie.*

l'hypothèse même, systématiquement constituée en théorie, sont les principaux modes d'observation directe et indirecte usités dans les sciences. La sociologie nous découvre ses phénomènes et ses lois par des moyens d'investigation identiques.

Tous nos instruments scientifiques, en dehors de l'observation directe, ne sont que des extensions de nos organes ou des procédés qui nous permettent, par des intermédiaires, de constater des faits et des rapports entre ces faits ; il n'est donc pas étonnant que, plus ces faits et ces rapports deviennent complexes, mobiles et vastes, plus les instruments appropriés doivent devenir compliqués, modifiables et étendus. L'histoire est un de ces instruments perfectionnés et puissants, spécialement adapté à l'étude de la science sociale. Par cela même, ce qu'il y a de plus important en sociologie, c'est l'évolution. Il fallait, pour l'observation de cette chose étendue, continue, essentiellement mobile et complexe, une longue-vue comme l'histoire. Celle-ci, du reste, n'est que le développement approprié de la méthode d'évolution, dont les applications ont régénéré la géologie, la biologie et la science de l'esprit.

Jusque dans ces derniers temps, l'histoire, par cela même que les sciences antécédentes étaient seules plus ou moins parfaitement constituées, s'est bornée au récit des faits plutôt individuels et, dans tous les cas, superficiels de la vie sociale ; le passage de la biologie et de la psychologie à la sociologie devait naturellement être signalé par la prédominance des biographies de personnages illustres, où se résumaient à peu près l'activité d'une époque, sur l'exposé de cette dynamique sociale générale, encore mystérieuse et secrète, dont quelques îlots seuls émergeaient, çà et là, au milieu d'une mer immense d'événements se déroulant et se heurtant avec la monotonie des vagues.

Les premiers créateurs de l'histoire sociale furent ceux qui, comme Montesquieu, au xviiie siècle, Bückle, au xixe siècle, — celui-ci surtout, d'une façon supérieure, — arrachèrent l'étude des faits sociaux au simple récit de l'histoire des grands hommes, des batailles et des révolutions politiques, et ramenèrent ces faits concrets aux conditions générales climatériques, géologiques et physiologiques dant ils étaient la dépendance. Mais ce furent surtout les écoles socialistes, y compris les plus utopiques, qui appliquèrent définitivement l'histoire à la sociologie, en démontrant, par des observations irrécusables, la soumission des phénomènes les plus complexes de la sociologie, tels que le droit, la morale, la politique, aux phénomènes les plus généraux, c'est-à-dire les phénomènes économiques. A partir de ce jour, la sociologie fut constituée sur sa base et il fut possible de la dégager de la matrice des sciences plus générales où elle était contenue, en même temps que de la laver de toutes les impuretés inséparables de toute gestation et de tout enfantement organiques.

La méthode historique n'a pu acquérir son plein développement qu'après la constitution de toutes les sciences antérieures à la sociologie, notamment après les progrès décisifs réalisés, en ce siècle, par la géologie, la paléontologie, la biologie et la physiologie ; il ne faut pas plus reprocher aux anciens d'avoir ignoré cette méthode, telle qu'elle nous apparaît aujourd'hui, que nous ne serions en droit de reprocher à l'enfant de ne pas faire des raisonnements composés, ou aux musiciens et aux artistes en général des écoles primitives de ne pas avoir atteint le degré de complexité des compositions des écoles modernes; l'équivalence relative du génie, au point de vue de l'évolution sociale, n'autorise ni la dépréciation des ancêtres, ni l'orgueil de leurs successeurs.

Bien que la méthode historique s'adapte spécialement à l'évolution et à la dynamique des sociétés, elle est basée, avant tout, sur la connaissance des rapports et des lois des phénomènes sociologiques à l'état de repos, c'est-à-dire envisagés sous l'aspect de leurs conditions nécessaires et permanentes. L'étude de la statique sociale est la base préliminaire indispensable de la dynamique ou mécanique sociale, ainsi que de l'évolution sociale ou histoire proprement dite. La statique, le mot l'indique, a surtout pour objet les conditions d'équilibre ; la dynamique, les conditions d'action ; l'histoire, les conditions d'évolution et de développement.

La statique puise directement et surtout dans la statistique ses observations : elle repose donc tout particulièrement sur l'induction. La statistique est à la sociologie ce que l'algèbre et la géométrie sont aux autres sciences : elle s'occupe du dénombrement et de l'étendue des phénomènes, c'est-à-dire des rapports les plus généraux. La dynamique considère la société en fonction, c'est-à-dire l'action et la réaction réciproques des forces dont la société est composée; elle n'interroge plus seulement les faits particuliers et les éléments, mais surtout les ensembles résultant de l'agrégation collective de ces éléments. L'histoire, point culminant de la méthode, expose les évolutions, modifications et transformations des fonctions et des organes sociaux, séparément et dans leur ensemble; sous ce dernier aspect, elle s'intitule légitimement *philosophie de l'histoire*.

La méthode descriptive préconisée par de Roberty comme la véritable méthode sociologique n'est, en réalité, que la méthode historique.

La méthode en sociologie ne se distingue donc de la méthode en général que par la grandeur, la complexité et la plasticité des nouveaux instruments d'observation qu'elle adapte à l'étude de phénomènes eux-mêmes plus considérables, plus composés et plus mouvementés. Les procédés restent les mêmes, l'outillage seul est plus perfectionné et d'un maniement plus délicat.

De même que les progrès modernes des sciences antécédentes ont transformé les conditions et l'aspect général de l'histoire, de même la science de la dynamique et de l'évolution sociales a été précédée nécessairement d'études statistiques et statiques dont la *Physique sociale* de l'illustre Quetelet est un des plus remarquables exemples.

Ainsi, après avoir successivement emprunté ses lois et ses méthodes aux sciences primaires, en commençant par les plus simples et en finissant par les plus complexes, la sociologie est arrivée, par une évolution absolument naturelle et organique, aussi naturelle et organique que le développement biologique et psychologique de l'homme, à être en possession d'une méthode appropriée à sa nature supérieure et cependant toujours basée sur l'observation, cet élément nécessaire de toutes les connaissances humaines. S'il est vrai, par conséquent, que l'étude des phénomènes sociaux est soumise à l'unité de méthode positive, s'il est vrai également que ces phénomènes ne sont pas tous de même nature, mais présentent des caractères différents, au point de vue tant de leur composition que de leur action et de leur évolution, s'il est vrai que d'uns sont économiques, d'autres moraux, politiques, juridiques, etc., s'il est vrai enfin que, parmi eux, les uns sont plus simples et plus généraux que les autres, il faudra également reconnaître que les procédés de méthode dont l'application aux sciences physiques et naturelles a si puissamment aidé à leur perfectionnement doivent aussi exercer leur ministère dans la plus haute de toutes les sciences. En sociologie, comme ailleurs, si la sociologie peut former l'objet d'une science, les parties doivent être connues avant l'ensemble et les divers ordres de phénomènes dont elle se compose doivent être susceptibles d'une classification hiérarchique naturelle.

Or, le philosophe dont le plus grand titre de gloire est précisément d'avoir préparé la classification et la hiérarchie des sciences, celui dont le nom même est inséparable de la méthode positive, A. Comte, conteste qu'une classification et, par conséquent, une hiérarchie des phénomènes sociaux puissent être établies. Il va plus loin, il conteste que cette échelle doive s'établir en partant, comme pour les autres sciences, des phénomènes les plus généraux pour aboutir aux plus composés!

« Il ne peut, écrit-il dans son *Cours de philosophie positive*, exister d'étude scientifique de la société, soit dans ses conditions, soit dans ses mouvements, si on sépare cette étude en portions diverses et qu'on en étudie les divisions isolément. J'ai déjà fait des remarques à ce sujet, relativement à ce qu'on appelle l'économie politique. Les matériaux peuvent être fournis par l'observation des diverses branches de connaissances, et cette observation peut être nécessaire pour atteindre le but; mais on ne peut l'appeler science. La division méthodique des études qui a lieu dans les simples sciences inorganiques est complètement irrationnelle lorsqu'il s'agit de la science toute récente et si complexe de la société. Elle ne peut produire aucun résultat. Dans les sciences inorganiques, les éléments nous sont bien mieux connus que le tout qu'elles constituent; de telle façon que, dans ce cas, nous devons procéder du simple au composé; mais la méthode inverse est nécessaire dans l'étude de l'homme et de la société, l'homme et la société, pris dans leur ensemble, nous étant mieux connus et étant pour nous des sujets d'étude plus accessibles que les parties dont ils se composent. »

Autant d'erreurs que de mots. Il n'est pas étonnant qu'après avoir ainsi renié, pour la biologie et la sociologie, cette unité de méthode dont l'application aux sciences antécédentes est son plus beau titre de gloire, Comte ait nécessairement abouti en biologie — et plus encore en sociologie — à des conceptions superficielles et subjectives parfaitement en rapport avec cette idée fausse, que ce qui importait surtout dans ces deux ordres de sciences, c'était la vision de l'ensemble et que cet ensemble pouvait être connu sans une analyse préliminaire de ses éléments.

Pas plus que la matière de nos connaissances ne diffère du tout au tout dans chacune de ses parties, mais se distingue seulement par des caractères d'autant plus rares qu'ils sont plus particuliers, pas plus la méthode — ce procédé supérieur de notre intelligence — ne change d'un moment à l'autre, suivant la nature plus ou moins générale ou spéciale des phénomènes auxquels elle s'adapte. Il n'y a pas, sous ce rapport, d'antagonisme entre les sciences inorganiques et les sciences organiques. La classification hiérarchique des phénomènes, dans celles-ci, est aussi naturelle et indispensable que dans celles-là.

La source de l'erreur fondamentale de Comte provient précisément de sa méconnaissance de cette science encore récente qui, sous le nom de physiologie mentale, a établi que la méthode était non un procédé artificiel, mais un procédé organique et réel de l'esprit.

La classification, qui est l'un des modes les plus élevés de l'organisation de la connaissance, s'opère partout et toujours d'une façon rigoureusement invariable dans toutes les sciences, aussi bien que dans toutes les intelligences, sauf les accidents et interruptions qui se rencontrent dans toute évolution naturelle, mais n'en altèrent pas la direction générale. Elle se fait d'abord par le groupement des phénomènes d'après leur attribut le plus général, d'ordinaire en même temps le plus saillant et le plus évident ; cet attribut est, le plus souvent, une particularité externe et, par cela même, en évidence. Pas à pas s'exécute le groupement de choses ayant un nombre de plus en plus grand de propriétés en commun. La classification définitive, essentiellement réaliste, est celle qui groupe les faits d'après tous les caractères qui leur sont communs et les distingue par leurs particularités propres (1).

C'est à tort que Comte conteste la légitimité de cette méthode, non seulement en sociologie, mais en biologie. L'évolution historique des classifications botaniques et zoologiques successives, conforme à l'évolution naturelle de l'esprit humain, est la preuve évidente de son erreur.

(1) Il est superflu d'ajouter que je n'admets pas la division de M. de Roberty en sciences expérimentales et en sciences descriptives, ces dernières comprenant la biologie et la sociologie. L'histoire naturelle des sociétés n'est pas simplement descriptive ; ce faux point de vue provient de l'erreur de Comte, partagée par de Roberty, que la sociologie connaît l'ensemble du corps social avant d'en connaître les parties. Par une conséquence, du reste logique, de son erreur, de Roberty repousse également l'utilité et même la légitimité d'une classification des divers phénomènes sociaux en sciences sociales distinctes. Son principal argument est que, plus on s'élève dans l'échelle des sciences, plus les phénomènes sont enchevêtrés et interdépendants ; cette observation est juste, mais il n'en résulte pas que cet enchevêtrement soit inextricable, il est seulement plus laborieux à démêler ; cette difficulté explique aussi pourquoi on n'a pas tenté, jusqu'ici, de classification méthodique et rigoureuse des phénomènes sociaux. L'objection présentée par de Roberty est, du reste, contradictoire, car si les phénomènes les plus généraux et les plus simples sont les plus divisibles, ils sont, en raison même de leur généralité et de leur simplicité, les plus uniformes ; leur division est donc moins légitime et opportune que celle des phénomènes supérieurs. En vérité, les divisions de la mathématique et de la physique sont bien moins réelles que celles de la biologie et de la sociologie ; les divisions de ces dernières sont effectivement organiques ; la division physiologique et sociale des fonctions et des organes et, par conséquent, leur classification et leur hiérarchie ne sont pas un vain mot.

D'Aristote jusqu'à Linnée inclusivement, les classifications sont basées principalement sur les caractères externes; à partir de Cuvier, elles dépassent cette croûte superficielle, et la différenciation s'établit d'après l'organisation interne, tant végétale qu'animale; elles ne se contentent plus de la forme apparente des choses qui, souvent, est la même chez les êtres les plus dissemblables, et très différente chez d'autres, en réalité de la même espèce; ainsi, les classifications ne sont plus simplement morphologiques, mais structurales, comme celle de Cuvier, suivant laquelle la création naturelle se serait faite d'après quatre types ou plans prédéterminés. Plus complexes et plus profonds encore sont les rapports sur lesquels Lamarck et Baër fondent leurs groupements hiérarchiques naturels. A la différenciation résultant des dissemblances des types de structure, le premier ajoute celle de la complexité croissante du développement nerveux et psychique, phénomènes de plus en plus composés et internes; le second complète et étend cette classification des animaux en apathiques, sensibles et intelligents, par un groupement embrassant un nombre encore plus considérable d'attributs communs et fondé sur les modalités d'évolution du règne animal. C'est ainsi que, de nos jours, la biologie, après avoir transité du simple au composé, du général au particulier, de l'apparent au caché, de l'externe à l'interne, de la morphologie à la squelettographie, de celle-ci à l'organographie et de cette dernière à l'évolution proprement dite, a réalisé sa constitution définitive, bien que perfectible, et permis à la psychologie et à la sociologie de compléter — ou de commencer à leur tour — leur évolution, suivant une méthode identique, en rapport avec des phénomènes de nature encore plus secrète, complexe et spéciale.

Maintenant, de ce qu'en biologie les phénomènes enveloppants ont été connus avant les phénomènes enveloppés, peut-on conclure que la méthode scientifique a subi une déviation et que l'ensemble a été connu avant les parties? Ne faut-il pas avouer, au contraire, que cette prétendue connaissance de l'ensemble n'était qu'apparente, par cela même qu'elle n'avait pour objet que les apparences les plus générales et les plus visibles? L'enfant et l'ignorant qui, de nos jours, reconnaissent les partis politiques à la fleur bleue ou rouge qui leur sert d'emblème ou à la couleur de leurs drapeaux, connaissent-ils la politique? Ceux qui classeraient leur bibliothèque d'après le format des livres ou la couleur de leur reliure auraient-ils opéré ainsi des groupements complets? N'auraient-ils pas, au contraire, basé sur un attribut unique, autant qu'accessoire, bien que général et d'ensemble, une distribution des diverses parties formant leur bibliothèque d'après un mode tout à fait rudimentaire et nullement en rapport avec le contenu réel des ouvrages?

Il en est de même de la biologie, de la psychologie et de la sociologie, avec cette différence que, ces dernières sciences ayant particulièrement pour objet des agrégats et non des éléments inorganiques comme les sciences antérieures, il est naturel que l'observation s'adresse tout d'abord aux parties le plus directement et le plus facilement visibles de ces agrégats, c'est-à-dire à leur enveloppe. Cette enveloppe est précisément ce qu'il y a de plus simple et de plus général dans les sciences supérieures dont il s'agit : plus on la dépouille, plus on s'adresse à des phénomènes complexes et particuliers : il y a donc, en réalité, identité et unité de méthode pour toutes les sciences, y compris la sociologie.

Il faut admettre toutefois, eu égard à la complexité et à l'enchevêtrement naturel des phénomènes sociaux, qu'une étude isolée des parties qui en forment la trame entière est moins aisée que dans les autres sciences. On ne peut cependant conclure de là à l'impossibilité d'étudier isolément les diverses branches de la sociologie, par exemple l'économie politique. Pour arriver à cette conclusion, absolument erronée, Comte a dû méconnaître systématiquement l'importance énorme de l'élaboration économique inaugurée par le xviie siècle et si heureusement poursuivie par les physiocrates, par Adam Smith et son école, ainsi que par les précurseurs du socialisme scientifique moderne. Ce qui est vrai, c'est que la science économique ne suffit pas, à elle seule, pour constituer la science sociale entière ; qu'elle doit, à son tour, subir l'action justicière de sciences particulières encore plus élevées, telles que la morale et la justice ; mais cette nécessité même prouve que, dans la science sociale, aussi bien que dans les sciences antécédentes, il existe un ensemble de sciences divisionnaires dont la formation, l'évolution et la constitution sont successives, et qu'il y a, par conséquent, une hiérarchie des sciences superorganiques, comme il y a une hiérarchie des sciences organiques et inorganiques.

Si cette classification méthodique des diverses parties de la sociologie est naturelle, il est naturel également que les rapports économiques de la société, en supposant, ce qui est exact, que ces rapports sont plus généraux et plus simples que ses rapports juridiques par exemple, se soient établis à leur origine en dehors de toute considération de justice et sur le seul principe élémentaire de la force. Il en résultera seulement que l'organisme économique constitué d'abord, comme la famille et l'amour purement physiologique primitifs, sans l'intervention du droit, sera soumis à la sanction de ce dernier quand une évolution supérieure nouvelle aura donné naissance à la constitution effective de ce nouvel ordre de phénomènes ; mais parce que l'économie politique par elle-même serait injuste, ce n'est pas une raison suffisante pour la nier comme science, pas plus qu'il ne serait raisonnable de supprimer d'un trait de plume toute la catégorie d'êtres organisés dépourvus d'intelligence. On peut donc déplorer que les phénomènes politiques ou économiques ne soient pas justes par eux-mêmes, mais cela ne les empêche pas d'exister, comme d'autres créations qui n'ont eu pour objet que la destruction et le carnage.

Ce n'est pas parce que la sociologie est toute récente qu'elle doit avoir une méthode différente, comme le veut Comte ; c'est seulement parce qu'elle est récente que les erreurs de méthode qui la vicient, comme il est arrivé à tous les utopistes, y compris Comte, sont excusables. En sociologie, comme ailleurs, la méthode a nécessairement commencé par être analogue au procédé mental de l'enfant. Ce dernier classe, par exemple, les phénomènes d'après leur étendue et leur nombre ; tous les objets, pour lui, se divisent en grands et petits, nombreux ou rares. En un mot, son premier pas dans l'étude de la nature aboutit à un groupement hâtif et prématuré des choses en rapport avec un de leurs attributs les plus généraux, les plus simples et les plus superficiels. De même, en sociologie, Aristote s'occupe surtout des formes des États ; Machiavel, de leurs mouvements politiques apparents. Montesquieu, le premier, indique les conditions de leur structure sous l'influence particulièrement du milieu climatérique ; Turgot, Condorcet, Comte, Bückle, Spencer en distinguent de mieux en mieux le développement organique interne.

Aristote, qui décrivait si bien les diverses formes des gouvernements, ne connaissait de la sociologie que la surface. Bien loin d'en embrasser l'ensemble, il en ignorait les parties constitutives essentielles. Cela ne l'a pas empêché d'atteindre une haute perfection politique à ce point de vue restreint. C'est ainsi que les artistes grecs, avant que l'organographie, la squelottographie, la myologie et surtout la névrologie fussent connues, avaient une idée très parfaite des formes du corps humain, c'est-à-dire des lignes séparatives de l'agrégat individuel d'avec le monde extérieur, et certes, chez eux, la perfection de la ligne et de la beauté externe atteignit le sublime de l'art. Mais connaissaient-ils réellement le corps humain, et leurs productions purent-elles rendre ce degré intense et complexe de vie résultant, chez les artistes modernes, de l'étude détaillée et approfondie de la structure, des muscles, des organes, des nerfs et des émotions que leur activité exprime ?

C'est donc avec raison que nous pouvons, avec Spencer, conclure à la nécessité et à la légitimité d'une classification des phénomènes sociaux. Une hiérarchie des sciences sociales est le corollaire de cette classification. Ainsi, malgré la complexité et la spécialité supérieures de la sociologie, la méthode scientifique persiste dans son inflexible unité et ses procédés restent les mêmes. Ses instruments seuls se perfectionnent et se compliquent en raison de la difficulté des observations résultant de leur plus grande étendue dans l'espace et le temps, de leur complication, de leur motilité et de leurs innombrables actions et réactions réciproques.

La politique, l'économique, la morale, le droit nous offrent, dès maintenant, assez de matériaux, d'observations et d'expérimentations ; le champ de l'histoire a été étendu à des périodes suffisamment reculées pour nous autoriser à procéder à la classification hiérarchique des sciences sociales, de manière à reconstituer le superorganisme collectif dans ses organes, dans ses fonctions et dans son développement successifs.

Il est temps que ce qu'on est convenu d'appeler la politique devienne une science, c'est-à-dire, que les mouvements sociaux cessent, de plus en plus, d'être réflexes pour obéir à une méthode rationnelle. Le règne des mythes, des legendes, des personnages divins, des prophètes, des princes ou des tribuns, dans lesquels la société confondait son existence, n'a plus raison d'être. Nous ne sommes plus des enfants, mais des hommes. Les théogonies, les intrigues politiques, la biographie des hommes providentiels, le récit des batailles et des traités de paix, toute cette fantasmagorie de l'histoire doit faire place à la réalité. Et cette réalité n'est rien moins qu'un superorganisme dont la structure et les fonctions, l'équilibration et le développement sont soumis à des lois aussi positives et aussi susceptibles d'une connaissance exacte que toutes les sciences antérieures, inorganiques ou organiques, auxquelles la sociologie se rattache, non seulement par ses origines, mais aussi par l'unité de méthode.

En résumé, de même que les sciences sociales ont, en commun avec les sciences antécédentes, les procédés les plus simples et les plus compliqués de ces dernières, depuis l'observation immédiate jusqu'aux expérimentations les moins directes, de même qu'elles empruntent à l'astronomie, à la géologie, à la biologie et à la psychologie l'idée première d'évolution et de la méthode historique adaptée à cet ordre de phénomènes, de même, elles leur empruntent et partagent avec elles la méthode de classification de plus en plus réaliste. La légitimité de cette classification ne réside pas seulement dans l'ordre naturel de tous les phénomènes externes, mais encore dans l'organisation et le fonctionnement de notre intelligence.

En sociologie, plus qu'ailleurs, l'*interdépendance* des phénomènes est considérable ; il n'en est pas moins vrai que, plus peut-être que les autres sciences, elle manifeste à un degré élevé la création successive et permanente de fonctions et d'organes correspondant à ces fonctions, organes de plus en plus spéciaux et complexes, dont l'avènement graduel n'était possible que par l'établissement des fonctions et des organes antérieurs plus simples ; il ne se passe guère de siècle sans qu'une de ces institutions organiques supérieures vienne prendre place à côté des institutions existantes, soit en se superposant à ces dernières, soit en les expulsant, soit en les restreignant ou en les modifiant d'une façon quelconque. Cette évolution organique successive, parfaitement discernable, malgré la contexture de plus en plus étroite de l'ensemble des phénomènes sociaux, constitue l'échelle hiérarchique de ces derniers et des sciences correspondantes.

La classification hiérarchique des sciences sociales en raison de leur complexité croissante et de leur généralité décroissante est la condition *sine quâ non* de toute politique rationnelle. C'est, en effet, grâce à cette élaboration, jusqu'ici négligée, que la politique, c'est-à-dire l'action réfléchie de la société sur elle-même, pourra enfin sortir des limbes des mouvements inconscients et se confondre avec la méthode positive elle-même. Cette transformation de la politique sociale, de réflexe à son point de départ en réfléchie à son point d'arrivée, est basée sur l'évolution naturelle de l'intelligence individuelle, qui n'a jamais procédé autrement. A l'encontre de ce progrès naturel, les penseurs isolés, appliquant leur esprit à l'étude de la sociologie, devaient naturellement aussi procéder en sens inverse. Ce qui devait les frapper surtout, comme il advint malheureusement à Comte, c'étaient les phénomènes sociaux, non pas dans leur ensemble, comme ils le crurent, mais seulement dans leurs formes les plus extérieures, c'est-à-dire les moins générales et les plus concrètes.

De là, il résulta nécessairement que leurs systèmes ou projets de réformes furent utopiques, en ce sens qu'ils se figurèrent pouvoir modifier les lois générales de la société en agissant sur des faits particuliers et complexes. Depuis la *République* de Platon jusqu'au système de politique prétendue positive de Comte, toutes les utopies proviennent de cette erreur, du reste inévitable. L'importance ridicule attachée aux systèmes électoraux, aux débats parlementaires, aux changements ministériels et, en général, aux révolutions politiques qui, en définitive, troublent peu le fond de la société, laissant toutes choses en état, — si ce n'est le personnel dirigeant qui se débat à la surface, — trouve son explication dans ce vice de méthode inhérent à la faiblesse intellectuelle des hommes d'État, mais qui ne fut jamais, en réalité, le procédé effectif de la société.

Dans la classification hiérarchique des phénomènes sociaux suivant leur degré de généralité, il y a plus qu'une révolution, il y a une évolution sociale complète : la transition de l'astrologie à l'astronomie, du fétichisme à la physique, de l'alchimie à la chimie, de la sorcellerie à la biologie et à la psychologie, de la métaphysique politique à la sociologie.

CHAPITRE III.

ÉLÉMENTS CONSTITUTIFS GÉNÉRAUX OU FACTEURS PRIMAIRES DE LA SOCIOLOGIE : TERRITOIRE ET POPULATION.

« Fils du sol », « rejetons des chênes », ainsi et sous une foule de désignations de même nature s'intitulent, dans leurs légendes, presque toutes les populations primitives et même modernes. Ces croyances inconscientes recouvrent une philosophie profonde.

La loi d'évolution générale de la matière rattache la sociologie à tous les phénomènes moins complexes antérieurs ; nous verrons plus loin comment, des plus élevés de ceux-ci, se forment, par voie de création naturelle, les fonctions et les organes du superorganisme social ; pour le moment, envisageant seulement la sociologie dans ses rapports de dépendance avec les sciences antécédentes et réservant la démonstration de son droit à l'existence, nous avons à montrer l'influence qu'exerce sur elle le milieu ambiant.

La *mésologie* est la préparation indispensable à la sociologie ; la reconnaissance de la soumission des phénomènes les plus complexes aux phénomènes plus simples et plus généraux est la meilleure garantie contre toute rétrogradation vers l'absolu métaphysique, car elle est la démonstration, par le fait de la relativité, de toutes nos connaissances.

Voilà l'importance réelle des doctrines qui essaient d'expliquer la sociologie par les lois des sciences plus simples. Prouver qu'en vertu de la redistribution incessante de la matière et du mouvement notre planète, comme tous les organismes, après avoir atteint son maximum d'intégration, finira par se désintégrer sous

forme de matière diffuse, en tirer comme conséquence que les
sociétés humaines sont emportées elles-mêmes dans cette évolution
universelle de la matière et de la force, ce n'est pas là — nous avons
assez insisté sur ce point — faire de la sociologie, mais uniquement,
en laissant de côté précisément les caractères spéciaux qui constituent son domaine, la rattacher, par l'intermédiaire de la psychologie et de la biologie, aux lois les plus générales de la nature (1).

S'il existe un superorganisme social, il dépend, par le fait seul
de son caractère, de tous les facteurs, non seulement organiques,
mais aussi inorganiques, plus généraux, dont la succession graduée
compose l'échelle hiérarchique des sciences, depuis la mathématique jusques et y compris la biologie et la psychologie. La
sociologie ajoute seulement à ces dernières une certaine somme
de particularités inexplicables uniquement par les lois des sciences
primaires, bien que soumises à leur influence inévitable.

Le grand corps social naît de l'union opérée entre le monde
inorganique et le monde organique ; il en est le produit élevé à la
deuxième puissance. De même qu'à l'héritage ancestral l'individu
ajoute de nouvelles qualités acquises par son évolution propre, de
même la sociologie enrichit la succession scientifique léguée de
l'ensemble de ses propriétés originales. Le corps social est une
véritable *surcroissance* du cosmos en général ; il n'a pas seulement des caractères communs avec les phénomènes auxquels il est
superposé, mais il a encore des caractères anormaux ; à ce point de
vue, il constitue une véritable monstruosité ou anomalie, inexplicable par les seules lois des phénomènes plus généraux dont,
comme une excroissance, il détruit partiellement la régularité
et l'harmonie. Quoi d'étonnant, dès lors, que l'évolution de ce
monstre soit également, sous certains rapports, monstrueuse ? Quoi
d'étonnant que certaines sociétés se fondent, se conservent et se

(1) J'ai en ce moment sous les yeux une récente étude de M. Dallemagne, intitulée
Principes de Sociologie et publiée dans le tome IV du *Bulletin de la Société d'Anthropologie de Bruxelles.* L'auteur y démontre la dépendance étroite de la sociologie vis-à-
vis de la biologie ; c'est une excellente introduction à la sociologie, et c'est probablement
ce que l'auteur entend par « principes », mais ce n'est pas la sociologie.

développent par la guerre, c'est-à-dire par une certaine effusion et destruction de forces physiologiques individuelles qui, si leur dépendance vis-à-vis de la biologie était absolue, devraient, au contraire, entraîner leur mort? Quoi d'étonnant que cette évolution soit, en certains points, contraire à l'évolution individuelle? Si vous n'admettez pas que la sociologie ne peut avoir pour objet que des phénomènes d'un genre spécial, bien que subordonnés, dans leur contexture générale, aux conditions les plus universelles de la nature, il n'y a pas lieu de s'occuper de sociologie, puisque cette science nouvelle, n'offrant aucun caractère propre, n'a, dès lors, aucune raison d'être; si vous prétendez fonder l'histoire sociale uniquement sur les lois de la biologie, de la psychologie et de la morale individuelle, cette histoire n'a pas de raison d'être. La sociologie ne tient sa légitimité précisément que de son caractère en partie monstrueux, c'est-à-dire exceptionnel. Avant d'aborder son empire, hanté de tant de fantômes et défendu par tant de prestiges, il faut se forger un cœur d'airain : sans regarder en arrière, ni regretter les procédés honnêtes des sciences ayant pour objet l'homme privé, il faut recueillir sans effroi dans les ruines et dans le sang les traces et les lois de l'épouvantable développement social dont les bienfaits sont parfois le résultat de la négation de ce que nous sommes habitués à aimer et à respecter : l'honneur, la vertu, la morale, le tien et le mien, et même la vie.

A première vue, et en ne considérant que ses conditions générales, le superorganisme social dont nous supposons l'existence se présente à nous comme la continuation de la nature inorganique et organique, avec quelque chose en plus que cette dernière; nous voulons seulement, ici, indiquer en quoi et comment la sociologie se lie aux sciences antérieures.

Le territoire et la population, tels sont les deux facteurs généraux qui déterminent la forme, la structure et la dynamique sociales; par le premier, le corps social se rattache à toute la matière inorganique et aux éléments les plus abstraits de cette matière, à la mathématique, à la mécanique, à la physique et à la chimie; par la deuxième, il se lie au monde organique, c'est-à-dire à la biologie et à la psychologie.

Le territoire et la population sont les deux facteurs généraux externes de la science sociale; ils représentent le corps social au point de vue de l'étendue et du nombre de ses éléments constitutifs, de la même manière que la géométrie et l'algèbre, placées à la base de toutes les sciences, remplissent une fonction scientifique analogue pour toutes les sciences consécutives.

L'étude du territoire et de la population, dans le sens le plus large de ces mots, est la préparation et la transition naturelles à l'étude de la sociologie. Territoire et population sont les unités composantes de tout superorganisme, aussi bien dans son ensemble que dans chacune de ses subdivisions; tout agrégat, toute fonction, tout organe sociaux sont, avant tout et surtout, déterminés par la nature et le caractère de ces facteurs élémentaires dont la formule, territoire et population, contient toutes les unités qui forment l'encyclopédie des sciences, toutes, à l'exclusion des unités ou agrégats sociaux, dont elle se contente de fournir les matériaux.

Cette fusion intime dans la sociologie de toute la phénoménalité cosmique démontre l'indispensable nécessité de la connaissance préliminaire des lois relatives aux sciences antérieures comme introduction à l'étude des faits sociaux.

Le territoire, avec sa situation géographique, sa formation et sa constitution physiques ou géologiques et chimiques, telle est la plus simple et, en même temps, la plus générale et la plus absolue des conditions naturelles qui président à la détermination de la morphologie, de la structure, de l'organographie et de l'évolution des sociétés; les corps sociaux ont été trop souvent, et l'on peut dire presque toujours, conçus comme de simples associations d'êtres humains; ces associations vivantes sont aussi inséparables de leur milieu que la tortue de sa carapace; impossible d'imaginer un phénomène sociologique quelconque dans la composition duquel n'entre pas, sous une forme plus ou moins prépondérante, une part matérielle et inorganique de l'espace astronomique ou géographique; il est possible d'imaginer un territoire sans population, il

4

ne l'est pas de concevoir une population inconditionnée ou indéter-
minée par aucune influence climatérique et géologique, générale
ou locale.

En sociologie, territoire — et par là il faut entendre toute la
phénoménalité inorganique et même organique autre que celle
de l'homme — et population sont deux termes inséparables, dont le
premier détermine le second de la même manière que, dans les
sciences antérieures, le monde inorganique détermine le monde
organique et ce dernier l'intelligence. Le territoire est, pour ainsi
dire, la partie femelle, et la population la partie mâle, dont l'indissoluble mariage donne naissance aux divers agrégats ou produits
sociaux. La nature inorganique la plus grossière, la moins
complexe, est la matrice où sont fécondées et où se développent,
avant d'en être expulsés sous une forme supérieure, les germes
de toutes les formes et de tous les organismes sociaux, lesquels
dépouillent, à leur tour et successivement, leur structure rudimentaire pour s'élever de plus en plus vers des types plus complexes
et plus émancipés, dans leurs fonctions supérieures, de la fatalité
physique ambiante d'où ils sont issus.

Ainsi, de la latitude occupée par un agrégat social ne dépendra
pas seulement la proportion des jours aux nuits dans chaque
saison, proportion d'une si grave importance au point de vue de
l'existence et des progrès primitifs; de la longitude ne dépendra
pas uniquement la différence des heures entre les divers pays; mais
de la combinaison de ces conditions géographiques générales avec
les forces actives de la nature résulteront les propriétés distinctes
de chaque sol et de ses produits, et, comme conséquence inévitable, notre existence matérielle, nos mœurs, notre morale et,
plus tard, bien que d'une façon de plus en plus indirecte et plus
libre, notre évolution scientifique et juridique, dont les différenciations particulières, suivant les régions et les populations, ont
leur explication la plus générale dans les contrastes astronomiques et géographiques des territoires où se poursuit chaque
développement social.

Certes, aucune des forces inorganiques ou organiques externes qui déterminent rigoureusement la formation et la croissance des sociétés primitives n'est absolument irrésistible. Au contraire, le cours progressif de la civilisation tend de plus en plus à réagir contre leurs influences ; mais toujours et dans tous les cas d'une façon générale dans le principe et de moins en moins fatale à mesure que les types sociaux s'élèvent au-dessus de leur lointaine origine, ces influences subsistent comme lois générales de la statique et de la dynamique des sociétés.

Si la configuration géographique et le climat, ces divinités toutes-puissantes des peuplades primitives, voient leurs effets considérablement atténués dans le cours de la civilisation, il est cependant apparent, même aujourd'hui, même dans l'Europe occidentale, où la vie sociale a atteint son expression la plus haute, qu'elles déterminent, en bien des cas, non seulement notre activité économique et nos mœurs, mais encore nos vues politiques et même philosophiques. A plus forte raison, leur action a dû être et a été réellement décisive sur les peuples embryonnaires ; bien des centres de formations sociétaires ont été détruits et le sont encore presque sous nos yeux par des cataclysmes ou des nuisances naturelles persistantes, avant de pouvoir acquérir une consolidation et une force de contexture suffisantes pour résister aux conditions astronomiques, climatériques et géographiques au milieu desquelles un hasard momentanément favorable les avait déposés, sans leur fournir les éléments nécessaires à un développement ultérieur.

L'évolution sociale la plus progressive ne supprime pas les conditions générales de l'existence sociale, elle ne peut qu'en atténuer les effets, et les influences externes continuent à exercer leur empire dans l'ordre de généralité décroissante inhérent à leur nature. C'est ainsi que l'amélioration du milieu physique augmente, par exemple, la durée de la vie moyenne, en atténuant successivement l'influence des causes morbides ou perturbatrices ambiantes, mais permet et permettra toujours de constater l'effet systématique et hiérarchique de ces mêmes causes, quel que soit le degré de leur amortissement.

La vie sociale, au surplus, est-elle autre chose que la correspondance active de plus en plus exacte des sociétés avec leur milieu, tant interne qu'externe ?

Territoire et population, c'est-à-dire influences géométriques, numériques, astronomiques, physiques, chimiques, biologiques, psychologiques, tels sont les facteurs premiers de la sociologie ; avant donc d'aborder l'étude si complexe de cette dernière, il faut, se conformant, du reste, en cela au véritable ordre historique et logique dont la Nature et la Méthode dans leur évolution corrélative nous indiquent la voie, connaître l'état et le développement du milieu inorganique où ce deuxième facteur social, la population, dont la biologie et la psychologie doivent, à leur tour, nous apprendre les caractères plus spéciaux, est destiné à se former et à se mouvoir.

Ce milieu, tant inorganique qu'organique, la sociologie doit l'aborder dans ses origines, c'est-à-dire, d'abord dans ses conditions les plus simples, à l'état de protoplasme, alors que les fatalités climatériques, géographiques et géologiques presque seules déterminent l'embryogénie sociale, en la séparant à peine des formations biologiques et psychiques individuelles de l'organisation et du fonctionnement desquelles elle tend à se différencier. Ici, encore une fois, comme dans la constitution de l'échelle hiérarchique des sciences et dans l'organisation de la méthode, il faut partir du simple pour arriver au composé et ne pas s'embrouiller dans le réseau presque inextricable des civilisations supérieures, avant d'avoir dégagé les lois générales des civilisations primitives auxquelles les premières continuent, au surplus, à rester soumises. L'étude des sciences, depuis les plus simples jusqu'à la science sociale, peut être assimilée à un long raisonnement, dont l'exactitude ne peut résulter que de la superposition successive et prudente de propositions composées à des propositions simples, isolément démontrées et contrôlées. Agir autrement en sociologie, c'est aboutir inévitablement à la confusion et, par cela même, à des systématisations prématurées et utopiques dont les exemples n'ont été que trop nombreux et dont on ne se débarrasse qu'au prix de grands efforts intellectuels et souvent de douloureuses et cruelles, autant que nécessaires, réactions sociales.

Un point de départ vrai, basé sur un fait vérifié, le plus simple possible, est, en sociologie aussi bien que dans toutes les autres sciences, un bienfait d'un prix plus élevé que les théories les plus prétentieuses, dont l'effet direct, et non le pire, est la cristallisation plus ou moins longue des intelligences dans une formule, c'est-à-dire un arrêt de la science. Si l'humanité, fondée sur l'alliance des forces tant inorganiques qu'organiques de la nature, entraîne les unes et les autres dans sa marche progressive, en les raffinant et les épurant par un frottement continu, elle obtient elle-même ce résultat par des opérations ordonnées et méthodiques, sur le modèle desquelles il faut nous conformer.

La fatalité, c'est-à-dire les lois les plus générales de la nature, considérée dans ses manifestations les plus grossières, préside à la formation, à la naissance et au développement non seulement de l'homme individuel et de son intelligence, mais des formes les plus hautes du corps social et de la psychologie collective ; depuis l'origine jusqu'aujourd'hui, le monde ne s'est pas enrichi d'une molécule de matière, les formes seules se sont accrues, améliorées, quasi divinisées, devenant de plus en plus animales, humaines, c'est-à-dire intelligentes et sociales ; la trace de nos origines matérielles est inséparable de nos conceptions les plus idéales au même titre que l'homme adulte porte sur lui le signe irrécusable du lien qui rattachait son existence à celle de sa mère. Ce n'est là ni du fatalisme, ni du matérialisme : c'est le fait, c'est l'histoire ; l'abîme imaginé entre l'intelligence des bêtes et celle de l'homme n'existe pas plus que celui que l'on suppose entre ces deux dernières et la matière, et entre celle-ci et les fonctions sociales les plus hautes, telles que la morale et la justice. La fatalité primitive si évidente, dont le poids a été supérieur aux forces de tant d'agglomérations humaines éteintes, ne s'est pas, d'un jour à l'autre, par une de ces révolutions si habituelles aux théories cosmiques et politiques anciennes, changée subitement, à un moment donné, en liberté au sens absolu et métaphysique de ce mot ; l'homme seul, dans sa faiblesse intellectuelle, s'est trop longtemps complu à se faire illusion au sujet de son autocratie imaginaire ; dans son impuissance à discerner et à déterminer les influences innombrables dont le jeu est un des éléments essentiels de la vie, tant individuelle que collective, il a, scindant la nature en matérielle et en spirituelle, attribué la première part à la fatalité, et la seconde, celle qu'il a complaisamment considérée comme la directrice et souveraine de la première, à la liberté.

La vérité, c'est que le monde, tant inorganique qu'organique, est aujourd'hui seulement plus complexe et plus complet, par conséquent plus parfait, qu'à l'origine ; que les formes de l'existence ne sont plus ni aussi grossières, ni aussi parcimonieusement limitées et homogènes ; mais de ce que la chaîne qui lie l'individu et le corps social à la série hiérarchique des choses possède un plus grand nombre d'anneaux, l'individu et le corps social n'en sont pas moins liés à toutes les influences externes, en raison inverse du degré supérieur des phénomènes qui exercent ces influences. Les lois mathématiques, mécaniques et astronomiques sont celles qui pèsent sur nous le plus lourdement et de la façon la plus générale, et l'homme aussi bien que les sociétés n'atteignent une certaine liberté d'allures que dans la région plus malléable et, pour ainsi dire, moins solide et successivement plus éthérée des phénomènes supérieurs.

L'unique ambition de l'homme social doit se borner à améliorer en bien-être et en dignité les conditions de son existence par une correspondance de plus en plus exacte de ses actions et de sa conscience avec la phénoménalité externe universelle, y compris la biologie et la psychologie, c'est-à-dire les sciences relatives à lui-même, et la sociologie ou science du grand corps dont il est un des éléments. Il ne s'agit pas de dominer le monde, mais uniquement de se conformer à ses lois ; ce n'est pas la liberté qui place notre espèce au haut de l'échelle de la création naturelle, c'est sa capacité intellectuelle supérieure, c'est la science ; l'ignorant agit ou croit agir bien plus librement que le savant, il a cette illusion et y conforme sa conduite avec une précipitation et une légèreté puériles.

Pas plus que l'individu, aucun territoire particulier n'a une existence absolument libre et indépendante ; non seulement notre globe est soumis à des lois universelles astronomiques, géométriques et mécaniques, non seulement la configuration, la structure et la composition de ses continents et de ses mers sont dans une exacte dépendance réciproque, mais chaque contrée tient à un système plus général, qui le relie à l'ensemble. Ainsi, la Belgique, malgré son exiguïté, constitue, par ses plaines, ses montagnes et ses versants, une espèce de réduction du système général de l'Europe ; la solidarité est une des lois générales de la nature ; aucune matière, aucune force ne nous est étrangère ; nous les subissons et nous intervenons dans toutes leurs actions, réactions et changements d'état ; il n'y a de différence que dans le temps, la distance, la masse et l'intensité du jeu de la matière en mouvement, d'où naît la redistribution constante de la vie.

Nous venons de procéder à la première grande division du corps social en deux termes distincts, bien qu'inséparables en sociologie : le territoire et la population. Quiconque veut entreprendre l'étude de la sociologie doit donc entrer en matière, d'abord par l'étude des conditions géométriques et numériques, astronomiques, mécaniques, physiques et chimiques, au milieu desquelles la population du globe en général, ou chaque groupe particulier, se meut nécessairement; la recherche des conditions physiologiques et psychologiques suit immédiatement et sera la transition naturelle à l'étude des phénomènes sociaux proprement dits.

Tout, dans la nature, est hiérarchiquement classé au point de vue de la généralité et de l'énergie des influences qui agissent sur la vie sociale.

La situation et le mouvement astronomiques de notre globe sont évidemment des circonstances prédominantes. Supposez un changement brusque ou lent de la situation relative ou absolue de notre planète : il peut en résulter soit un arrêt, soit un recul, soit une recrudescence de la vie en général ; quelques degrés de plus de froid ou de chaleur sont un obstacle à la vie humaine et à toute vie organique.

Les transformations subies par la flore et la faune terrestres sous l'influence de l'étendue et du nombre des territoires émergés des mers primitives, et sous l'influence également décisive des conditions physiques et chimiques ambiantes, n'ont pas besoin de démonstration. La géologie, la paléontologie, l'anthropologie, etc., au point de vue de leur évolution, comprennent l'exposé historique des modifications successives que, sous l'action des milieux et du temps, aussi bien que par la voie d'hérédité, la nature inorganique et organique, y compris l'homme, a subies dans la longue suite des siècles.

La géographie physique, étroitement liée à l'astronomie, est la base de la sociologie, de même que la géométrie est celle des sciences physiques et naturelles. Elle décrit la configuration, fixe les limites, la situation des territoires, détermine les étendues, explique les tenants et aboutissants du système général terrestre, et la dépendance et les relations de toutes les parties entre elles.

La Grèce et la Turquie regardent l'Orient par leurs ports ; l'Italie, l'Occident ; cette configuration a nécessairement déterminé le mouvement historique de la civilisation, qui s'est portée de l'Asie-Mineure vers l'Ionie et de celle-ci vers les Gaules, par la Grande-Grèce.

L'histoire grecque peut être considérée comme la suite naturelle de sa situation et de ses configurations géographiques ; elle n'est pas le seul effet de la nature de la race, car, en Illyrie, des tribus de même origine sont restées très inférieures. Si la Grèce était demeurée ce qu'elle était probablement avant l'époque tertiaire, c'est-à-dire une vaste plaine reliée aux sables de la Lybie, elle aurait été parcourue par les lions et les rhinocéros, elle n'aurait jamais été la patrie d'Apelles et d'Aristote.

La situation géographique de Rome, au centre d'un cirque de collines, sur les bords d'un fleuve navigable, près de la mer, à l'intersection des frontières des Sabins, des Latins et des

Étrusques, fut certainement favorable à ses premiers développements.

L'Italie méridionale ne vit que par le développement de ses côtes; son centre politique est un port, à défaut de centre commercial intérieur rendu difficile par l'absence de communications. Naples a succédé à Sybaris et à Tarente, c'est-à-dire que l'Italie du Sud a su faire face à la civilisation occidentale quand l'Orient déclina, et ainsi seulement put résister la civilisation italienne.

Bruges et Pise n'ont-ils pas décliné en cessant naturellement d'être des ports de mer?

De même que l'Italie, l'Espagne est inclinée vers l'Occident; ses fleuves sont peu navigables et les communications vers l'intérieur difficiles. Est-il étonnant que ses navigateurs, suivant une pente naturelle, aient abordé en Amérique?

La partie du rivage hispanien devenue portugaise est rectiligne, elle contraste avec l'Espagne par l'uniformité de ses plages; sur tout ce littoral se rencontrent les mêmes conditions de vents, de courants, de climat, de faune et de végétation; par suite, les habitants se sont accoutumés au même genre de vie, de nourriture et d'idées. Ne devait-il pas en résulter une tendance à se grouper en un même corps politique?

Est-ce par un simple accident que toutes les capitales de l'Europe sont des ports ou établies sur des voies navigables?

Est-ce par hasard que les premières civilisations se sont installées sur les rivages orientaux de la Méditerranée, d'où elles se reliaient à la fois à l'Asie, à l'Europe et à l'Afrique?

Si l'Europe n'a été envahie et civilisée que tardivement, la dépression autrefois comblée par les eaux entre la mer Noire, la mer Caspienne et l'océan Glacial n'a-t-elle pas servi d'obstacle? Après cette période géologique, les peuples envahisseurs n'ont pu pénétrer dans l'Europe, défendue par les mers, les Alpes, les Balkans, les Carpathes, que par la plaine du Nord, si favorable à leurs habitudes nomades; ceux, au contraire, qui s'engagèrent par les défilés des montagnes durent se perdre dans les vallées danubiennes.

L'immigration par le Sud ne pouvait se faire que par la mer, c'est-à-dire par des peuples déjà civilisés et en petit nombre; cela n'explique-t-il pas les différences d'évolution du Nord et du Midi, de même que l'accès des Alpes, moins difficile du côté de la France, nous fait comprendre l'influence directe, sur cette dernière, de la Grèce et de l'Italie?

La géographie physique de la France est certes un facteur déterminant de son histoire. A la fois appuyée sur l'Atlantique et la Méditerranée, elle a sur l'Espagne l'avantage de ne pas être séparée par une barrière naturelle du reste de l'Europe; les routes entre les deux mers sont faciles; son unité territoriale la distingue à première vue de l'Espagne et de l'Angleterre. Paris est à la convergence des vallées et des voies historiques vers la frontière ouverte. Au sud de la Seine et de la Loire, il y avait deux grandes voies naturelles, celle de l'est, la voie romaine, reliant le bassin de la Seine à celui de la Saône et du Rhône : par là dut s'exercer l'influence italienne; l'autre, passant à l'ouest du plateau central par la vallée de la Charente. Au sud, les deux extrémités de ces voies historiques sont reliées par une troisième route naturelle, qui longe la base méridionale des Cévennes, des bords de la Méditerranée jusqu'au bassin de la Garonne. Ce n'est pas arbitrairement que toutes les cités historiques sont situées sur ces voies qui, toutes, aboutissent à la mer, pour converger à la grande ville, symbole de l'unité territoriale et sociale de la France.

La Bohême, entourée de montagnes, est restée tchèque au milieu des Allemands, tandis que les Pyrénées pouvaient être tournées vers leurs extrémités du côté de la mer.

L'Europe, dans son ensemble, formant presque entièrement les deux versants d'une chaîne centrale, avec ses cours d'eau modérés, son territoire dentelé, supérieure seulement en étendue à l'Australie, mais possédant presque autant de côtes utiles que l'Asie, qui est quatre fois plus considérable, que l'Amérique du Nord, qui est de près du double, et dépassant l'Afrique et l'Amérique du Sud, dont la surface est respectivement trois et deux fois plus grande, n'était-elle pas destinée à être une civilisation maritime et cette civilisation maritime ne devait-elle pas prendre ses premiers développements en Grèce, c'est-à-dire là où une multitude de petits golfes et de petits ports et une vraie poussière d'îles étaient appropriés à la petite navigation d'alors? Cette situation même, qui constituait la supériorité de la Grèce d'alors, ne devait-elle pas causer aujourd'hui l'infériorité de son commerce, réduit presque au cabotage? Ses ports ne sont-ils pas tournés vers l'Orient, et sa prospérité ne tomba-t-elle pas avec celle de l'Asie-Mineure?

La découverte de l'Amérique, en déplaçant le courant commercial, avait, depuis cinq siècles, fait déserter les grandes voies terrestres qui prolongeaient la Méditerranée vers le golfe Persique, les Indes et la Chine : il a fallu le percement de l'isthme de Suez pour rendre à la vaste mer intérieure son importance ancienne, en lui ouvrant une issue dans l'océan des Indes, vers l'Extrême-Orient et l'Australie. Mais, en même temps, les vieilles cités historiques, telles qu'Alexandrie, diminuent d'importance. Si l'Angleterre n'a pas hésité à la bombarder, au risque de l'anéantir à jamais, c'est que Port-Saïd a désormais une situation géographique et un rôle social bien supérieurs à l'antique création d'Alexandre.

Par le relief de ses montagnes et sa pente générale, la Turquie ne tourne-t-elle pas le dos à l'Occident; le désordre inextricable de ses montagnes ne correspond-il pas à celui des nombreuses races qui y vivent côte à côte, en ennemies, dans un rayon de quelques lieues? Constantinople, trait d'union de deux continents et de plusieurs mers, n'est certes pas une création artificielle, et il faut assurément attribuer à sa situation géographique son caractère international, qui en fait la victime de tant de complications politiques.

Le climat marin d'Europe, sauf celui de la Russie, l'influence du Gulf-Stream, la température moyenne du continent variant de zéro à vingt dans une zone d'une largeur double de celle de l'Asie et de l'Amérique sont évidemment aussi des influences générales qui ont favorisé notre développement social. En ce qui concerne le climat, il faut encore tenir compte, en première ligne, de l'influence prépondérante du soleil, ensuite de l'influence des vents, des nuages et des courants.

Chaque continent ou territoire subit également l'action de la solidarité géographique. Ainsi, la Belgique est une dépendance de la plaine Baltique, par conséquent de la région septentrionale jusqu'à la limite des Ardennes; celles-ci, à leur tour, s'abaissant à l'ouest, font de notre pays le trait d'union de l'Europe du Nord et de l'Europe moyenne.

La latitude et l'altitude influent aussi sur le climat et, dès lors, sur la population; ainsi, il fait plus froid à la frontière hollandaise qu'à la frontière française, différence moins sensible cependant en été, à cause des vents ouest et sud-ouest, qui soufflent sans obstacle, et des jours plus longs au Nord qu'au Midi; le thermomètre, qui baisse d'un demi-degré centigrade par cent mètres d'élévation, explique bien des variations dans les usages et les mœurs; il y a des ressemblances plus grandes, à certains points de vue, entre les populations qui occupent les régions les plus élevées des Ardennes et les habitants du Nord, du Danemark, et entre celles du versant méridional des Ardennes et les habitants de la Bourgogne, qu'entre Ardennais de chaque versant ou habitants de villages contigus et d'origine différente.

L'orologie, ou description du relief du globe, est un autre élément de la structure sociale et fait aussi partie de la géographie physique; l'influence des reliefs est indiscutable; les bassins hydrographiques maritimes et fluviaux, les plaines ou les montagnes ont exercé une influence souvent décisive sur certaines populations; presque toutes les capitales ayant une certaine ancienneté ont pris naissance dans des îlots de rivières; les vallées fluviales ont été les premières voies commerciales et militaires, et l'on n'ignore pas combien le développement social des antiques civilisations méditerranéennes diffère de celui de la grande puissance continentale romaine; dans plusieurs pays, la division de la population en habitants des côtes, de la plaine ou des montagnes a même servi de base à son organisation politique.

Des influences externes et de la surface, nous passons naturellement aux influences physiques internes. Que le milieu social dépende de la constitution géologique du territoire, cela n'est pas discutable ; nous savons que l'homme n'apparut et ne pouvait apparaître que dans une certaine période de l'évolution terrestre, et même aujourd'hui nous constatons que les formations géologiques, non seulement récentes, mais anciennes, telles que les mines et carrières, influent directement sur la vie industrielle des nations ; il est certain que les populations livrées à l'exploitation de la houille ou du fer ne se développent pas de la même manière que les populations pastorales ou agricoles.

L'étude des facteurs géologiques a cette autre importance : elle fait ressortir que la distribution de la vie végétale dépend principalement de la constitution minéralogique du sol et de sa situation relativement au niveau de la mer ; appliquée à l'agriculture, cette dépendance botanique est des plus étroites ; la culture, en effet, est en rapport direct avec les zones géologiques, non seulement pour la nature des produits, mais même pour les modalités du travail. Ainsi, en Belgique, plus on s'éloigne de la mer, plus les terrains sont anciens et plus aussi la culture est primitive et extensive, à tel point que, dans les Ardennes, on rencontre encore la propriété indivise et le pâturage commun, en usage chez les Germains.

L'influence géographique en général est telle, qu'aux États-Unis les descendants des immigrants irlandais et allemands perdent insensiblement leur physionomie celtique ou germanique et s'américanisent en dehors de toute union avec les Américaines.

L'influence sociale des conditions territoriales, géométriques, astronomiques, climatériques, géographiques ou physiques, géologiques, minéralogiques et chimiques est donc suffisamment établie ; la sociologie doit avoir pour fondement l'étude de ces diverses influences sur les phénomènes sociaux.

Chacune de ces actions de la matière inorganique agit d'après ses lois propres, mais de telle sorte cependant que la dernière, c'est-à-dire la plus complexe et la plus élevée dans l'échelle hiérarchique des sciences, transmet à la sociologie directement sa propre action, et indirectement celle de tous les phénomènes d'un ordre plus simple et plus général.

Les conditions géologiques et chimiques de la constitution du sol, déterminant sa végétation, nous conduisent, par l'intermédiaire de la chimie organique, à l'examen des influences physiologiques et biologiques de la faune en général et de l'homme, en tant qu'être individuel, sur la sociologie.

Il est certain que la faune préhistorique eût été par elle-même une cause de destruction de l'homme si les conditions chimiques du milieu ambiant eussent permis à l'être humain d'y vivre et de s'y multiplier; encore aujourd'hui, la nature de la faune exerce une influence redoutable sur certaines populations régulièrement décimées par les reptiles et les carnassiers, et dont les mœurs, les idées et même les religions ont subi l'impression de la terreur inspirée par ces quasi-souverains et dieux de ces contrées de désolation.

La domestication, l'élevage, la multiplication et le perfectionnement méthodique des espèces utiles, en revanche, ont puissamment agi sur les progrès de la civilisation; le culte du bœuf Apis fut un grand pas en avant, relativement à celui des serpents et de l'alligator; presque tous les peuples adorèrent les divinités bienfaisantes et fictives qui les débarrassèrent des monstres marins et terrestres.

Dans nos sociétés modernes, l'élevage du cheval, celui du mouton, celui du bœuf constituent des échelons successifs de la civilisation agricole.

En ce qui concerne la biologie, dans le sens le plus général de ce mot, l'organisme collectif n'étant pas seulement constitué par les éléments inorganiques que nous avons successivement passés en revue et dont il subit l'influence générale, mais par les êtres humains individuels, il va de soi que les lois propres à la conformation, à la structure, à l'organisation et au fonctionnement de l'homme-individu domineront et détermineront la morphologie, l'organographie et l'évolution fonctionnelle du superorganisme social. De même que les forces vitales subissent l'action des forces inorganiques, par exemple l'influence de la lumière, qui accroît les actions vitales et détermine diverses modalités de la peau et de la rétine, modifications d'où naissent des sensations différentes de couleur, de même l'organisation et la vie sociales sont naturellement déterminées par les lois qui président au développement des individus dont l'agrégation concourt à former leur contexture supérieure.

La méconnaissance des lois physiologiques de l'individu entraîne nécessairement un danger social; une organisation industrielle défavorable à la santé et à l'hygiène ne peut, *à priori*, être favorable à l'organisme collectif; une législation fiscale vicieuse, en privant l'individu des choses nécessaires à la reconstitution de ses forces normales, est une cause de dépérissement social.

A un point de vue encore plus général, la nature de l'organisme social est déjà déterminée par celle des organismes individuels. C'est dans les lois de la biologie qu'on trouve l'origine de cette tendance des hommes à se grouper en sociétés; en effet, les éléments dont les corps vivants sont constitués ont une tendance évidente, et qu'on ne rencontre pas ailleurs, au moins au même degré, à s'unir en multiples et à former des agrégats composés d'éléments chimiques de même nature, mais qui, distribués différemment, donnent à la matière vivante des propriétés également différentes. Ainsi, notre nature sociale est, en réalité, une résultante de notre composition intime, mais à un degré supérieur et plus complexe.

La nature plastique et mobile des phénomènes sociaux s'explique aussi, en majeure partie, par la composition très complexe et d'une grande mobilité moléculaire de nos organes, qui, portée à un degré encore plus élevé de plasticité dans le superorganisme social, rend compte des plus étonnantes facilités d'organisation et de réorganisation dont ce dernier est si heureusement susceptible.

L'extrême intensité de vie, c'est-à-dire de rapidité de la distribution de la matière et du mouvement, spécialement dans les organismes supérieurs, est, de même, une des conditions déterminantes de l'accroissement encore plus rapide et plus intense de mouvements et de forces dans l'être collectif formé du groupement des organismes individuels humains.

Ajoutez à tout cela que les forces psychiques, dépendance directe de la biologie, concourent également à la constitution du superorganisme social, qu'elles sont encore plus malléables, plus mobiles, plus rapides, plus disposées à former des groupes, des séries et des associations, par exemple d'émotions et d'idées, que les forces organiques proprement dites, et vous commencerez à avoir une conception un peu moins vague de ce que, sous l'action de tous ces éléments inorganiques, organiques et psychiques ambiants et composants, le superorganisme social peut et doit être, sans tenir compte de ses acquisitions et de son développement propres, par lesquels il se différencie, à son tour, de tous les facteurs dont les éléments ont concouru à alimenter sa forme, sa structure et son développement.

Un exemple moins général est celui des diversités sociologiques qui peuvent résulter des différences physiologiques des races : que celles-ci proviennent d'une souche unique modifiée par les milieux, la sélection et l'hérédité, ou de souches différentes, il faut reconnaître qu'elles montrent des aptitudes et des capacités quantitativement, sinon qualitativement inégales ; l'étude des races est donc aussi une préparation subsidiaire à celle de la science sociale. Il en est de même de la paléontologie, de l'anthropologie, de l'embryogénie ; il convient encore d'y ajouter la démographie, qui sert si naturellement de transition à la sociologie.

En résumé, territoire et population, dans la plus large acception de ces mots, tels sont les deux facteurs généraux dont l'étroite contexture est la trame du superorganisme collectif ; ils embrassent, à la fois, les influences inorganiques et organiques, y compris celle de la physiologie psychique, et si nous voulons les classer dans leur ordre de généralité et de fatalité décroissantes, nous obtenons les résultats suivants, conformes à la classification hiérarchique des sciences :

I. Influence astronomique :

Météorologie ;

Climats.

II. Influence géométrique et arithmétique :
Étendue, espace, nombre.
III. Influence de la configuration géographique et physique.
IV. Influence physique et chimique du sous-sol et du sol :
Géologie;
Minéralogie.
V. Influence de la surface inorganique :
Orologie;
Hydrographie.
VI. Influence de la surface organique :
Botanique;
Zoologie;
Biologie.
VII. Influence de la psychologie.

En ce qui concerne cette dernière, l'influence des émotions et des idées individuelles, par exemple de la prédominance des sentiments égoïstes sur les sentiments altruistes, exerce une action directe sur les rapports sociaux en général, aussi bien économiques que juridiques et autres. Nous avons déjà également indiqué que la tendance des hommes à se grouper en sociétés est basée, en grande partie, sur leur constitution physiologique, qui, elle-même, n'est qu'un assemblage différencié organique et qui, en psychologie, se reproduit dans une série de phénomènes spéciaux, tels que les associations d'émotions et d'idées, les mouvements sympathiques, etc., lesquels sont la véritable transition de la physiologie psychique à la psychologie sociale. Nos assemblées délibérantes, le pouvoir exécutif, le pouvoir judiciaire, etc., ne sont-ils pas, dans le domaine social, la continuation des procédés mêmes de l'intelligence individuelle qui raisonne, transmet aux muscles les décisions du cerveau, et modère et pondère par la réflexion des décisions qui, sans cela, seraient trop rapides et peut-être injustes?

Telles sont les forces externes qui exercent une action constante sur les phénomènes sociologiques. C'est la correspondance exacte et continue du superorganisme social avec ce milieu inorganique et organique qui constitue la vie sociale, aussi inintelligible, sans cette correspondance, que notre organisme physique et mental le serait en dehors du milieu externe. Plus cette correspondance est complexe et exacte, plus la vie sociale s'élève ; plus la société parvient à s'assimiler ce qui est bon et à se défendre contre ce qui lui est nuisible, mieux elle assure les conditions de son existence et de son développement. Supprimez ce milieu, il n'y a pas de sociologie possible, pas plus qu'il n'est possible de concevoir des formes organiques ou psychiques quelconques sans une correspondance avec leur milieu physiologique ou inorganique.

Ce que nous appelons progrès n'est autre chose que cette correspondance du développement social interne avec le développement inorganique et organique externes, dont les deux expressions, territoire et population, sont les facteurs généraux.

CHAPITRE IV.

De l'étude des conditions sociales externes, nous passons, par une transition méthodique, à celle des combinaisons sociales internes, dont la correspondance avec les premières constitue le domaine de la sociologie.

De quoi sont composés les phénomènes sociaux? Quels sont leurs éléments irréductibles, c'est-à-dire à la fois les plus simples et les plus généraux? Contrairement à l'opinion de Comte, qui, modifiant brusquement sa propre méthode, supposait que, en biologie et en sociologie, nous connaissions l'ensemble avant les détails, nous avons déjà montré que cette prétendue connaissance anticipée n'est qu'apparente et illusoire et qu'en réalité nous ne pouvons *connaître* l'ensemble qu'après les détails. L'esprit humain n'a pas deux méthodes scientifiques ; ses conceptions d'ensemble, insuffisamment basées sur une connaissance incomplète des éléments, n'ont jamais été que des systèmes religieux ou métaphysiques, dont les innombrables hypothèses des philosophes anciens et modernes sur la nature de l'homme et des sociétés sont le désolant exemple.

Ces fausses conceptions d'ensemble, non dérivées de la méthode inductive et de l'observation des faits les plus simples et les plus généraux préalablement à celle des faits complexes et spéciaux, ont seules permis cette longue éclosion d'utopies sociales qui, étayées sur un point de départ purement subjectif, ainsi qu'il arriva à Comte, aboutissaient, par une série de déductions plus ou moins rigoureusement conduites, à des conclusions absolument antisociales.

Les phénomènes sociaux n'étant, sauf leurs caractères originaux, qu'une surcroissance des phénomènes inorganiques, biologiques et psychiques, participent nécessairement, surtout dans la composition de leurs éléments les plus simples, de la nature de ces facteurs primaires, et, comme les organismes, en général, n'ont pas une existence autonome absolue, mais relative, c'est-à-dire en correspondance avec le milieu externe, les phénomènes sociaux, supérieurement organisés, correspondront à tous ces facteurs primordiaux, dont l'hostilité ou la sympathie sont la condition *sine quâ non* de la vie sociale.

Si la biologie et la psychologie, qui sont les sciences immédiatement antérieures à la sociologie, manifestent l'action de forces, c'est-à-dire d'une distribution et redistribution incessante de matière et de mouvement, suivant certaines lois dérivées de la composition chimique et physique des tissus, il est certain que la sociologie, au moins dans ses caractères les plus généraux, présentera des phénomènes analogues.

Si le milieu ambiant de la sociologie est, à la fois, inorganique et organique, elle ne pourra certainement correspondre avec ce milieu-là qu'en participant de cette double nature. Les phénomènes biologiques d'accumulation, de dépense ou d'usure et de réparation des forces se continueront donc socialement dans les phénomènes économiques de la production, de la consommation et de la circulation, lesquels sont les modalités inférieures de l'existence physiologique des sociétés.

La physiologie psychique se développera socialement dans les croyances, les mœurs, la morale, les sciences, le droit et la politique.

L'induction nous montre que la société présente, en effet, des phénomènes de cette nature, cela est indéniable. Les agrégats d'individus les plus rudimentaires accusent des phénomènes économiques, philosophiques, moraux, artistiques, une certaine administration de la justice et une direction plus ou moins coordonnée, c'est-à-dire politique, ne fût-ce qu'en vue de résister aux ennemis du dehors, bêtes ou gens. Une société absolument dépourvue de ces éléments ne serait pas une société; seulement, ces phénomènes eux-mêmes ne se développent pas uniformément, ni dans le temps, ni dans l'espace : ils se produisent, au contraire, dans un ordre hiérarchique dont nous aurons à rechercher la loi et qui n'exclut cependant pas leur interdépendance mutuelle.

Les phénomènes sociaux peuvent ainsi se diviser, dans leurs grandes lignes, en phénomènes économiques, artistiques, intellectuels, moraux, juridiques et politiques. Ceux-ci sont, à leur tour, décomposables en subdivisions spéciales.

Ainsi, une divison naturelle des phénomènes économiques est celle qui les différencie en phénomènes de circulation, de consommation, de production.

Les mœurs, suivant qu'elles reflètent la force collective rudimentaire ou la vie économique, morale, artistique, juridique et politique, peuvent être soit militaires ou industrielles, soit religieuses ou civiles, soit artistiques ou scientifiques, soit autoritaires ou juridiques; elles peuvent n'être que des habitudes ou des usages, ou constituer un code moral obligatoire, ou une morale simplement libre et raisonnée.

Les arts peuvent s'appliquer à la guerre, à l'industrie et au commerce, à la religion, à la science, à l'éloquence du barreau et à celle de la tribune.

Les sciences, il est presque superflu de l'indiquer, se subdivisent en autant de branches qu'il y a d'objets différents de connaissances. Elles englobent aussi bien les croyances les plus superstitieuses, y compris la métaphysique, que la philosophie la plus positive.

Le droit s'applique à la fois à la guerre, à l'industrie, à la propriété et à tous les phénomènes de l'ordre économique; il comprend une législation artistique; par le Code pénal, il peut dominer, à l'aide de règles rigoureuses, non seulement la morale, mais encore la religion même; il réagit sur les manifestations de la pensée et se subordonne la politique, où il fait pénétrer l'équilibre et la justice sous le nom de droit public et de droit international.

Les phénomènes politiques, à leur tour, s'imprègnent de tous les phénomènes antérieurs, dont ils subissent l'impulsion. Purement guerrière à l'origine, la politique devient tour à tour économique, morale, scientifique, juridique, pour finir par se résoudre, comme nous le montrerons par la suite, dans une méthode positive de coordination et de direction sociales, basée sur les données, également positives, de toutes les autres sciences.

L'observation des phénomènes sociaux, dont nous venons de faire un dénombrement encore grossier, montre que ces phénomènes sont, en réalité, ce qu'en biologie on appelle des *fonctions*. Parmi les phénomènes sociaux, les uns remplissent une fonction relative à la nutrition et au bien-être : ce sont ceux qui concernent la vie sociale, économique ; les autres ont pour fonction l'état et le développement de la société au point de vue moral, intellectuel, artistique, juridique et politique. Chacune de ces fonctions peut, à son tour, se différencier en fonctions particulières, ainsi que nous l'avons déjà indiqué en traçant les subdivisions des branches principales des phénomènes sociaux. Ainsi, la fonction économique se partage en fonctions spéciales relatives soit à la circulation, soit à la consommation, soit à la production des richesses.

S'il y a des *fonctions* sociales, il existe nécessairement des *organes* appropriés à l'exercice de ces fonctions. Les routes, les canaux, les chemins de fer, la poste, le télégraphe, le téléphone et, à un degré plus élevé encore, les banques d'escompte et de crédit, avec tous leurs perfectionnements, tels que les virements, sont des organes de la fonction économique en général et de la fonction circulatoire en particulier.

L'esclavage, la propriété et le salariat, la coopération, le travail en chambre, l'atelier, l'usine, etc., sont des organes de la production.

L'organisme fiscal, dans son inique brutalité rudimentaire, est un spécimen d'organe de la fonction de consommation collective.

Non seulement il y a parmi les phénomènes sociaux des fonctions et des organes, mais ces fonctions et ces organes sont impliqués dans des *organismes*, c'est-à-dire dans des agrégats d'ensemble qui, à leur tour, remplissent des fonctions plus complexes ; c'est ainsi que, de la même manière, les fonctions et les organes spéciaux du corps humain sont coordonnés dans l'organisme général de ce dernier.

Les éléments ou unités physiologiques constitutives du corps social sont les êtres humains individuels, considérés aussi bien en eux-mêmes que dans leur correspondance avec le milieu inorganique et organique ambiant; la biologie et la psychologie nous font connaître les lois de ces unités; mais les individus, ni seuls, ni même additionnés, ne sont pas un organisme social: seuls, ils ne sont que des unités composantes de la sociologie; envisagés comme nombre, ils ne sont qu'un amas de matériaux; l'addition de tous les individus de l'espèce humaine ne constitue pas un organisme. La vie sociale, pas plus que la structure sociale, ne sont représentées par le chiffre total de la population du globe : elles le sont par la vie collective de cette population en correspondance avec elle-même et avec tout le milieu externe.

Les *agrégats* ou *organismes sociaux* sont les produits combinés des unités physiologiques comprises sous l'expression générique de population et de tous les facteurs constituant les sciences antécédentes à la biologie; ces derniers facteurs inorganiques forment, pour ainsi dire, la charpente et le squelette du corps social, tandis que les éléments organiques en constituent la chair, les muscles et les nerfs; on ne peut concevoir un corps social sans lui donner pour base à la fois le monde inorganique et le monde organique; on peut, au contraire, se figurer ces derniers sans l'existence du superorganisme social, d'autant plus aisément qu'à une certaine époque de l'évolution planétaire, ce superorganisme n'existait pas encore.

Quels sont donc les superorganismes ou agrégats d'individus ou de groupes inférieurs dont l'observation, tant historique qu'actuelle, nous autorise à constater l'existence ?

L'agrégat le plus général, le superorganisme primordial, celui qui relie directement l'individu à la société, est l'*agrégat sexuel*. Lâche, irrégulier, incohérent et peu stable à l'origine, cet agrégat se consolide et se fortifie dans le cours de la civilisation. Les brutalités primitives du rapt et de la violence, qui président aux premiers rapports du *couple androgyne*, se transforment en un tout presque indissoluble, où la partie la plus faible tend même, à tort ou à raison, à devenir la maîtresse, à tel point que les chaînes et la longue chevelure, symboles de son infériorité antique, sont devenues le couronnement et la parure honorifique de sa redoutable puissance.

L'organisme androgyne s'étend par sa faculté prolifique et produit un agrégat plus considérable, *la famille*. Les nécessités de résistance aux forces ambiantes font, des misérables familles que nous voyons vivre presque à l'état sauvage en Australie et en Afrique, des familles de plus en plus consolidées et surtout plus contralisées et étendues, telles que les familles modernes.

Le couple androgyne et la famille embrassent, du reste, en eux-mêmes toute la série des fonctions et des organes économiques, moraux, artistiques, scientifiques, juridiques et politiques dont nous avons fait le dénombrement plus haut; chacun de ces agrégats a son organisation matérielle, ses mœurs, ses divinités, son industrie plus ou moins artistique, son droit, sa direction générale; leur organisation, leur structure et leur fonctionnement, surtout à l'origine, sont peu différenciés de la structure et du fonctionnement physiologiques des individualités qui les composent. N'est-il pas naturel, en effet, que les plus forts, les plus expérimentés, les plus âgés, les plus habiles, soient les maîtres? N'est-ce pas là une garantie d'existence et de croissance? Ce n'est que dans la suite des temps, quand les forces individuelles se neutralisent et s'affinent sous la réaction bienfaisante des forces collectives, que le progrès peut se manifester par une diminution du pouvoir despotique de l'ancêtre ou du chef de famille.

Un troisième agrégat, de nature beaucoup plus complexe et dont les types varient également au point de vue de la structure, de la forme et du développement, ce sont les *groupes politiques*, dans le sens le plus large de ce mot, en y comprenant les tribus nomades ou fixes, les communes, les nations ou ces grandes sociétés même, issues généralement de la conquête, qui, à certains moments de l'histoire, embrassèrent la majeure partie du monde connue et celles qui, encore aujourd'hui, se composent de plusieurs millions de familles.

D'après A. Comte, les organes sociaux sont l'*individu*, la *famille*, la *société*. Nous avons déjà indiqué la confusion qui résulte de l'assimilation inexacte des organismes sociaux et de sous-organismes sociaux. La famille et la société sont des organismes ou, pour mieux dire, des superorganismes doués d'organes remplissant des fonctions diverses, dénombrées ci-dessus, bien que d'une façon encore superficielle. La classification de Comte pèche encore en ce sens que l'individu n'est ni un organe ni, à plus forte raison, un superorganisme social : il ne constitue que l'unité sociologique ; quant au terme société, il est beaucoup trop vague et étendu : le couple androgyne et la famille sont également des sociétés ; il y a des sociétés militaires, industrielles, de production, de consommation, de circulation, de même qu'il y a, des organismes moraux, artistiques, scientifiques, juridiques et politiques. L'énumération de Comte n'est donc ni complète, ni suffisamment scientifique.

M. Wyrouboff, l'un de ses disciples les plus distingués, n'a pas hésité à l'améliorer en rejetant l'individu comme organisme social, et il remplace le terme générique de société par trois autres divisions : les classes, les nations et les races (1) ; cette énumération a également le défaut d'être superficielle, incomplète et peu précise. Elle est superficielle parce qu'elle ne tient compte que des caractères extérieurs que revêtent les corps sociaux, considérés dans leur ensemble, sans pénétrer leur nature intime ; la division en classes et nations tient à des dissemblances organiques profondes, dont l'explication ne se trouve que dans les dissemblances physiques, économiques, morales, juridiques et autres, qui différencient les organismes ; les nations, dans le sens propre du mot, n'indiquent que les agrégats humains résultant de la naissance commune sur un même territoire ; quant aux races, elles expriment simplement une certaine similitude de structure et

(1) *Revue de philosophie positive*, tome VIII, pp. 303 à 313.

de développement résultant soit de caractères physiologiques spéciaux, soit de qualités ou défauts physiques ou psychiques hérités ou produits par la longue action des temps et des milieux ; les races ne sont pas des organismes sociaux par elles-mêmes, elles n'indiquent qu'une prédisposition naturelle des membres qui y appartiennent à s'intégrer socialement, d'une façon seulement plus favorable, en vertu de la loi générale qui pousse à l'agglutination des unités qui se ressemblent.

Le couple androgyne, la famille, les tribus et les sociétés en général dans leur ensemble superorganique, avec leurs subdivisions organiques et fonctionnelles économiques, morales, artistiques, scientifiques, juridiques et politiques, voilà la véritable énumération des agrégats sociaux, énumération susceptible encore de sous-divisions organiques et fonctionnelles plus spéciales, que nous aurons à rechercher de plus près.

S'il faut, à l'exemple de Comte et de Wyrouboff, admettre l'existence d'un organisme aussi considérable que l'humanité ou la race, on doit convenir que cette conception est au moins prématurée et que le grand être humanitaire n'a pas encore d'existence objective réelle. N'est-il pas plus raisonnable de se borner à reconnaître ce qui existe déjà effectivement ? N'observons-nous pas depuis longtemps l'existence et le développement d'organismes internationaux, qui prennent de jour en jour une extension et une coordination plus puissantes ? Le monde romain n'a-t-il pas été la réalisation, par la force, de ces relations internationales, qui tendent à unifier pacifiquement, aujourd'hui, l'Europe, l'Amérique, une partie de l'Asie, de l'Afrique et de l'Australie par les routes, les fleuves, les mers, la poste, le télégraphe, les chemins de fer, le crédit, les unions monétaires, les unions douanières, les traités de commerce, les conventions relatives à la propriété artistique et littéraire, à l'extradition des criminels, etc., qui nivellent la consommation, la production, les arts, les idées, et font que toutes les réformes et tous les reculs, en un mot toutes les perturbations locales, se répercutent presque en même temps dans toutes les parties de plusieurs continents, comme les sensations dans tous les centres nerveux de l'organisme individuel? A quoi bon imaginer l'hypothèse d'un grand être humanitaire quand on a sous les yeux le corps international produit naturellement par les relations des organismes sociaux particuliers ?

La structure, les organes et les fonctionnements de l'*organisme international* se révèlent, dès aujourd'hui, d'une façon suffisamment nette pour que son admission parmi les agrégats sociaux ne puisse être taxée d'utopie.

La raison pour laquelle l'existence du corps international a été méconnue jusqu'ici, comme constituant un organisme au même titre que tous les autres, est doublement naturelle. On ne pouvait avoir, il y a plusieurs siècles, l'idée de ce qui n'existait encore qu'à l'état de masse informe, soumise, pour ainsi dire, aux seules actions et réactions de la force collective la plus rudimentaire, c'est-à-dire de la force militaire ou de la guerre, ce premier architecte de toutes les sociétés et de toutes les civilisations. L'Amérique fut une proie avant d'être une associée de l'Europe. Il fallait ensuite que la structure, les organes et les fonctions des agrégats sociaux plus simples, tels que la famille et les sociétés locales, nationales et autres, fussent suffisamment développés et connus avant qu'il fût possible de procéder à cette coordination intercontinentale et internationale supérieure, dont la contexture dépassera en complexité et en grandeur tous les agrégats sociaux observés jusqu'ici.

La science positive, tout en n'excluant pas d'une façon définitive et absolue des prévisions d'un avenir plus ou moins certain et reculé l'hypothèse d'un superorganisme humanitaire, comme dit Comte, ou mondial, comme s'expriment d'autres, ne peut, sous peine d'utopie actuelle, noter comme directement observables que des phénomènes internationaux et même intercontinentaux revêtant les caractères multiples des phénomènes sociaux en général et comportant des organes et des fonctions appropriés.

Outre ces restrictions et réserves nécessaires, et quelles que soient l'étendue et la complexité actuelles ou futures du superorganisme social, dans aucun cas, il n'y aura cependant lieu de lui attribuer un caractère d'antériorité et de supériorité qui puisse autoriser le culte d'un grand Être humanitaire, comme l'a proposé Comte; une telle idolâtrie doit être impitoyablement rejetée, par cette seule considération qu'il est contradictoire pour l'humanité de s'adorer elle-même, en imaginant un symbole de sa propre puissance. En dehors de cette considération, il ne faut pas oublier que ce superorganisme, si considérable qu'on le suppose, n'est que le développement des superorganismes plus simples auxquels il est directement subordonné, de la même façon que ces derniers dépendent des organismes individuels et, par l'intermédiaire des unités composantes de ceux-ci, de toute la phénomalité inorganique antécédente.

Bien que la société réagisse sur l'individu et sur les formes sociales les plus simples, telles que la famille, ce sont, en somme, sur ces formes les plus simples qu'elle se modèle, et c'est d'elles qu'elle dépend. L'humanité dépend directement de l'individu. Aucune divinité n'est créatrice; toutes sont des créations; le créateur, c'est la créature.

Plus les agrégats sociaux sont considérables et complexes, plus ils sont doués de *plasticité,* c'est-à-dire susceptibles de modifications; leur type est moins fixe que le type individuel; il leur naît continuellement de nouveaux organes, nécessités par de nouvelles fonctions, provoquées par de nouveaux besoins; de là, une plus grande somme d'intervention possible de l'action directrice et intellectuelle humaine; plus les sciences sont complexes, plus on constate, en effet, qu'elles sont susceptibles de combinaisons, d'arrangements et d'améliorations. En regard de la fixité des phénomènes mathématiques, astronomiques et physiques, la mobilité des phénomènes chimiques, biologiques et psychologiques est flagrante; de même, le pouvoir de notre action sur ces derniers, par exemple dans l'élevage et l'éducation du bétail, poussés aujourd'hui à tel point que, en un certain nombre d'années, il est possible de *créer* des animaux domestiques présentant des caractères physiologiques et *moraux* prévus.

Plus l'organisme sociologique se développe et se complique, plus sa plasticité devient également considérable; il est certain que les sociétés modernes, grâce à leur intensité et à leur étendue vitales supérieures, réalisent actuellement, en quelques années, des évolutions autrement importantes que celles que les sociétés primitives mettaient des siècles à accomplir.

L'intensité et l'étendue de la vie sociale sont, en outre, une garantie de la continuité du progrès; il est probable que nous ne verrons plus, de nos jours, ces destructions sociales si ordinaires chez les tribus sauvages primitives et actuelles, pas plus que ces arrêts et reculs de certaines civilisations historiques.

La plasticité supérieure des phénomènes sociaux varie même suivant la nature de ces derniers; il est notoire, par exemple, que les phénomènes politiques sont plus variables que les phéno- mènes économiques; nous rendrons compte de cette différence quand nous nous occuperons de la classification et de la hiérarchie des phénomènes sociaux, et nous verrons qu'elle résulte de leur degré inégal de complexité et, par conséquent, de plasticité.

Le grand corps social, international et intercontinental, dont la création se poursuit de jour en jour n'est pas une création artifi- cielle de l'esprit; il est une réalité. Tant au point de vue inorga- nique et physique qu'au point de vue économique, moral, scienti- fique, juridique et politique, ses diverses parties sont dans une coordination de plus en plus étroite, et cette coordination vérita- blement vitale est le caractère distinctif de tout organisme.

La Chine est, par l'Inde et l'Amérique, en relation avec l'Angle- terre, dont les moindres mouvements influent sur tout le système européen; l'Australie, qui commença par être une simple colonie pénitentiaire presque isolée, sent aujourd'hui, presque instantané- ment, par l'électricité, les moindres pulsations de l'Europe et de l'Amérique; l'Afrique même, au nord, au midi et sur ses flancs, nous est unio, et Anglais, Allemands, Français, Hollandais, Ita- liens, Portugais et Belges ont noué des rolations avec les parties les plus inconnues de son intérieur.

Ce grand corps social se distingue de l'unité individuelle

humaine non seulement par sa plasticité et sa complexité supérieures, mais par des phénomènes qui lui sont propres. Il naît par parties en des temps et des lieux séparés et divers ; de ces parties, plusieurs meurent et disparaissent avant de s'intégrer et de se rejoindre dans l'espace et le temps ; aucune limite, si ce n'est celle de notre planète, au point de vue de l'espace et de la durée, ne pourrait être assignée à son développement. Contrairement à la théorie de Drapper, tirée de l'analogie avec le développement individuel, et vraie seulement en partie pour les agrégats sociaux les plus simples, tels que les familles et les tribus, rien, jusqu'ici, ne nous autorise à soumettre l'évolution du corps social au cycle fatal des quatre âges de la vie individuelle.

Nous venons de dénombrer les agrégats sociaux actuellement observables ; en sociologie, aussi bien que dans toutes les autres sciences, c'est seulement par l'observation successive de phénomènes de moins en moins simples et généraux que nous pouvons espérer atteindre à une connaissance positive de ces agrégats en général, et spécialement de l'agrégat international, dont il nous a suffi, pour le moment, de constater l'existence. C'est ainsi qu'en physiologie, l'observation de l'ensemble du corps humain est insuffisante pour nous initier à sa nature intime, laquelle ne peut nous être révélée que par l'étude successive des tissus, du squelette, des muscles, des nerfs, des organes et de leurs fonctions, et de leur coordination générale, qui seule constitue cette connaissance positive de l'ensemble qu'A. Comte, à tort, supposait être antérieure à celle des détails.

L'unité sociale est donc l'individu ; les agrégats sociaux primaires, le couple androgyne et la famille. L'union sexuelle est le trait d'union physiologique de la biologie et de la sociologie ; elle est la première forme sociale collective et humaine (en dehors de quelques sociétés animales) qu'il nous soit donné d'observer. Soit que nous nous reportions aux limites les plus reculées du temps, c'est-à-dire même aux rares vestiges des âges préhistoriques ; soit, ce qui revient à peu près au même, que nous nous transportions dans les parties les plus sauvages de l'Afrique ou de l'Australie ou dans ces résidus inférieurs qui peuplent, à notre honte, les bas-fonds des civilisations les plus avancées, partout et en tout temps, s'il n'y a pas d'autre lien social, nous rencontrerons tout au moins un genre de société grossière, irrégulière et intermittente, basée sur l'union de l'homme et de la femme. Cette union, même temporaire, est la forme la plus simple de tout agrégat social.

La constitution d'une famille, même très relâchée, est déjà un phénomène d'ordre supérieur; elle ne fut possible qu'avec les progrès du bien-être et d'une certaine sympathie sociale correspondante.

C'est par l'union sexuelle et la famille que s'opère la première élaboration sociale; c'est le chef de famille qui est aussi le premier directeur politique, de même qu'il est le premier prêtre et le premier juge et peut-être, à sa mort, le premier Dieu.

Bien que l'organisme androgyne et l'organisme familial soient les plus rapprochés de l'organisme individuel, on observe cependant aisément certaines différences apparentes. Ainsi, les liens de subordination entre l'homme, la femme, l'enfant, tout en étant, surtout à l'origine, très étroits, le sont moins que ceux qui unissent les diverses parties du corps humain; ils se prêtent à des modalités plus nombreuses, suivant les circonstances inorganiques ou sociales externes; même la famille peut s'agrandir artificiellement par l'esclavage ou l'adoption; le fonctionnement individuel n'implique aucune idée supérieure analogue, par exemple, à celle de droit et de devoir, que nous voyons surgir du développement familial.

La famille est plus que l'addition de plusieurs individus d'âge et de sexe différents; c'est pourquoi elle est un phénomène *sui generis*, inexplicable par les seules lois de la biologie; elle est un organisme social remplissant une fonction sociale et dont certains organes spéciaux accomplissent des fonctions également spéciales, correspondantes aux divers phénomènes sociaux économiques, moraux, etc., dont nous avons fait la nomenclature.

Les familles essaiment ou s'agrandissent par l'union forcée ou volontaire d'autres individus et d'autres familles; elles forment des tribus en principe généralement errantes sous l'influence des milieux qui ne permettent pas, tout d'abord, avant d'y être accommodés par une civilisation supérieure et persistante, de subvenir aux besoins de l'homme à la même place. Ce n'est que beaucoup plus tard que les tribus forment des agglomérations fixes, des communautés et des États. Longtemps encore, les grandes réunions sociales issues de la famille se modèlent, dans leur organisation, sur leur type primitif ; longtemps l'ancêtre commun, puis le chef, exercent l'autorité d'une façon rigoureuse et indivise ; à eux la direction militaire, le règlement et le partage des subsistances, l'administration de la justice, la conservation des mœurs et des usages ; à la fois seuls commandants, propriétaires, prêtres, juges, en un mot, souverains, leur pouvoir inexorable pour les plus faibles, est à peine contre-balancé d'un côté par l'ennemi du dehors, c'est-à-dire par la guerre, de l'autre par celle des guerriers les plus forts à l'intérieur.

Un progrès se réalise quand cette autorité indivise, se dégageant du type familial absolu, se subdivise en fonctions distinctes, dont le développement, de plus en plus considérable et complexe, produit nécessairement des organes spéciaux. C'est ainsi que l'administration civile, celle de la religion et de la justice, se dégagèrent successivement de l'autorité centrale et se partagèrent même, dans la suite, en fonctions et organes encore plus spéciaux, par exemple, pour ce qui concerne la justice, en civile proprement dite, pénale, commerciale, etc.

La production, la consommation et la circulation des biens sont primitivement réglées par le souverain ; c'est lui qui emmagasine les produits et les distribue, de même qu'il répartit le travail destiné à les procurer. Avec le développement social, cette organisation indivise se partage et les diverses fonctions économiques deviennent de plus en plus autonomes ; dès aujourd'hui, par exemple, la fonction circulatoire économique représentée par les chemins de fer, la poste, les banques, etc., est à peu près absolument indépendante de toute direction politique ; son action n'est plus guère déterminée que par ses propres lois ; loin d'en recevoir du souverain, la banque, notamment, tient en ses mains la destinée des empires.

La circulation du sang dans le corps humain et la circulation dans les banques a bien donné naissance à des comparaisons, en partie fondées sur certaines analogies communes à l'organisme individuel et aux organismes sociaux ; mais, essayez donc d'expliquer l'escompte, le crédit, le virement, la monnaie, etc., uniquement par les lois de la biologie!

Le couple androgyne, la famille, les tribus, les États et les superorganismes internationaux, ainsi que les phénomènes fonctionnels et organiques relatifs à leur entretien économique, ne sont pas, comme nous l'avons déjà indiqué, les seuls grands phénomènes sociaux qui constituent, par leur coordination, le corps social dans son ensemble ; il en est d'autres encore, plus inexplicables par les seules lois des sciences antérieures.

Ainsi, l'individu peut avoir des habitudes déterminées primitivement, comme le mot l'indique, soit par son organisation physiologique héritée ou propre, soit par son habitat, c'est-à-dire par son milieu ; mais l'idée d'usages, de mœurs et surtout l'idée morale impliquant une certaine consolidation de ces phénomènes, en même temps que la notion d'un idéal perfectionné à atteindre, n'apparaît que dans la société et d'abord dans la famille. De là, primitivement, la fonction religieuse, qui imprima et imprime encore à des masses considérables de sociétés humaines le sceau de son type idéal ou rétrograde. Expliquez donc les religions et la morale par les seules lois de la biologie!

Si les mœurs et la morale sociales étaient exclusivement des phénomènes biologiques et psychologiques de la vie individuelle, ces facteurs, si importants en sociologie, à tel point que les réformes les plus justes viennent parfois se briser contre eux quand elles les heurtent trop violemment, seraient exclusivement déterminés par la constitution physiologique et psychique et par le milieu ambiant. Il est apparent cependant qu'il n'en est pas ainsi : la morale sociale est aussi le produit de l'organisation collective ; les mœurs d'une tribu nomade ne sont pas celles d'un peuple agriculteur; celles d'une petite ville de province ne sont pas celles d'une grande cité; la morale d'une nation militaire ne ressemble pas à la morale d'un peuple industriel. Plus l'organisme social est parfait, plus la morale s'élève; le fond reste toujours, à un certain degré, soumis aux lois de l'organisme individuel, mais modifié par l'influence d'une force plus complexe, qui l'enserre et le pétrit, le dégrade ou l'élève, le corrompt ou le purifie, selon que l'organisme social se corrompt ou se conserve, rétrograde ou progresse.

Ainsi, à certains moments, spécialement quand la société recule vers les mœurs guerrières et que l'homme semble revenir à ses anciennes habitudes carnassières de bête de proie, tous les caractères, à commencer par les plus bas pour finir par les meilleurs, sont entraînés, par une même émotion sociale, à des actes véritablement criminels, mais que la perversion absolue du sens moral social revêt d'un cachet grandiose. Robespierre et Marat étaient ennemis de la peine de mort, et tel homme d'État qui, dans la vie privée, ne ferait pas de mal à un insecte, n'hésitera pas à sacrifier des milliers de ses semblables dans un but social et ne passera cependant pas pour être un malhonnête homme. Expliquez cela, si la morale collective n'a pas de caractères spéciaux qui la distinguent de la morale individuelle!

La morale sociale est donc un phénomène en partie *sui generis*, dont les lois forment l'objet d'une science spéciale.

Demandez-vous, par exemple, s'il est possible d'expliquer par les seules lois de la biologie les deux faits suivants : Dans les centres industriels, il naît régulièrement un grand nombre d'enfants naturels, et le public y est indifférent. Dans certaines bourgades de Hollande, au contraire, bien que les relations avant le mariage soient très fréquentes et même d'usage, le mariage prévient toujours et immédiatement la divulgation de la faute. — Il est certain que ces différences dans les mœurs ne sont complètement explicables que par des diversités sociologiques.

Il en est de même des phénomènes artistiques et scientifiques dont les organes, encore insuffisamment constitués en académies,

universités, etc., sont destinés tôt ou tard à prendre un développement et à revêtir une autorité plus considérables que le vieil
organisme religieux.

L'architecture, la sculpture, la peinture et la musique sont,
il est vrai, des applications de nos sens et, par là, elles se relient à
la physiologie et à la psychologie, de même que les arts industriels sont l'application de nos connaissances acquises à un but
pratique. Cependant, si les arts industriels et les beaux-arts
n'étaient que la représentation ou la satisfaction de nos besoins
ou de nos émotions individuels, par des images sensibles, utiles
ou belles, ou utiles et belles à la fois, la biologie et la psychologie
suffiraient à les expliquer. Mais s'il s'agit d'une pagode ou d'une
église ou bien de ces grandes manifestations de la vie collective
qui réunissent dans de vastes salles de spectacle le peuple
d'Athènes ou de Paris et font naître chez lui des émotions
sociales et surhumaines qu'il ne ressentirait pas sans cette
coordination artistique d'éléments divers qui, mis en rapport
avec le public, suscitent en lui des émotions inconnues à chaque
individu abandonné à ses sensations privées? Y a-t-il quelque
chose de moins libre que l'art, en tant qu'il s'adresse à la
collectivité, et l'œuvre la plus belle, au point de vue de l'artiste,
ne doit-elle pas, pour réussir, aussi bien dans le présent que
dans l'avenir, être une œuvre sociale? N'est-ce pas un phénomène
collectif spécial qui fait que certains discours, après avoir enthou-
siasmé des assemblées, paraissent sans beauté ou sans force à la
lecture!

Comment expliquer, si ce n'est par des lois spéciales, ce grand
phénomène social, la justice, dont l'organisme d'abord indivis et
concentré dans les mains d'un seul homme, chef de famille, de
tribu, de nation, s'est différencié dans le cours des temps en
presque autant d'organismes particuliers qu'il y a de branches de
l'activité humaine? Certes, cette faculté de notre intelligence qu'on
appelle vulgairement la judiciaire est l'embryon de la justice
sociale; mais tâchez donc de formuler en lois biologiques et
psychologiques le droit de la guerre!

S'il est incontestable que les phénomènes sociologiques sont en relation étroite avec les phénomènes qui forment l'objet des sciences antérieures, et cela conformément à cette évolution naturelle qui rattache les organismes supérieurs aux organismes les plus simples, il faut en conclure que l'étude des sciences antécédentes est un indispensable préliminaire de la sociologie : l'acoustique est la base de la musique; les mathématiques, la physique, la mécanique sont indispensables à l'architecte, et toutes ces sciences, plus la biologie et la psychologie, au sculpteur et au peintre.

D'un autre côté, les phénomènes sociologiques ajoutent à l'exercice de nos diverses facultés physiologiques et psychiques des caractères particuliers, qui constituent, par exemple, la fonction sociale de l'art et déterminent sa structure spéciale en correspondance avec cette fonction supérieure.

Si telle nation est plus artiste que telle autre, qui est plus industrielle, si telle civilisation se distingue surtout par son architecture, telle autre par la musique; si celle-ci s'est rendue célèbre par les progrès du droit, celle-là surtout par la politique, ces divergences, souvent très radicales, tiennent non seulement à une éducation héritée ou acquise plus parfaite de tel ou tel sens, dans tel peuple ou telle race, mais au développement social déterminé, par exemple, par des considérations externes de climat, de situation géographique ou de voisinage d'autres nations; ces différences, en un mot, tiennent à des divergences sociales. La Grèce nous domine encore par son art, Rome par son droit; le milieu, le climat, la race en sont des explications insuffisantes, si l'on ne tient pas compte de la structure et de la vie sociales.

Il en est de même des phénomènes purement intellectuels ou scientifiques ; certes, rien n'est plus dépendant de l'intelligence individuelle que l'intelligence collective, mais la vie intellectuelle de deux millions d'hommes réunis dans un grand centre de civilisation où l'intensité, la rapidité et la masse des fonctions cérébrales est facilitée par tous les autres facteurs de la civilisation, n'est-elle pas différente, par exemple, de celle de vingt millions de paysans disséminés sur une grande étendue de territoire, sans relation aucune pour ainsi dire ? Les plus importants progrès scientifiques ne sont même possibles qu'en société ; les découvertes sont œuvre collective au moins autant qu'individuelle.

Dans notre recherche des phénomènes, des fonctions, des agrégats, des organismes et des organes sociaux, nous avons indiqué déjà un ordre considérable de particularités de cette nature, connues vulgairement sous la dénomination de politiques, et qui embrassent tout ce qui est relatif à la formation, à la destruction, à la conservation, au développement, en un mot à la direction générale des sociétés. Il est certain que cet ordre de phénomènes, qui demande, au surplus, à être délimité d'une façon moins vague, ne peut être expliqué exclusivement par les lois des sciences antérieures ; impossible de comparer d'une façon absolue le mode de création d'un individu et sa naissance à la formation des États. Bien plus, tous les individus composant un État peuvent continuer à vivre et à se multiplier et l'État cesser d'exister ; un État composé d'une population considérable peut être socialement inférieur, même à la guerre, à un État moins populeux ; les types sociaux sont aussi bien moins fixes que les types individuels ; ils se conservent et se perpétuent dans l'espace et le temps d'après des modes différents et dans des limites bien plus étendues. C'est surtout en prouvant les différences qui existent entre la biologie, la psychologie et la sociologie, que nous établirons la légitimité de l'existence d'une science sociale.

C'est spécialement dans l'ordre économique, dont la constitution sociale, quoique grossière en bien des points, est cependant plus parfaite que celle des autres catégories sociales, que les divers phénomènes collectifs, que nous avons notés d'une façon générale, apparaissent le plus clairement. Les agrégats, les organismes, les fonctions avec leurs nombreuses subdivisions sont aisément discernables dans l'appareil économique ; l'organisme et la fonction circulatoire notamment y ont acquis un développement supérieur qui rend dès maintenant possible la constitution d'une science sociale économique, du reste toujours perfectible et progressive.

Une erreur fondamentale de Comte a été de prétendre « qu'on ne doit nullement voir dans l'économie politique un élément déjà constitué de la future physique sociale, qui, par sa nature, ne saura être fondée qu'en embrassant d'une seule grande vue philosophique l'ensemble rationnel de tous les divers aspects sociaux ». Autant dire que l'économie sociale ne sera une science parfaite que lorsque toutes les autres sciences sociales seront parfaites : c'est là une de ces allégations absolues, sans portée au point de vue de l'évolution relative et de l'interdépendance des sciences ; cela revient à dire qu'il est possible, comme l'a essayé Comte, de faire un cours de sociologie d'ensemble antérieurement à la connaissance des détails ; l'expérience désastreuse du maître a prouvé la fausseté de cette aventureuse méthode anti-positive.

Il y a des phénomènes collectifs relatifs à l'ordre économique ; ces phénomènes sont représentés socialement par des fonctions et des organes ; ils entrent dans la composition d'agrégats considérables que nous voyons tous les jours agir sous nos yeux. Non seulement ils sont subordonnés aux phénomènes inorganiques et organiques antécédents, mais ils exercent, à leur tour, leur influence sur toutes les fonctions, organes et agrégats des autres classes de phénomènes sociaux. Les mœurs, les arts, les sciences d'une nation industrielle ou commerçante revêtent un caractère différent de ceux d'une population agricole ; les idées morales d'une race habituée à se consacrer au commerce de l'argent sont autres, en partie, que celles de ces primitives communautés agricoles généralement hostiles à toutes les formes de l'usure ; les sciences, dans l'industrielle Angleterre, ont un caractère plus positif et plus pratique qu'en Italie, par exemple, où une vie économique moins âpre, sous un ciel plus clément et sur une terre renfermant moins de richesses minières, devait constituer une tendance naturelle aux beaux-arts et à cette multitude de traités politiques d'une hardiesse inouïe, qui n'a été dépassée nulle part.

Est-il nécessaire d'indiquer que les diverses branches du droit se sont développées suivant les nécessités économiques des nations? Le droit commercial et industriel, presque nul il y a un siècle, n'a-t-il pas atteint une importance au moins égale à celle du droit civil, et même, dans le droit commercial, les chapitres relatifs aux contrats de transport et aux diverses formes de sociétés n'ont-ils pas acquis, notamment chez les nations industrielles de l'Europe occidentale, des proportions qui étaient loin d'être prévues il y a trente ans et dont on n'a pas d'idée ailleurs?

N'y eût-il, dans l'ordre économique, que le phénomène collectif de la division du travail, par cela même il y aurait lieu à une science économique. Est-ce à dire que l'économie sociale soit indépendante de la morale, de la justice et de la politique? Certes, non, et elle ne sera une science socialement parfaite que lorsqu'elle sera équilibrée dans son propre organisme par ces fonctions sociales; mais notre constitution physiologique n'est-elle pas aussi soumise non seulement à toutes les lois physiques et chimiques antécédentes, mais encore aux perfectionnements que lui apportent l'action des fonctions mentales individuelles et toutes les catégories de forces sociales, aussi bien économiques que morales, juridiques et politiques? Cela empêche-t-il la physiologie d'être une science spéciale, c'est-à-dire embrassant un certain nombre de faits naturels ayant des caractères communs et déterminés?

L'objet de ce chapitre n'est pas, du reste, de prouver la légitimité d'une science sociale; nous nous contentons, pour le moment, d'y dénombrer, en apparence et sauf revision, les phénomènes sociaux.

Nous avons, jusqu'ici, après avoir établi l'union intime, en sociologie, des phénomènes inorganiques et organiques antérieurs, et après avoir procédé à une première division des facteurs qui concourent à sa composition, en territoire et population, constaté l'existence d'*agrégats* sociaux plus ou moins considérables et complexes, dont les types principaux sont :

Le couple androgyne ;

La famille ;

La tribu ;

Les communes et nations ;

Les agrégats internationaux.

Nous avons rencontré dans ces agrégats des *fonctions* relatives à la vie sociale économique, morale, artistique, scientifique, juridique et politique, et des organes correspondant à ces fonctions ; ces organes et fonctions se subdivisent, à leur tour, en *organes* et *fonctions secondaires* en correspondance avec des phénomènes spéciaux, tels que la circulation, la consommation, la production en économie politique, qui, à leur tour, se divisent en fonctions et organes encore plus spéciaux, tels que la circulation des producteurs, la circulation des produits, la circulation des valeurs représentatives des produits, fonctions dont les organes sont les voies de transport, la monnaie, les banques, etc.

Nous avons reconnu que les *phénomènes élémentaires* de la sociologie sont, en résumé, soit économiques, soit moraux, soit artistiques, soit scientifiques, soit juridiques, soit politiques ; il n'y a aucun fait sociologique qui ne rentre dans cette classification. Nous réservons pour le moment la question de savoir si ces éléments sont ou non réductibles à des éléments plus simples et plus généraux, et s'ils sont ou non susceptibles eux-mêmes d'une classification hiérarchique en raison de leur degré de complexité relative.

La reconnaissance de fonctions et d'organes sociaux implique une division de la science sociale en *morphologie* ou science des formes, des structures et des organes sociaux, et en sociologie proprement dite ou science des fonctions sociales.

C'est là cependant une division qui ne correspond pas à des différences naturelles absolues ; en sociologie, en effet, aussi bien qu'en biologie, l'étude des organes est presque inséparable de celle des fonctions, et *vice versa ;* la fonction paraît, en général, préparer l'organe, sinon le créer, et, en bonne méthode, son étude semble devoir précéder celle de la morphologie.

A la division en morphologie sociale et en sociologie proprement dite correspond assez exactement une autre division sociologique en phénomènes *statiques* et *dynamiques ;* cette division également n'a qu'une valeur relative, en ce sens qu'en réalité c'est seulement par une classification artificielle qu'il nous est possible de séparer les phénomènes sociaux, en les considérant isolément, soit à l'état de repos, soit à l'état de mouvement. Même les phénomènes inorganiques, bien qu'ils soient généralement statiques, subissent aussi des changements ; ce qui distingue surtout les phénomènes organiques, y compris ceux d'ordre psychique, c'est qu'ils présentent des changements successifs plus variés, plus rapides, plus visibles immédiatement, plus dissemblables et, en même temps, plus combinés, plus coordonnés et de plus en plus en correspondance exacte avec un plus grand nombre de particularités du milieu ambiant. Cette correspondance dans le temps et dans l'espace est portée au plus haut degré dans la vie des agrégats sociaux, surtout dans ceux qui ont atteint une civilisation de complexité supérieure.

C'est à tort que Comte et, à sa suite, M. Wyrouboff ont assimilé d'une façon absolue la statique sociale aux organismes et la dynamique aux fonctions ; ces assimilations ne sont pas naturelles ; bien que la dynamique soit surtout fonctionnelle et la statique surtout relative à la structure et aux organes, il y a une statique tant des fonctions que des organes sociaux, de même qu'il y a une dynamique tant des organes que des fonctions. Cela résulte à toute évidence de cette considération générale que, dans la réalité, toute modification de la fonction entraîne une modification plus ou moins correspondante et rapide de l'organe, de même que toute déformation de l'organisme altère nécessairement la fonction. L'idée d'évolution s'applique, du reste, aussi bien aux fonctions qu'aux organes. La division en statique et dynamique, en morphologique et fonctionnelle, n'est donc scientifique que si l'on ne perd pas de vue son caractère relatif; elle correspond surtout à notre manière d'envisager les choses, suivant que nous attachons plus d'importance à leur évolution ou à leur équilibre; mais ces dernières expressions, à leur tour, sont inséparables, car l'évolution même n'est qu'une équilibration en mouvement.

En sociologie, autant qu'en biologie, les fonctions et les organes sont à la fois déterminés par leur correspondance avec le milieu ambiant, leur transmission par hérédité et leur acquisition par le développement propre du groupe et des individus. De même, les fonctions de nutrition, de formation, de croissance, de développement et de multiplication se rencontrent aussi bien en sociologie qu'en biologie, avec des caractères distinctifs, il est vrai. Les phénomènes biologiques et psychiques, si importants, connus sous le nom d'*hérédité* se manifestent également dans l'observation des phénomènes sociaux.

La tendance des unités physiologiques à reproduire l'organisme par l'intermédiaire des cellules spermatiques ou germinatives, tendance qui constitue l'hérédité biologique et psychique, que vient accroître encore l'acquisition postérieure des habitudes et des idées ancestrales, cette tendance est l'un des faits les plus importants de la sociologie, où la similitude presque générale des sociétés à reproduire dans leur formation et leur développement les formes et la croissance des sociétés antérieures est la base même de cette *continuité* et de cette unité qui apparaissent de plus en plus aujourd'hui dans l'histoire de la civilisation générale.

Cette hérédité cependant n'est pas plus absolue en sociologie qu'en biologie; elle est limitée par une loi non moins générale, qui est celle de *variation*; en sociologie comme en biologie, nul agrégat, nul organisme, nul organe ou sous-organe n'est la reproduction exacte des formes antérieures; les variations constantes des milieux suffiraient à expliquer celles correspondantes des sociétés; elles sont des facteurs favorables pour le progrès et la liberté; on doit y ajouter cependant l'influence des différents types de races qui, bien que moins fixes que les espèces en biologie, ne limitent pas moins, dans une certaine mesure, l'identité dans la formation et la croissance des divers agrégats sociaux.

La *sélection naturelle*, c'est-à-dire non seulement la conservation, mais encore la production des espèces les plus aptes, et l'*adaptation* de celles-ci à des modifications ambiantes d'où résulte leur divergence, sont également des phénomènes qui ont leurs correspondants plus complexes en sociologie ; il en est de même de ces lois encore plus générales qui soumettent tous les corps organiques quelconques à la nécessité d'une *réparation* au moins égale à leur *usure*. Ce sont là des phénomènes généraux qui relient la sociologie à l'ensemble des lois de la nature et de la redistribution universelle de la nature et de la force.

Il nous suffit, pour le moment, d'avoir indiqué, d'une façon du reste encore empirique, la plupart des phénomènes sociaux les plus apparents pour que leur dénombrement puisse être considéré, au moins provisoirement, comme suffisant pour nos inductions ultérieures.

Tous sont relatifs soit à la conservation et à la reproduction de l'espèce, soit à la vie économique, aux arts, aux croyances, aux mœurs, à la morale, au droit ou à la politique ; tous se classent sous l'une ou l'autre de ces rubriques, suivant leurs ressemblances et leurs différences ; tous sont les produits naturels des phénomènes antérieurs, principalement de ceux de la biologie et de la psychologie, mais tous également s'en distinguent par des caractères originaux et propres, dont la constatation sera la démonstration positive de la légitimité de la constitution de la sociologie en science particulière.

CHAPITRE V.

FORMATION NATURELLE DE LA SOCIOLOGIE
PAR LA BIOLOGIE ET LA PSYCHOLOGIE.

La biologie et la psychologie ne sont pas seulement les facteurs déterminants les plus directs de la sociologie; elles en sont la matrice, et la sociologie est leur fille absolument naturelle, dans le sens physiologique de cette expression.

Dans les phénomènes inorganiques et organiques, jusques et y compris la biologie, l'évolution ne peut être décrite sous une forme sérielle unique, et, bien que, dans les végétaux et les animaux, on puisse distinguer une certaine continuité entre les espèces éteintes et celles modernes, ainsi qu'entre les espèces les plus simples et les plus composées, l'unité d'origine, aussi bien que celle des créations spéciales, révèle, jusqu'ici, des lacunes importantes qui lui conservent un certain caractère hypothétique.

Les phénomènes psychologiques présentent déjà cette particularité, que les changements d'états de conscience idéaux ou émotionnels qu'ils impliquent sont, avant tout, sériels, en ce sens qu'ils vont invariablement du simple au complexe, de l'action réflexe à l'instinct, de celui-ci à la mémoire, à la volonté, à la raison et à la méthode; les changements biologiques sont, au contraire et surtout, simultanés, toutes les opérations de notre organisme se réalisant, bien que dans des proportions variables, en même temps par des actions successives et par des actions réciproques.

Dans le même ordre d'idées, l'évolution biologique, tout en accusant la variabilité des espèces, ne démontre pas leur genèse d'un type unique; l'évolution psychologique, au contraire, nous donne la conception d'un développement sériel continu, depuis les organismes les moins intelligents jusqu'à ceux dont les organes sont susceptibles des manifestations émotionnelles et idéales les plus élevées.

La sociologie, à son tour, tient, à la fois, de la biologie et de la psychologie, en ce qu'elle révèle à un degré supérieur leur double caractère propre et dominant, c'est-à-dire simultané et sériel. Là cependant ne réside pas sa supériorité originale, mais dans le phénomène suivant, d'une importance considérable au point de vue de la doctrine de l'évolution.

Cette doctrine reçoit, en effet, une consécration décisive tirée de la genèse même du superorganisme sociologique ; ce que nous ne pouvions constater, ni en biologie, ni en psychologie, d'une façon expérimentale complète, c'est-à-dire la transition directe de la matière inorganique à la matière organique et, de l'autre côté, de la matière organique à la matière intelligente, c'est-à-dire la série unique et continue de la création naturelle, cette transition ou le passage des phénomènes d'ordre biologique et psychique aux phénomènes d'ordre social, il est loisible de la saisir sur le fait en sociologie; nous pouvons, en un mot, établir par l'observation et l'expérience, même directe, comment des organismes individuels deviennent un ou des superorganismes sociaux.

Il est évident que le lien entre la biologie et la psychologie, d'un côté, et la sociologie, de l'autre, doit se trouver entre les extrémités opposées de ces phénomènes, c'est-à-dire entre les phénomènes les plus élevés et les plus complexes de la biologie et de la psychologie, d'une part, et les phénomènes les plus bas et les plus simples de la sociologie, d'autre part. L'agrégat social le plus simple étant le couple androgyne, les fonctions sociales les plus simples celles de reproduction sexuelle et de nutrition de l'espèce, il est certain que la relation directe de la biologie à la sociologie sera entre ces phénomènes inférieurs et les phénomènes supérieurs avoisinants de la biologie, relatifs à la génération, à la nutrition, d'autant plus qu'ils sont englobés dans la loi commune d'usure et de réparation de la matière et de la force.

De la psychologie à la sociologie, la transition se fera aussi naturellement entre les phénomènes les plus complexes de la première, par exemple les phénomènes sympathiques ou antipathiques, altruistes, etc., et les phénomènes sociaux les plus simples déjà indiqués et relatifs à la reproduction et à la conservation de l'espèce, l'union sexuelle et la lutte en commun pour la subsistance. De même que, par exemple, le fait biologique de l'union des sexes se transforme en désir psychologique de cette union et dans les sentiments sympathiques qui en résultent, de même ces derniers la rendent de plus en plus régulière et permanente et créent le superorganisme androgyne, dont le développement constitue le pivot de tous les développements sociaux ultérieurs.

Toutefois, bien que le lien entre la sociologie et la psychologie unisse surtout directement leurs extrêmes opposés, une même relation indirecte unit aussi toutes les parties de cette dernière à la sociologie.

Avant de démontrer de plus près leur évolution sérielle directe, il n'est pas inutile d'indiquer, d'une façon générale, les caractères communs de la science sociale et des deux sciences qui la précèdent immédiatement ; on en comprendra plus facilement la nature supérieurement organique, par rapport tant à la vie qu'à l'intelligence. En constatant les ressemblances existant entre les phénomènes biologiques et psychiques, d'un côté, et les phénomènes sociologiques, de l'autre, au point de vue tant morphologique que physiologique proprement dit, on n'en sera que mieux préparé à se pénétrer de cette vérité, que les superorganismes sociaux ne sont pas chose artificielle et que ces mots ne sont point une simple figure de théorique, mais représentent quelque chose de réel.

Un coup d'œil, même superficiel, sur les caractères communs à la biologie et à la sociologie confirme cette loi de Baër, qu'aux premières périodes de leur existence tous les organismes se ressemblent par le plus grand nombre de leurs caractères et ne se différencient que graduellement dans le cours de leur croissance. La société, à l'origine, en théorie et en fait, ne se différencie guère du type immédiatement inférieur, l'individu ; elle n'en diffère alors que par le nombre des unités composantes, c'est-à-dire par la masse ; de même que les animaux inférieurs sont amorphes, de même les sociétés primitives sont flottantes et sans forme bien définie. Ce n'est qu'à un degré supérieur de leur évolution que tous acquièrent une forme définie et une structure qui les sépare nettement du milieu.

Dans les sociétés, aussi bien que dans les animaux, nous observons qu'à une augmentation de la masse correspond généralement une structure plus compliquée ; il y a cependant des êtres et des sociétés d'un volume très considérable et d'une infériorité évidente vis-à-vis des agrégats moindres. L'éléphant et le singe sont inférieurs à l'homme, tout au moins à un certain degré de civilisation ; la Grèce ancienne était supérieure à l'empire persan ; il est donc plus exact de croire que, dans les sociétés comme chez les animaux, la hiérarchie consiste dans une complexité supérieure de structure, même en l'absence d'une supériorité de masse, mais qu'elle est encore plus élevée quand, à cette complexité, vient se joindre cette dernière supériorité.

En biologie aussi bien qu'en sociologie, la différenciation progressive de structure s'accompagne d'une différenciation progressive des fonctions ; en réalité, la structure et la fonction sont les deux faces correspondantes de l'organisme ; il y a autant de différence, au point de vue de la complexité de fonction et de structure, entre les animaux rudimentaires, où l'organisation interne peut se substituer à l'organisation externe, à tel point qu'on peut les retourner comme un gant ou un sac, qu'entre les sociétés primitives, dont toute la structure consiste, par exemple, dans une certaine intégration formée autour d'un chef unique, aussi bien pour la direction des phénomènes internes de chasse ou de pêche, c'est-à-dire économiques, que pour la direction militaire externe.

En biologie comme en sociologie, la complexité des fonctions et des organes se développe en même temps que leur solidarité. Ainsi, le système musculaire correspond de mieux en mieux au système nerveux, les actions répondent d'une façon de plus en plus exacte aux excitations du dehors; des animaux inférieurs et peu différenciés au point de vue de leurs fonctions et de leurs organes se séparent aisément en tronçons qui forment autant d'êtres distincts, parce que leur ensemble n'est pas constitué de fonctions et d'organes hétérogènes dépendant les uns des autres, tandis que, chez les animaux supérieurs, l'ablation d'un organe influe sur toutes les fonctions et sur tous les organes, si même elle n'entraîne pas la dissolution de l'organisme entier. Dans les sociétés inférieures, où les mêmes individus remplissent, pour ainsi dire, les mêmes fonctions sociales et où, par conséquent, tous les organes sont homogènes, la solidarité des fonctions et des organes est quasi nulle et il est possible de faire l'ablation, par exemple, de la moitié du corps social, y compris son chef, sans empêcher le surplus de fonctionner comme auparavant, et un autre chef de s'établir dans des conditions semblables, de la même manière que nous voyons repousser des pattes ou des têtes aux organismes inférieurs.

Dans les sociétés douées déjà d'organes et de fonctions, mais dont les parties distinctes vivent par groupes encore peu unis, les atteintes portées à une fonction spéciale sont moins sensibles au restant de la société que dans les agrégats dont les rapports sont plus nombreux et plus étroits. L'Europe se souciait fort peu autrefois des famines qui pouvaient désoler les populations sauvages des États-Unis, avec lesquelles elle n'avait aucun rapport; mais aujourd'hui la moindre crise monétaire, agricole au autre, au delà de l'Atlantique, est presque inévitablement répercutée dans toute les parties et dans tous les organes et fonctions du corps européen, devenu solidaire de l'Amérique.

La vie de la société, aussi bien que la vie individuelle, repose sur la vie d'unités plus petites; en d'autres termes, l'existence des agrégats composés est subordonnée à celle de leurs unités physiologiques ou sociologiques composantes : que l'alimentation normale de l'individu, par une cause physique ou sociale, vienne à être réduite, la société dépérit; un traité de commerce désavantageux, en ruinant les particuliers, détruit une nation aussi efficacement, sinon plus, qu'une guerre malheureuse. Par le même motif, les structures sociales qui sacrifient l'individu ou la famille à l'État sont une cause de mort sociale, la société se fortifiant par le développement de ses membres et non par leur écrasement. Au contraire, une catastrophe militaire, par exemple, peut détruire en un instant la vie de l'agrégat social, tout en laissant subsister celle de ses unités ; c'est ainsi que la société juive a cessé de constituer un État.

En sociologie et en biologie, plus la structure et les fonctions sont coordonnées, complètes et en correspondance exacte dans leurs mouvements avec le milieu, plus la vie est assurée et relativement étendue, sinon en durée, au moins en complexité et intensité. L'existence des animaux inférieurs, légèrement différenciée du milieu ambiant, est soumise aux variations des phénomènes les plus généraux de ce milieu ; un déplacement de quelques degrés, le simple retrait de la mer, etc., suffisent à la disparition des organismes inférieurs ; des populations primitives ont été et sont, même de nos jours, détruites par une pêche infructueuse ; encore au moyen âge, l'Europe était décimée par des famines périodiques, tandis que la complexité actuelle de sa structure et de ses fonctions, en plaçant sa vie en correspondance avec des conditions de plus en plus spéciales, la met de mieux en mieux à l'abri des perturbations instantanées et générales.

La variété de croissance, au point de vue de la masse, généralement proportionnée, du reste, à la complexité de structure, est, en elle-même, une cause de variété dans la certitude progressive de la vie ; il est de fait que les Veddahs des forêts qui, comme les Boschismans, vivent par couples, sont moins assurés de se perpétuer et d'exister que les Fuégiens, qui s'unissent en groupes de douze à vingt, et que les Australiens, Tasmaniens ou Andamènes, qui s'assemblent en sociétés de vingt à cinquante ; encore, leur vie individuelle et sociale est-elle loin d'être garantie à l'instar de celle de nos sociétés occidentales, où, grâce à une correspondance de plus en plus exacte avec tous les facteurs externes et internes, même les plus spéciaux, nous voyons, au moins dans les

7

États très avancés, non seulement croître l'échelle moyenne **de la** vie individuelle, mais se fortifier le groupement social en **le** mettant à l'abri notamment des bouleversements politiques internationaux, à tel point que, de nos jours, notre civilisation, même conquise, absorberait ses maîtres apparents dans sa vitalité supérieure.

En sociologie et en biologie, l'accroissement des agrégats, au point de vue de la masse, s'opère par la multiplication de leurs unités ou par l'union de groupes d'unités, ou des deux manières à la fois; avec le développement de la masse, les fonctions deviennent plus hétérogènes, ainsi que les organes; des différenciations les plus générales, le progrès va vers les plus spéciales. Ainsi, une première différenciation sociale s'opère quand les hommes valides se consacrent exclusivement à la guerre et à la chasse, les vieillards et les femmes à l'administration et aux travaux intérieurs; quand le chef n'est plus, à la fois, le prêtre et le juge; quand le prêtre ne dicte plus que les croyances et que le domaine scientifique lui échappe; quand le juge n'a plus la sanction de la morale, mais seulement du droit pénal; quand l'organisme juridique se complique des défenseurs du prévenu et d'un ministère public, d'un jury décidant le fait et d'un tribunal appliquant la loi; quand chaque fonction sociale a ses tribunaux spéciaux. Ce progrès est analogue à celui qui s'opère en biologie, où la vie s'élève, en raison de la différenciation et de la coordination des fonctions, jusqu'à cette évolution suprême où l'intelligence s'intègre spécialement dans la matière cérébrale et où s'établissent, en outre, des localisations cérébrales organiques au moins générales.

On sait que le type structural des mêmes espèces animales est identique et que cette ressemblance se rencontre aussi dans leurs fonctions; cette identité est frappante, plus spécialement chez l'homme; de la même manière les sociétés tendent, à moins d'être arrêtées ou déviées dans leur évolution, à se modeler sur un type uniforme; de là, ces répétitions et ces ressemblances historiques, étonnantes à première vue, dans les mœurs, les croyances religieuses et jusque dans les systèmes philosophiques, entre sociétés sans rapport aucun. « Une structure plus complexe, dit le docteur Hooker, s'accompagne, en général, d'une tendance plus prononcée à garder la même forme, ou, réciproquement, les moins complexes sont aussi les plus variables. » Cela est vrai aussi bien des organismes biologiques que sociaux. Rien ne ressemble plus à une société civilisée qu'une autre société également civilisée; au contraire, plus on descend vers les sociétés simples, plus les différences deviennent caractéristiques. A mesure que les formes spéciales et supérieures disparaissent, les sociétés ne se ressemblent plus que par des caractères très généraux, jusqu'à ces degrés tout à fait inférieurs où la vie sociale se réduit, pour ainsi dire, aux simples fonctions de l'existence individuelle.

Quand l'organisme social rudimentaire se confond ainsi presque entièrement avec l'organisme individuel, nous distinguons d'autant mieux les rapports communs les plus généraux qui unissent la sociologie à la biologie; nous constatons, en effet, en ce moment, que les fonctions et les organes individuels et sociaux correspondent presque parfaitement et que leurs appareils communs se réduisent à un appareil opérateur ou musculaire, distributeur ou circulatoire, et régulateur ou nerveux et cérébral, de telle sorte que la division physiologique la plus générale des fonctions correspond à la division sociologique la plus générale du travail.

Nous voyons la formation des organes dans les corps individuels marcher, par des procédés successifs analogues, au procès social; chez les animaux inférieurs, les organes ne sont pas distincts, ils n'ont, tout au plus, que des unités ou cellules accomplissant chacune et isolément la même fonction; de même, dans les sociétés rudimentaires, chaque ouvrier fait d'abord le même travail seul; les unités ou cellules s'unissent et forment un organe; les ouvriers se réunissent en corporations dont la création s'opère par la tendance sociologique héréditaire, favorable d'abord au progrès, plus tard en partie nuisible, d'exercer le même métier de génération en génération. La division des castes n'a d'autre origine que la division physiologique des fonctions transformée en division sociale.

Dans le cours de l'évolution organique, depuis les types inférieurs jusqu'aux plus élevés, la transition se fait par des modifications insensibles; on observe toutefois que, chez les types
supérieurs, les phases transitoires sont plus abrégées et parfois
supprimées ; de même, aujourd'hui, l'usine s'établit de suite
là où il y a du minerai, sans passer par l'évolution économique
préliminaire. Le phénomène hétérochrone, comme s'exprime
Haeckel, d'après lequel le cerveau apparaît, pour ainsi dire, anti-
cipativement chez l'embryon des mammifères, correspond au
phénomène social qui se produit, aux États-Unis, dans le Far-
West, où l'on voit des villes dont les rues et les places ne sont
qu'ébauchées et qui sont pourvues d'avance d'hôtels, d'églises,
d'un bureau de poste, etc.

Nous avons vu, par l'exemple du Rhizopode et de l'Australien,
que, moins l'organisme et le superorganisme sont avancés, plus
les parties en sont indépendantes et que, lorsque les parties sont
peu différenciées, l'une accomplit aisément la fonction de l'autre ;
en retournant le polype commun, on fait de l'estomac la peau et
de la peau l'estomac, sans que l'animal en souffre; l'homme
primitif accomplit indifféremment toutes les fonctions sociales, du
reste très vulgaires, que lui impose la nécessité, et il le fait naturellement et sans effort ni souffrance, aussi habile, par exemple,
à fabriquer ses armes de guerre qu'à en faire usage. C'est dans le
même ordre d'idées que la gravité des lésions organiques ou
superorganiques est proportiónnée au degré d'avancement des
organes atteints; on a même soutenu, non sans une certaine
apparence de raison, que les blessures des populations sauvages
guerrières se guérissaient plus facilement que celles faites à un
homme civilisé, ce qui s'explique, en effet, aisément par les différences générales résultant de leur adaptation à des milieux
autres et à leur plus ou moins grande énergie héritée et acquise
de supporter les douleurs.

On retrouve aussi en sociologie cette distinction fondamentale,
commune à tous les animaux, des parties externes et internes, distinction qui constitue la différenciation la plus générale de la mor-

phologie individuelle aussi bien que sociale. Les parties externes ont pour fonction la résistance ou l'action contre les forces et les êtres du milieu, la préhension de la proie, la lutte contre les ennemis, tandis que les parties internes utilisent au profit du corps entier les substances nutritives dont les parties externes se sont emparées. Dans les organismes, tant individuels que sociaux, après que les appareils externes et internes se sont nettement différenciés, un troisième appareil se forme, placé entre les deux premiers et ayant pour fonction de faciliter leurs rapports : c'est l'appareil distributeur, représenté en sociologie par la circulation, le commerce, etc.

De même, les appareils de direction et de dépense, appareils nervoso-moteurs dans l'animal, correspondent à l'appareil gouvernemental et militaire dans la société; dans les deux cas, l'agrégat propre à agir comme un seul être dans sa lutte avec d'autres agrégats est l'effet indirect de la persistance de ce conflit. Dans l'individu comme dans la société, cet appareil commence par la formation d'un centre coordinateur supérieur, qui exerce une action directrice sur des centres inférieurs; les centres nerveux locaux deviennent dépendants du centre nerveux supérieur; cette centralisation s'opère, dans les individus et dans les sociétés, par un accroissement de volume et de complexité du centre nerveux supérieur, et en même temps se forment des appareils internonciaux mieux combinés, et enfin des appareils qui transmettent instantanément les informations et les commandements.

A l'appareil régulateur principal qui régit les organes afférents aux relations externes s'ajoute, durant l'évolution, un appareil régulateur pour les organes affectés à l'entretien, et ce deuxième appareil devient aussi indépendant.

Enfin, l'appareil distributeur, qui, s'il se produit nécessairement après les autres, leur est indispensable pour leur faire acquérir un développement plus considérable, finit par posséder un appareil régulateur qui lui est propre.

Par le système nerveux, la biologie se relie à la psychologie; les phénomènes sociologiques ont, à leur tour, avec cette dernière des caractères communs, spécialement visibles entre les phénomènes les plus élevés de la psychologie et les phénomènes inférieurs de la sociologie.

Le faible système nerveux des animaux inférieurs, en rapport
avec leur faible système contractile ou musculaire, caractérise
également la vie monotone des sociétés primitives. Nous remarquons aussi que, de même que le système nerveux ne dépend pas
seulement de la masse, mais de la complexité des mouvements, de
même la supériorité de l'évolution sociale ne réside pas exclusivement dans la masse des unités constitutives de l'agrégat social, mais
dans la disposition complexe de ces unités et de leurs fonctions.

Voyons maintenant la structure du système nerveux.

Dans les organisations inférieures, les fils et centres nerveux
sont éparpillés, tandis que, dans les organisations supérieures, il
existe une variété et une concentration des connexions nerveuses
en rapport avec l'accroissement des combinaisons et des divisions
des fonctions. Les sociétés rudimentaires australiennes réduites à
l'action sociale la plus simple et, pour ainsi dire, sans lien entre
elles, et les sociétés occidentales, caractérisées à la fois par une vie
aussi complexe que concentrée, présentent une analogie générale
complète avec l'une et l'autre structure.

La même gradation qui se remarque dans les fonctions du système nerveux se constate dans les fonctions sociales. Dans les types
inférieurs, le système nerveux est purement passif, c'est-à-dire
récepteur d'excitations venues du dehors; les types plus élevés,
non seulement répondent à des excitations externes et internes,
mais encore les provoquent par leur autorité propre; enfin, dans
les types supérieurs, l'adaptation et la combinaison des mouvements avec le monde extérieur sont pondérées et réglées par la
fonction régulatrice du cerveau. C'est une observation banale,
que les peuplades sauvages, placées au plus bas degré de l'échelle
sociale, subissent, pour ainsi dire, absolument l'influence des
agents externes, à tel point que leur existence est à la merci
de ces agents; l'amélioration progressive de la vie sociale grâce à
certaines conditions favorables ne se comprend que lorsque ces

sociétés cessent d'être des réceptacles passifs de la nature ambiante en se différenciant d'elle par leur activité propre. Quant aux fonctions régulatrices, telles que le gouvernement, l'administration, la justice, les assemblées délibérantes, dont l'objet est d'adapter, d'une façon raisonnée et consciente, l'action sociale aux nécessités externes et internes, elles caractérisent certainement les sociétés les plus civilisées.

Tout comme un nerf est incapable d'excitations ni de décharges continues, les fonctions sociales n'agissent que d'une façon intermittente; la quantité de changement produit dans la société est aussi en raison de la généralité et de l'étendue de la fonction où s'accomplit la révolution, de la même manière que, dans le système nerveux, la quantité de changement est proportionnelle à la longueur du nerf.

Dans le système nerveux, une action spéciale détermine toujours une répercussion universelle sur le système entier; ce phénomène correspond à l'interdépendance des phénomènes sociaux, interdépendance constatée dans les sociétés les plus simples et les plus complexes.

De même que les états de conscience sont facilités ou entravés sous l'influence de certaines conditions de pression, de température, de quantité ou de qualité du sang, de même qu'il y a des stimulants et des sédatifs, ainsi il est indéniable que la conscience collective est impressionnée différemment par des conditions de nature identique. Il est reconnu que certaines pratiques gouvernementales qui laisseraient indifférentes les nations du Nord soulèveraient une révolution dans le Midi.

Les changements nerveux ne sont pas tous également accompagnés d'états de conscience: en sont notamment dépourvus ceux qui se produisent dans le système nerveux viscéral (grand sympathique, cœur) et dans les nerfs vaso-moteurs (artères), dont ils règlent le diamètre sans que nous en ayons conscience, si ce n'est indirectement. Combien de changements et même de révolutions s'opèrent dans les sociétés sans que celles-ci en aient conscience! Les plus importants sont même ceux qu'elle ignore le plus, tels que les transformations économiques, tandis que toute l'attention se fixe sur les agitations apparentes de la politique, de telle sorte que, comme dans le système nerveux, les fonctions fondamentales sont précisément celles qui passent inaperçues.

Les états de conscience déterminés par les changements produits dans les fonctions nerveuses exigent, pour laisser une trace, qu'ils aient une certaine durée. De même, ce n'est qu'une action persistante et soutenue en vue d'une réadaptation *ad hoc* qui permet à la conscience sociale de se rendre compte de sa transformation.

Les émotions, ces excitations vives, actuelles et directes des centres nerveux, ont leurs phénomènes correspondants dans ces émotions collectives qui, à certains moments de l'histoire, soulèvent les masses et leurs gouvernements, surtout dans les grands centres, sans permettre, pour ainsi dire, à aucune délibération consciente d'arrêter ou de régulariser ces brusques mouvements d'ensemble.

La tendance persistante des sociétés vers une amélioration progressive a sa source dans ces états de conscience idéaux ou rappelés, plus ou moins forts et non satisfaits, désignés en psychologie sous le nom de désirs.

De même que, dans l'individu, la relativité des sensations dépend soit de la structure de l'espèce à laquelle il appartient, soit de la différence de structure dans une même espèce (oiseaux diurnes ou nocturnes et daltonisme), soit de l'état constitutionnel de l'individu, soit, d'une façon encore plus spéciale, de la différence des parties affectées ou de leur structure, soit, enfin, des mouvements relatifs du sujet et de l'objet (différence du froid dans une eau courante ou stagnante); de même, les sensations collectives diffèrent suivant les conditions identiques de structure, de constitution ou de différenciation des parties ou des mouvements sociaux. Un peuple esclave ne ressent pas l'injure comme un peuple libre ; chez les nations industrielles munies d'organismes délibérants, les agressions sont moins subites et moins fréquentes que chez les tribus guerrières dépourvues d'organismes de ce genre.

Les états de conscience sociaux sont susceptibles de réviviscence comme les états individuels ; les uns et les autres sont la source de l'expérience, dont le résultat le plus fécond, en sociologie aussi bien qu'en biologie et en psychologie, est de permettre à l'individu et à la société de régler leur action d'après la série et l'expérience des états antérieurs.

L'associabilité des états individuels de conscience, d'après laquelle les émotions et les idées provoquées par des sensations antérieures à l'occasion d'une sensation spéciale se relient dans notre esprit à chacune de nos sensations postérieures, cette associabilité se constate dans les groupes sociaux, où le retour d'événements similaires, même à de longues distances, dans le temps ou dans l'espace, réveille toute la série des émotions et des motions passées, à tel point qu'on a pu croire que la politique constituait un cercle vicieux. On se trompait : ce phénomène prouve seulement qu'elle est expérimentale.

La genèse psychique correspond à celle des nerfs, les sens deviennent de plus en plus spéciaux dans un certain ordre ; de même, les sciences et les arts, en tant que produits de l'évolution collective, sont directement soumis à la genèse psychique, et, par cette dernière, indirectement à celle des nerfs. Il est certain que, par exemple, le sens de la vue s'est développé au cours de la civilisation, et, par là, la notion des couleurs et les émotions qu'elles soulèvent en nous ; les arts sont donc précédés, dans leurs progrès, de progrès correspondants dans l'évolution des idées et des émotions, et ces dernières par des modifications des nerfs et des sens.

En sociologie comme en psychologie, le progrès de l'intelligence s'opère par des états automatiques intermédiaires de plus en plus complexes, et les idées acquièrent davantage la propriété de se produire indépendamment des impressions directes, à tel point que les théories sociales en arrivent à s'imposer avant toute expérience.

Nous savons déjà que les émotions résultent de la perception immédiate de douleurs ou de plaisirs ; à cette perception vient se

joindre celle des idées qu'éveillent des perceptions analogues antérieures, et ces perceptions pénibles ou agréables ont non seulement leur source dans la vie de l'individu, mais elles lui sont, en
partie, transmises héréditairement. Ce lien qui, pour les idées
comme pour les émotions, relie les générations actuelles au passé
par voie d'hérédité, constitue déjà, par lui-même, une forme de
la vie sociale ; d'un autre côté, il est notoire que les émotions
sociales, telles que nous en constatons dans les moments de
grandes révolutions et dans ces paniques ou ces enthousiasmes
subits qui s'emparent, à certains instants, sans la moindre
réflexion, des armées ou des assemblées populaires, ne sont pas
uniquement provoquées par la perception de triomphes ou de
désastres immédiats, mais aussi par le réveil de plaisirs ou de
peines analogues dans le passé. Une défaite ou une victoire antérieures, peuvent être, par elles-mêmes et sans autre considération, soit stratégique, soit d'une nature quelconque, une cause de
victoire ou de défaite dans l'avenir, par le seul fait des émotions fortifiantes ou débilitantes qu'elles rappellent.

L'histoire, aussi bien que la biologie et la psychologie, enseigne
que les émotions violentes paralysent l'intelligence ; elles obscur-
cissent la conscience individuelle et la conscience collective ; elles
sont cause, en effet, que les représentations idéales les plus faibles
acquièrent, à un moment donné, le même niveau que les représentations les plus fortes ; de là provient le trouble du discernement,
qui fait prendre aux sociétés et aux individus, dans certaines circonstances, des décisions peu ou point délibérées et nullement en
rapport avec l'importance réelle du conflit ou du but à atteindre.

Nous verrons dans la suite comment le raisonnement, tant
réflexe que conscient, à tous les degrés, s'opère dans les sociétés
et quels en sont les organes ; signalons seulement ici que les
classifications, qui sont un des procédés les plus élevés du raisonnement individuel, sont également un des modes par lequel la
psychologie sociale moule l'intelligence collective sur la réalité
des organismes sociaux.

C'est surtout dans l'observation des phénomènes les plus élevés de la psychologie que nous constatons la communauté d'origine de ces derniers et de ceux de la sociologie et le lien qui les rattache les uns aux autres.

Les plus élevés des phénomènes psychologiques et de leurs correspondants biologiques sont certainement ceux relatifs à la sociabilité.

La sociabilité est subordonnée à deux fonctions générales, qui sont la conservation de l'individu et celle de l'espèce ; chacune de ces fonctions détermine si les habitudes de l'individu seront solitaires ou sociales, ou en partie solitaires et sociales.

A des fonctions habituellement solitaires ou sociales correspondent nécessairement des habitudes de l'un ou de l'autre genre ; de ces habitudes naît le désir de satisfaire, le mieux et le plus souvent possible, la fonction, et si cette dernière est sociale, le désir penche de plus en plus vers le progrès de la vie en commun ; la satisfaction de ce désir constitue le bonheur individuel et collectif, sa non-satisfaction, la souffrance.

Des états mentaux sont incontestablement produits dans les animaux, y compris l'homme, et surtout chez ce dernier, par le seul fait de la présence d'autres animaux semblables ou par les actions d'animaux semblables.

Les craintes sympathiques, les paniques, l'imitation du suicide et de certains crimes, et, d'un autre côté, les plaisirs sympathiques, sont les éléments psychologiques correspondant à des fonctions et à une structure adéquate, par lesquels la vie individuelle se relie naturellement, par la chair, les os, les muscles, les nerfs et l'esprit, à la vie sociale.

Si les animaux sont, en général, incapables de sympathiser avec des sentiments qui ne se manifestent que par des signes faibles, nous voyons cependant cette incapacité décroître à mesure qu'on s'élève dans la série animale, jusqu'à ce qu'enfin, dans l'homme, on constate ces sympathies purement idéales qui l'attachent à des êtres qu'il n'a jamais vus et qui, en sociologie, se manifeste pour les joies et les souffrances de nations éloignées ou disparues, et même pour le bien-être et le bonheur de l'humanité à venir.

A un certain moment donc, la biologie et la psychologie perdent leur caractère individuel et revêtent un caractère social.

Ce point de contact, ce lien se rencontrent en biologie, spécialement dans les organes et les fonctions qui ont rapport à la reproduction sexuelle et dans les divers organes et fonctions que la reproduction de l'individu et de l'espèce déterminent, tels que la fécondation, la gestation, l'allaitement et la nutrition des petits, en général, et, en psychologie, dans les idées et les émotions suscitées par les sensations habituelles de ces organes et de leurs fonctions.

La sympathie naît de la vie en troupe ; la vie en troupe, de l'union des sexes et de la paternité ; plus les habitudes qui en résultent sont permanentes, plus la vie sociale est complète.

En reconnaissant que la race humaine a des facultés éminemment sociales, il ne faut cependant pas perdre de vue — et la doctrine de l'évolution est, à cet égard, un préservatif — qu'elle est également, par ses origines animales, sa structure et les conditions passées et même actuelles de son existence, prédatrice. Cette dernière faculté a été essentielle pour sa conservation et ses progrès au moins autant que la première. Le mépris de la douleur pour soi et pour les autres fut une des conditions primitives du bonheur, et la trace s'en trouve, toute saignante encore, dans les religions passées et présentes et dans le long martyre de l'humanité laborieuse. Les supplices, la guerre, les souffrances de tout genre ont coïncidé même avec une certaine jouissance qui fait, par exemple, que, dans quelques religions, la torture volontaire devient une volupté.

L'excès de sympathie à l'origine eût pu être une cause de destruction de l'espèce humaine, autant que l'excès de force prédatrice le serait certainement aujourd'hui.

Le darwinisme, avec sa théorie de l'évolution des espèces et de la sélection naturelle des plus forts et des mieux doués pour le *struggle for life*, a peut-être trop perdu de vue que les facultés antagonistes ne sont pas les seules que possèdent les animaux et spécialement l'homme. Ces facultés sont, surtout chez ce dernier, contre-balancées par les instincts sympathiques, serviables et altruistes qui se rencontrent même chez les animaux et qui s'épanouissent plus librement encore dans les hommes réunis en société. Nous verrons qu'à un certain moment, le *struggle for life*, entre êtres humains, tend de plus en plus à se transformer, dans l'intérêt même de la conservation de l'espèce humaine, en une association pacifique et industrielle, avec partage équitable des bénéfices, contre les fatalités matérielles.

La coalition pour la guerre ou la chasse est, du reste, contemporaine de la lutte pour l'existence ; ce sont les pôles opposés d'une nécessité identique.

Les constatations suivantes, empruntées à des phénomènes sociaux plus complexes, achèvent d'établir la liaison qui existe entre ces derniers et les phénomènes antécédents de la biologie et de la psychologie :

Il est presque inutile d'insister sur ce point, que c'est surtout dans les sentiments égoïstes que se retrouve le caractère commun qui relie la société à l'individu. Que d'institutions, purement sociales en apparence, sont encore, en réalité, la tolérance, par la société, consciente ou non, d'appétits ou de facultés purement égoïstes !

Ce qui est intéressant à noter pour le moment, c'est la liaison des facultés égoïstes et altruistes individuelles avec les phénomènes sociaux proprement dits.

L'instinct de la sexualité devient la sympathie amoureuse, celle-ci une institution de plus en plus parfaite : le mariage.

L'instinct de la préhension de l'aliment se transforme en propriété, celle-ci successivement en esclavage, servage, salariat, association.

La contrainte physique primitive, si dure dans les institutions passées, aboutit de plus en plus à la liberté contractuelle ou sociétaire.

Les croyances qui nous dominent et qui ont donné lieu à tant d'institutions religieuses ou politiques dans le passé et ont déjà suscité tant d'institutions scientifiques et sociales dans le présent, et qui en susciteront encore plus dans l'avenir, n'ont-elles pas leur source psychologique dans les sentiments, c'est-à-dire dans ces associations d'états de conscience complexes basés sur des connaissances positives rassemblées sans observations directes ou mal définies, mais dont l'ensemble s'impose à tous comme par un accord unanime, mais tacite?

Les animaux supérieurs et, au-dessus d'eux tous, l'homme, n'ont-ils pas une notion de la peine et du plaisir, notion héritée ou acquise? Cette notion ne se transforme-t-elle pas chez l'homme en celle du bien et du mal par la représentation idéale du plaisir ou de la peine, non seulement en lui-même, mais aussi chez autrui? Ces notions, en partie héritées, et cette association d'autrui au bonheur de l'individu ne sont-elles pas déjà par elles-mêmes des sentiments sociaux? Ces sentiments sociaux ne prennent-ils pas corps dans les sentiments religieux, basés sur la crainte des nôtres, des ancêtres, des morts et des dieux, sentiments qui, à leur tour, se transforment, avec le temps, en conscience du juste et de l'injuste, et sont le fondement de la justice sociale?

Herbert Spencer a établi, dans sa *Psychologie*, que l'origine des sentiments esthétiques réside dans les mouvements sans objet des facultés qui ont un rôle dominant dans la vie de l'animal et dont il dépense l'excès en actions idéales. Les arts les plus élevés, tels que la peinture et la musique, dont les manifestations revêtent actuellement un caractère social si imposant, auraient donc une origine commune avec le phénomène esthétique du chien de chasse, par exemple, qui dépense son excès de force en un simulacre de chasse, sachant qu'il n'a rien à chasser que l'ennui de son inaction.

La sociologie a encore ceci de commun avec la biologie et la psychologie, que la décadence des groupes sociaux et de leur activité économique et scientifique s'opère, en premier lieu, par la dépression de la propriété matérielle, c'est-à-dire des organes et fonctions économiques, lesquels sont les phénomènes les plus généraux et les plus simples de la sociologie, de la même manière que le ramollissement cérébral commence par la perte de la conscience des faits les plus simples.

De tout ce qui précède, il résulte, à l'évidence, que la sociologie
est dans un rapport étroit de dépendance avec tous les phénomènes antécédents, tant inorganiques qu'organiques ; il est certain,
par exemple, que l'élève du bétail dépend du plus ou moins
de richesse des cultures, que de l'une et de l'autre dépendent la
longévité et le bien-être humains et, comme conséquence, l'activité de nos fonctions cérébrales dont le haut degré seul a permis
à la sociologie de se constituer.

L'union sexuelle, en assurant la reproduction de l'individu et de
l'espèce par la naissance et l'entretien des petits, est l'origine de la
famille et des diverses institutions qui s'y rapportent, depuis la promiscuité et la polygamie et polyandrie primitives jusqu'à la famille
moderne, qui n'a pas encore dit le dernier mot de son évolution.
La famille, à son tour, fut la source des tribus, des nations, etc.

Mais il n'existe pas seulement, entre les phénomènes inorganiques, organiques, psychiques et sociologiques, des caractères
communs et une dépendance étroite ; organiquement et fonction-
nellement, les phénomènes sociologiques naissent directement, par
voie de création spontanée et naturelle, des phénomènes qui leur
sont immédiatement antérieurs, c'est-à-dire d'une façon directe
de la psychologie et de la biologie, et indirecte des phénomènes
chimiques et physiques.

Cette origine biologique et psychique de la sociologie se constate
surtout, comme on pouvait le prévoir, entre les phénomènes les
plus élevés de la biologie et de la psychologie et les phénomènes
inférieurs de la sociologie qui sont, ainsi que nous l'établirons, les
phénomènes économiques.

Les phénomènes de la nutrition individuelle ont, les premiers,
provoqué la coopération sociale en vue d'assurer d'une manière
plus régulière la nutrition de l'espèce.

C'est la nature inorganique, puis organique, qui a déterminé
tout d'abord d'une façon générale et fatale les mœurs de l'individu et, comme conséquence, celles de l'espèce ; c'est donc elle
qui est le fondement de la morale, dont la loi primordiale est
encore et sera toujours de régler notre conduite tout d'abord con-

formément aux lois de la nature extérieure et de notre nature
propre, tant physique qu'intellectuelle; toute morale, quelque
raffinée qu'elle soit, non constituée sur cette base, est une morale
fausse. La nutrition dépend tant de notre constitution biologique
que du monde extérieur; à son tour, elle détermine notre habitat,
nos mœurs, notre caractère, nos idées morales, scientifiques et
juridiques. Contre la faim, il n'y a pas de moralité ou de droits
supérieurs qui tiennent. Son cri domine physiologiquement celui
de la conscience; rien ne lui résiste, ni la notion du bien et du mal,
ni l'appareil judiciaire, ni les plus fortes institutions politiques.

Que les sciences, en tant que fonctions sociales, et que l'activité
intellectuelle des sociétés, au point de vue de ses fonctions,
de ses organes ou institutions, soient une création directe de
la psychologie individuelle, c'est ce qui n'a guère besoin d'être
démontré. Nos assemblées parlementaires ne sont, en réalité, que
des agrégats de consciences et d'états individuels d'où jaillissent
des émotions, des idées et des décisions collectives qui, bien que
nées de la coagulation de diverses idées et émotions personnelles,
en diffèrent cependant parfois tellement, au point de vue du résultat et de l'ensemble, qu'il est arrivé souvent qu'aucun membre particulier des assemblées dont il s'agit n'aurait, étant livré à sa seule
conscience, adopté la mesure qui entraîne l'unanimité de tous en
tant que collectivité délibérante.

L'origine biologique et psychologique des phénomènes supérieurs de la sociologie est naturellement moins apparente; on
peut cependant facilement reconnaître dans les fonctions intellectuelles régulatrices et pondératrices du cerveau, par exemple, le
point de départ de la justice, ce phénomène éminemment social,
puisqu'il nécessite au moins la présence de deux individus. Ces
mots justice, jugement, justesse indiquent la filiation non seulement psychique, mais purement matérielle du droit.

Quand on dit de quelqu'un : « C'est un homme droit, » on semble
se servir d'une simple image empruntée à notre structure physiologique; il n'en est rien; en réalité, l'homme du droit (voyez le
magistrat, le légiste et même simplement l'honnête homme) marche

la tête plus haute que l'homme faux, bestial, félin. Il y a donc entre eux une variante, non essentielle, il est vrai, mais effective, de structure.

Cette variation est déterminée par des habitudes psychiques et physiologiques différentes. La justice n'est, en somme, que la forme la plus élevée de l'adaptation de la vie collective d'un individu ou d'un agrégat à des conditions externes imposées par d'autres individus et d'autres agrégats. La justice vient de la justesse.

L'origine biologique et psychologique commune à tous les phénomènes de la sociologie est encore démontrée par ce fait, qu'ils sont tous constitués d'éléments purement matériels, puis d'éléments organiques et enfin d'éléments psychiques. Les éléments matériels se remarquent surtout dans les phénomènes inférieurs de la sociologie; il est évident que les facteurs physiques sont prépondérants en économie politique; que la population ouvrière, facteur organique, vient en deuxième ligne, et que c'est la combinaison de ces deux facteurs qui détermine le troisième, le plus spécial, qui forme la psychologie économique, dont un phénomène est, par exemple, cette action réflexe résultant d'un état inconscient d'après lequel l'ouvrier payé à pièces a une tendance à proportionner son travail au taux du salaire, besognant plus quand celui-ci est moindre.

Le sens de la beauté et l'art ne sont-ils pas, en partie, engendrés par la sélection sexuelle?

Plus on s'élève dans l'échelle des sciences sociales, plus les phénomènes se spécialisent et deviennent d'ordre moral et intellectuel, comme dans le droit et la politique, tout en ne quittant point leur base naturelle, sans laquelle elles se perdent dans les nuages de la métaphysique.

Dans la vie collective, aussi bien que dans l'existence individuelle, la méthode et le raisonnement conscients sont une exception infime; l'inconscience, l'action réflexe, l'instinct président bien plus à notre conduite privée et à la politique sociale que la mémoire, le raisonnement et la volonté, stériles îlots jusqu'ici à demi émergés de la mer immense dont les vagues, sans cesse montant et descendant, figurent, dans leur rythme, le jeu monotone de l'inconscience étendue et profonde où végète l'organisme social.

La sociologie continue donc organiquement la psychologie, comme cette dernière la physiologie, et celle-ci tous les phénomènes plus simples; elle est l'expression suprême du cosmos; de purement étendue et numérique qu'elle est dans l'espace et le temps, la matière en mouvement, c'est-à-dire toujours en équilibre instable et soumise à une redistribution continue, s'élève à travers les phénomènes physiques et, par l'intermédiaire des combinaisons chimiques, à l'existence physiologique; celle-ci, à son tour, devient sensible, puis intelligente et, en dernier lieu, sociale. Cette filiation est aussi naturelle et légitime que celle de l'enfant vis-à-vis de sa mère.

CHAPITRE VI.

CARACTÈRES DISTINCTIFS DE LA SOCIOLOGIE. — DÉMONSTRATION
POSITIVE DE L'EXISTENCE D'UNE SCIENCE SOCIALE.

Ce n'est pas la métaphysique, avec ses systèmes grandioses
et fragiles, qui a fondé la science de l'homme et des sociétés; la
biologie, la physiologie de l'esprit et la sociologie sont redevables
de leurs progrès actuels non pas aux théories plus ou moins
sublimes nées de l'examen superficiel du corps humain en général
et des facultés intellectuelles supérieures et quasi divines qui lui
sont prétenduement innées, ni aux conceptions en apparence
profondes sur cet être mystérieux et complexe appelé État : non,
ces diverses sciences ont pu être considérées comme rationnelle-
ment constituées sur une base progressive seulement à partir du
jour où leurs éléments les plus simples et les plus généraux ont
été reconnus et observés. L'étude de la cellule en physiologie et du
passage de la vie purement automatique à la vie psychique chez
l'enfant nous a plus instruit à cet égard que vingt siècles de
discussions transcendantes sur la nature de l'homme et celle de
l'âme. En nous éloignant de plus en plus de l'absolu et du divin et
en nous rapprochant davantage de nos origines purement animales, nous avons appris à nous connaître tels que nous sommes,
fils de la bête et non de la Divinité.

La sociologie ne s'est pas encore dégagée, comme la biologie et
la psychologie, de la métaphysique, elle table encore toujours sur
les phénomènes les plus complexes et les moins connus de son
domaine ses trompeuses théories transcendantes; à lire Hobbes,
Hegel et leurs continuateurs, l'État est une espèce de dieu redou-

table qui préside aux destinées sociales et consolide ou détruit les empires suivant l'observance ou la non-observance de certaines formules mystiques dont quelques hommes de génie, comme Moïse sur le Sinaï, ont reçu la révélation.

Les recherches sur les origines des civilisations primitives ont battu en brèche toute cette fantasmagorie; les sociétés les plus complexes ont été décomposées jusque dans leurs éléments les plus simples, et c'est dans ces derniers que nous allons enfin, après tant et de si hautes et fallacieuses tentatives avortées, découvrir ce qui distingue une société des autres organismes. Ce ne sera plus la grandeur, mais la simplicité de la conception qui pourra sembler étonnante.

Nous avons exposé la dépendance de la sociologie vis-à-vis des facteurs antécédents et ambiants de la matière inorganique et organique; nous avons établi que le lien, parfaitement visible et tangible, entre les phénomènes les plus élevés de la biologie et de la psychologie et les phénomènes, tout au moins les plus bas, de la sociologie, était lui-même organique, c'est-à-dire établissait, entre ces diverses combinaisons de plus en plus parfaites de la matière, une véritable filiation naturelle. Il s'agit maintenant, après indication de ce que la biologie, la psychologie et la sociologie ont de commun, de distinguer ce que la dernière présente de particulier. Nous sommes ramené ainsi, ayant analysé les conditions du problème, à la question soulevée au commencement de cette Introduction : Existe-t-il une science sociale?

Les travaux les plus récents ne résolvent pas cette difficulté; au delà de Spencer, malgré l'accumulation précieuse des observations et des découvertes faites, l'essor de la sociologie s'est arrêté; on nous la montre comme la continuation des sociétés animales et le développement de la biologie et de la psychologie, mais on ne nous dit pas en quoi et à partir d'où elle s'en différencie. La sociologie est aujourd'hui aux mains des biologistes et des psychologues : c'est un progrès, puisque après cette dernière tentative de l'expliquer par les sciences immédiatement antérieures, il ne reste plus à la science sociale qu'à s'émanciper ou à reconnaître qu'elle n'a pas droit à une existence autonome.

L'explication de la sociologie par la biologie et la psychologie est la dernière période d'enfantement de la plus complexe des sciences, et quand on se remémore l'évolution embryogénique parcourue, à ce point de vue, par celle-ci dans l'évolution générale des sciences, on reste stupéfait devant l'incohérence de ses origines et sa consolidation indéniable, même actuelle.

Alors qu'il y a quelques siècles à peine, la biologie elle-même était confondue avec les sciences les plus simples et les plus générales, comment les phénomènes sociaux eussent-ils pu recevoir une explication positive? Les mathématiques et l'astronomie ne passaient-elles pas pour régler le cours des événements tant de la vie individuelle que de l'existence collective? Les esprits les plus éclairés des temps anciens partageaient ces croyances : « Antonin, fils de Commode, écrit Eluis Lampride, dans sa *Vie de Commode Antonin*, ne vécut que quatre ans, bien que les mathématiciens lui eussent promis, d'après le cours des astres, une destinée égale aux deux frères. » Les historiens grecs et latins fourmillent de raisonnements du même genre. Les grands événements sociaux, confondus généralement avec les faits et gestes des personnes célèbres et quasi divines auxquelles la direction semblait en être abandonnée, étaient, de même, rapportés à des phénomènes numériques, astronomiques et physiques ; ces superstitions, encore vivantes chez de puissantes nations, n'ont pas même entièrement disparu des couches inférieures de nos civilisations les plus avancées. La chimie, et spécialement la chimie organique, puis la biologie et enfin la psychologie, en donnant aux hommes la conception d'une composition organique des choses et de leur contexture non seulement interdépendante, mais sériée et hiérarchique, furent les explications successives de plus en plus directes et exactes des phénomènes sociaux. L'histoire de la création naturelle, y compris celle de la sociologie, est aujourd'hui parfaite ; il ne reste plus qu'une ultime opération à effectuer pour que la sociologie soit constituée en science indépendante : il faut couper le cordon qui la lie encore à la biologie et à la psychologie.

Où et comment cette séparation du superorganisme social doit se faire, quelques simples observations vont le déterminer; la difficulté n'est pas dans l'opération même, elle était dans le diagnostic qui en établissait la nécessité.

H. Spencer a parfaitement compris que la constatation de certaines différences était la condition *sine quâ non* de la démonstration de l'existence d'une science sociale. Malheureusement, après avoir noté quelques-unes de ces différences, principalement au point de vue de la complexité et de la masse, et en avoir négligé encore un plus grand nombre, des plus importantes, il finit par une assimilation à peu près complète des lois de la sociologie avec celles de la biologie et de la psychologie. Ses protestations à cet égard ne résistent pas à l'examen des faits (1).

Voici les caractères originaires de la sociologie, d'après l'illustre philosophe évolutionniste anglais :

L'organisme social est discret et non concret.

Il est asymétrique et non symétrique.

Il est sensible dans toutes ses unités.

Il suffit souvent de résumer une théorie pour en constater immédiatement la faiblesse.

Il n'est pas exact, en premier lieu, que l'organisme individuel soit consistant et que l'organisme social ne le soit pas; on entend par science concrète une science qui a pour domaine un objet particulier; la géologie est une science concrète; la chimie, au contraire, qui a pour objet les lois générales de la composition et de la décomposition moléculaires, est une science abstraite. La science sociale, en tant qu'elle reste généralisée dans l'étude des lois des phénomènes sociaux, abstraction faite de leurs agrégats superorganiques, est abstraite; du moment où elle s'applique aux agrégats mêmes, elle est concrète. Tout ce qu'on pourrait soutenir, c'est que le corps social est moins concret que le corps individuel; cette différence quantitative, fort discutable d'ailleurs, ne suffit pas à l'intervention d'une science supplémentaire spéciale.

(1) *Sociologie*, tome II, p. 191.

La même observation s'applique au caractère *moins symétrique* du superorganisme social; les cristaux sont plus symétriques que le corps humain, celui-ci l'est à un degré plus élevé que la société. Il n'est pas exact de soutenir qu'il n'y ait aucune symétrie dans la société; cette symétrie, moins immuable, il est vrai, est un de ses plus beaux aspects morphologiques; par cela même qu'il y a des lois sociales, il y a une règle, une mesure, une structure plus ou moins symétrique et constante, dont la variabilité est moindre en réalité qu'en apparence.

L'organisme social est sensible dans toutes ses unités, mais ce caractère se confond avec celui des unités elles-mêmes; c'est une tautologie; dans le corps individuel, les unités composantes sont plus ou moins sensibles, elles ne le sont pas différemment dans le corps social.

Les dissemblances purement quantitatives indiquées par Spencer sont trop vagues et trop générales pour servir de base à une différenciation scientifique; au lieu de puiser ses observations dans les faits les plus simples, comme il le pratique d'ordinaire, il s'est plus attaché aux apparences superficielles et aux formes qu'à la réalité même.

De ces différences superficielles, essayons donc de pénétrer dans des couches un peu plus profondes de la phénoménalité superorganique sociale; peut-être, après avoir ainsi déblayé la question de ce qui lui est étranger et avoir soigneusement recueilli ses facteurs spéciaux, arriverons-nous à la constatation du fait primordial et simple qui distingue essentiellement, en dehors des dissemblances quantitatives plus générales, la sociologie de toutes les sciences antécédentes, y compris les plus élevées, dont elle dépend directement.

Nous allons successivement passer en revue les différences, non plus générales, mais spéciales, observables en sociologie, d'après les divers aspects où elle peut se présenter à nos investigations, soit comme un superorganisme total, soit comme l'ensemble d'agrégats partiels, soit comme composés d'organes et de sous-organes particuliers avec leurs fonctions correspondantes, soit au point de vue dynamique ou statique, soit comme simples rapports abstraits.

Au fond du creuset, nous trouverons la solution du problème.

I. Dans les corps organisés supérieurs, nulle partie, séparée du reste, ne peut vivre; il n'en est plus tout à fait de même dans les organismes sociaux : on peut en distraire des organes, des sous-organes et, à plus forte raison, des unités composantes, et ces organismes ainsi détachés ne seront pas nécessairement dépo···· ····· de certains caractères vitaux. Quand on retranche un bra· ou une jambe au corps humain, ces membres retombent, en ver·· des lois chimiques, dans le domaine de la matière inorganique; · famille transplantée d'une contrée civilisée dans une île dé····le peut continuer à subsister comme famille; un État peut se s· ·arer et ses deux parties continuer à vivre et à être pourvues du même nombre et du même genre d'appareils structuraux et de fonctions. Seules, les unités composantes du corps social, c'est-à-dire les individus, enlevées à la vie sociale et réduites à l'isolement absolu, comme Robinson dans son île, retombent au degré inférieur de vie purement biologique. Encore ne perdent-ils point toute vitalité collective, car ils ne se dépouillent pas, au moins immédiatement, par le seul fait de leur amputation du corps social, ni des besoins, ni des habitudes, ni des émotions, ni des idées sociales par eux héritées ou bien acquises dans le cours de leur existence antérieure; le régime cellulaire ne crée pas immédiatement l'idiot et la brute.

II. Dans les corps organisés supérieurs, l'ablation d'une partie ou d'un organe peut entraîner soit une simple souffrance momentanée, soit une moindre vitalité et même la destruction totale de l'organisme; les amputations et les lésions subies par le superorganisme social sont beaucoup moins dangereuses; sa composition étant bien plus diffuse, son tissu se reconstitue plus aisément; il faut que les organes essentiels les plus fondamentaux d'une société, par exemple les organes de la circulation, soient supprimés ou gravement atteints pour que sa dissolution soit à craindre; tant que la vie politique, juridique, morale, scientifique ou artistique est seule réduite ou anéantie, le salut n'est pas désespéré, bien que l'organisme entier souffre de cette déperdition de forces vitales ; le jour où l'existence économique, c'est-à-dire la vie de nutrition de la société, est compromise, la vie sociale entière est en danger, à commencer par les formes les plus hautes, la patrie, la justice, la morale et la pensée.

III. Le superorganisme social a une continuité plus grande que les organismes individuels : cela est vrai des sociétés même rudimentaires. Toutefois, les sociétés momentanées et irrégulières formées, surtout dans les civilisations primitives, en vue d'un but commun, inconscient ou non, notamment de nutrition ou pour la reproduction de l'espèce, peuvent être et sont encore, dans des cas spéciaux, inférieures en durée et en continuité à celles des individus. Plus le superorganisme social devient complexe et étendu, plus cette continuité est assurée par une correspondance davantage exacte et parfaite avec le milieu ambiant. Quand la vie sociale ne correspond qu'aux phénomènes externes les plus généraux ; quand, par exemple, la nutrition dépend exclusivement des hasards de la pêche ou de la chasse ; quand le progrès n'a pas même encore su prémunir la vie collective contre les brusques variations du climat, celle-ci naturellement est précaire et instable. Plus la société rétrograde vers ses origines animales, plus sa continuité est en péril ; à mesure que sa structure et ses fonctions se développent et se spécialisent, sa prolongation est mieux garantie. La théorie du progrès social continu est une vérité non absolue, mais relative.

IV. Les phénomènes sociaux accusent des successions de changements plus longues ou plus rapides, ou offrent ces deux caractères à la fois. Ils présentent aussi un plus grand nombre de changements simultanés ; il y a, en effet, dans une société, plus de parties dissemblables que dans l'organisme individuel ; par conséquent, une force incidente doit y produire une quantité plus considérable de changements également dissemblables. Ainsi, une crise économique, due à une mauvaise récolte, produira dans le corps social toute une série de troubles non seulement économiques, mais aussi intellectuels, moraux, juridiques et parfois même des agitations et des bouleversements politiques. En biologie, au contraire, surtout chez les êtres inférieurs, la privation de nourriture, dont l'absorption est la seule fonction de ces derniers, ne produira qu'un phénomène uniforme et unique. Par le fait même, les successions de changements seront plus longues ou plus rapides dans la société; dans le corps individuel, toutes les parties de l'organisme seront affectées presque en même temps, surtout si ces parties sont peu nombreuses; dans le corps social, elles le seront à la suite les unes des autres, et souvent à des intervalles très éloignés; un fait économique nuisible met parfois un siècle à dérouler ses conséquences; la liberté inconditionnée du capital et du travail, substituée, en 1791, au régime de la réglementation et des privilèges corporatifs, vient d'aboutir à un antagonisme social dont les péripéties déterminent, pour ainsi dire, à elles seules toute notre évolution morale, juridique et politique actuelle.

V. L'hétérogénéité de fonction est, en général, corrélative à celle de structure; cette hétérogénéité est ce qui distingue le plus la matière organique de la matière inorganique; cette différenciation est portée au plus haut degré en sociologie, où les fonctions et leurs organismes diffèrent presque radicalement; plus on s'élève dans la perfection sociale, moins il y a de ressemblance entre les divers organes affectés aux différents services sociaux et moins la fonction de l'un peut être remplie par l'organe de l'autre. Dans les sociétés rudimentaires, le chef peut encore, à la fois, être le commandant militaire, l'organisateur du travail et le distributeur des richesses, l'administrateur des mœurs et de la justice, le suprême directeur politique, et, par là, elles participent, à un certain degré, de la nature des êtres individuels, surtout inférieurs. Cette confusion n'est plus possible dans les sociétés un peu complexes; au fur et à mesure que leur degré de composition s'accroît, leurs fonctions et leurs organes deviennent de moins en moins propres à se suppléer les uns les autres. Il ne pourrait venir à l'esprit de personne aujourd'hui de charger, par exemple, la

Banque Nationale des attributions du ministère de la guerre et celui-ci de l'administration de la fortune publique ou privée et de la justice. Cette rétrogradation vers l'uniformité de fonction et de structure n'est plus possible, sinon, par exemple, dans les moments critiques, où la société se contracte et se réduit à une masse pour ainsi dire purement homogène, soit agressive, soit défensive; alors réapparaît le type social primitif, moulé sur les types individuels, même inférieurs, et l'on voit le chef militaire rationner les subsistances, rendre la justice; nos tribunaux militaires sont encore un spécimen de cette structure quasi animale, déterminée par certaines nécessités de conservation sociale; en temps de guerre, ils absorbent même la juridiction civile ordinaire. Cette contraction ou réaction sociale s'opère en commençant par les formes les plus parfaites et les plus délicates, et leur absorption successive par les plus grossières et les plus générales, pour finir, le cas échéant, dans leur annihilation dans la forme structurale collective la plus simple, celle qui est constituée exclusivement en vue de l'attaque ou de la défense par la force brutale.

VI. La différenciation sociale, de plus en plus raffinée et multiple, des fonctions et des organes par lesquels la sociologie se distingue des sciences antécédentes aboutirait à une infériorité évidente du superorganisme social vis-à-vis des organismes individuels, où la dépendance et l'homogénéité sont plus étroites, si cette tendance à la différenciation et à la dislocation n'était contrebalancée par un phénomène supérieur: l'interdépendance des fonctions et organes sociaux. Déjà, dans les organismes individuels les plus élevés, la coordination des diverses parties est un signe caractéristique de leur perfection; c'est dans le superorganisme social que cette coordination revêt une importance capitale. Elle devient telle, qu'à un certain degré de complexité, toutes les parties spéciales du superorganisme semblent remplir un office également essentiel, que l'existence des unes dépend absolument de celle des autres et qu'une lésion particulière entraîne une lésion générale. Cette interdépendance des phénomènes sociaux est même ce qui a fait perdre de vue leur classification hiérarchique; A. Comte et

H. Spencer, trompés par l'importance incontestable de ce caractère sociologique, ont absolument perdu de vue que cette cohérence des parties est en correspondance avec une perfection au moins égale de leurs délimitations respectives. En d'autres termes, plus la société est complexe et parfaite, plus ses formes et ses fonctions sont coordonnées, plus aussi la structure de ses organes et les fonctions qu'ils exercent deviennent spéciales. C'est précisément cette généralité décroissante et cette spécialité progressive qui constituent le fondement légitime de la hiérarchie des sciences sociales.

VII. Les modes de multiplication des organismes sont sexuels ou asexuels. Bien que le superorganisme social se relie directement, par le besoin génésique, aux modes biologiques de conservation et de reproduction de l'espèce, les formes sociétaires se produisent selon des modalités bien plus nombreuses et plus complexes que l'amour. Le mariage est un organisme social de reproduction, mais ce n'est pas le seul, parce qu'il y a dans les sociétés humaines d'autres organismes que des organismes individuels. Il existe mille formes de sociétés économiques, artistiques, religieuses, philosophiques, morales, juridiques et politiques, qui n'ont pas besoin, pour se créer, d'une multiplication plus considérable d'unités physiologiques individuelles ; il y a plus d'organismes sociaux dans un petit pays de six millions d'habitants, comme la Belgique, que dans tel pays où la population et le territoire sont dix fois plus considérables ; les modes de multiplication des organismes sociaux s'éloignent donc de plus en plus des modes de reproduction et de multiplication physiologiques. Ils résultent non seulement de rapports sexuels ou asexuels, mais encore de certaines combinaisons psychiques et collectives supérieures dont le jeu se prête à des créations infiniment complexes et variables de formations sociétaires.

VIII. Dans les organismes végétaux, animaux, humains, la croissance est fixée dans des limites assez étroites, en rapport avec leurs espèces, le volume qu'ils ont en naissant et la matière utile qu'ils peuvent s'assimiler pendant la durée de leur existence ; la période de désintégration, en un mot, succède rapidement à celle d'intégration et transforme ces organismes de matière à l'état d'équilibre instable en celle à l'état d'équilibre relativement stable. Les types organiques sont donc particulièrement fixes et rigides ou, du moins, les écarts qui peuvent se produire dans une période de vie individuelle, humaine ou autre, sont insignifiants eu égard à la structure acquise à la suite d'actions ou de réactions presque infinies dans le passé ; même un excès de croissance dans une direction ne se produit qu'au détriment du reste de l'organisme, et cet excès ou, pour nous servir du mot propre, cette monstruosité ne pourrait être permanent et se consolider qu'à la condition de correspondre à une croissance générale.

Les types sociaux sont beaucoup moins fixes et bien moins restreints dans des bornes étroites ; leur période d'intégration est bien plus longue, sinon même susceptible d'une durée illimitée. C'est précisément la variabilité constante des structures sociales qui nous fait perdre de vue la continuité réelle de leur développement ; nous nous attachons trop à l'aspect extérieur de l'édification et de la destruction apparente des civilisations, et pas suffisamment à ce que ces formations et ces déformations ont d'essentiellement relatif. Bien qu'il y ait eu, à n'en pas douter, dans le passé, certaines structures sociales détruites sans même laisser trace de leur passage, c'est-à-dire un héritage ancestral dont les sociétés présentes se soient enrichies, la variation des types tend de moins en moins, en sociologie, à coïncider, comme en biologie, avec la destruction de l'organisme et les sociétés ne meurent généralement que pour revêtir des formes supérieures, ce qui n'est pas le cas des êtres individuels, malgré toutes les promesses décevantes de la métaphysique et de la religion. Actuellement, les organes sociaux existants sont déjà tellement reliés au passé et leur développement international universel est devenu, sous certains rapports, si complet, que la continuité de leur contenu et de leur croissance, quelles que soient leurs modifications structurales et à cause même de leur facilité à s'y prêter, semble assurée, sous réserve cependant de cataclysmes physiologiques ou physiques qui, rendant à un certain moment la vie en général impossible ou plus pénible que la somme de ses avantages, entraîneraient, par cela même, la suppression de la vie sociale.

Cette différence entre la croissance sociale et la croissance individuelle est une application des lois les plus simples de la matière. Plus les organismes sont élevés, plus la division de leurs organes et de leurs fonctions est, comme nous l'avons indiqué, considérable, plus nécessairement aussi la circulation y est complexe. La structure est en rapport avec cette extrême division et cette circulation intense. Dans les végétaux, l'organisme, au point de vue de la croissance, n'est guère limité par l'usure; ils ont, en effet, une tendance à accumuler plus qu'ils ne dépensent. Il n'en est déjà plus de même chez les animaux, où la dépense tend toujours à l'emporter sur l'assimilation, jusqu'à ce que, à un certain moment, leur équilibre instable se résolve en un équilibre mortel.

Dans les organismes individuels, le premier pas dans la vie est déjà un pas vers la mort. Dans les sociétés, une combinaison supérieure de matière et de force produisant une plasticité supérieure, c'est-à-dire une faculté d'adaptation toujours progressive, permet de varier, pour ainsi dire à l'infini, le rapport de l'usure à l'assimilation. Cette épargne résultant du capital social ainsi économisé est déjà tellement considérable, qu'elle contre-balance non seulement l'usure ordinaire, mais même les déperditions accidentelles, et permet d'assurer, à ce point de vue, à l'humanité une croissance indéfinie.

L'étendue possible de cette croissance dépend du degré d'organisation; celui-ci n'a pas de limites actuellement déterminables, à part les limites de l'intégration planétaire. La croissance, qui est l'accroissement de volume, et le développement, qui est l'accroissement de structure, sont impliqués l'un et l'autre dans l'évolution sociale; cette évolution elle-même semble donc sans bornes assignables pour le moment.

IX. Plus un organisme individuel est considérable et complexe, moindre est sa fécondité, son activité étant absorbée d'une façon plus générale par les besoins égoïstes de son propre développement. Les organismes inférieurs se produisent et se détruisent avec une très grande facilité ; les sociétés sont de moins en moins éphémères à mesure qu'elles gagnent en complexité et en étendue. Là est la base et l'explication de leur continuité toujours plus grande ; de locales et de régionales ou nationales, elles deviennent internationales et mille liens de plus en plus étroits les enserrent et les plient à des milliers de nécessités vis-à-vis desquelles une adaptation chaque fois plus parfaite constitue la perfection incessante de la vie collective ; les petits agrégats sociaux locaux à existence précaire se consolident ainsi par leur agglutination croissante et élèvent, par là, graduellement la moyenne de la vie des sociétés jusqu'à ce que la constitution du superorganisme international universel corresponde enfin d'une manière adéquate à la continuité même de la vie sociale.

Les organismes les plus petits se reproduisent avec une rapidité très grande par la méthode non sexuelle ; les plus élevés parmi les organismes ne se reproduisent point par cette méthode, et, entre ces deux extrêmes, on voit, en général, décroître la reproduction non sexuelle en même temps que croît le volume. Dans les superorganismes sociaux, la reproduction est, en partie, sexuelle, en tant qu'ils ont leur tissu composé d'unités physiologiques humaines ; mais, comme nous l'avons vu, elle est aussi partiellement combinée avec d'autres modes indiqués ci-dessus et qui assurent le développement et la continuité des sociétés.

En biologie, la reproduction est toujours une opération de séparation et de soustraction, qui restreint plus ou moins et parfois même arrête le développement de l'ancêtre ; en sociologie, la production de structures nouvelles par voie d'évolution des structures antérieures est, d'ordinaire, un accroissement et un perfectionnement de l'agrégat social.

Ce qui domine dans les sociétés supérieures, c'est la consolidation de la structure et la continuité du développement ; c'est ainsi, du reste, aussi que le progrès de la structure dans un organisme diminue la quantité de substance propre à produire des rejetons ; le protoplasme, une fois spécialisé en tissu, ne saurait plus se généraliser ni se transformer en autre chose.

X. En sociologie, la coordination des fonctions et des organes n'est pas, comme en biologie, dans une correspondance aussi simultanée avec leur division ; en biologie, il est bien plus difficile de constater sur le fait si la fonction naît de l'organe, ou l'organe de la fonction ; ils sont, pour ainsi dire, contemporains. Dans le superorganisme social, il résulte d'observations journalières que, par exemple, la spécialisation actuelle et extrême des professions tant industrielles que libérales ne corresponde guère encore à une coordination équivalente ; la fonction sociale peut donc précéder de beaucoup la formation de son organe ; souvent, d'un autre côté, surtout dans les civilisations avancées, l'organe peut être créé d'une façon intelligente et méthodique en vue de susciter une fonction reconnue nécessaire ; le danger de cette façon de procéder est dans le peu de stabilité de ces créations précipitées.

XI. Signalons aussi cette fusion intime qui s'opère, en sociologie, de toute la nature tant organique qu'inorganique, contrairement à la conception générale du superorganisme social ; même d'après Comte et Spencer, ce superorganisme ne se compose pas seulement de l'agrégat des unités humaines, mais de ce dernier combiné avec tous les éléments du monde inorganique et organique externe. Il est aussi impossible d'imaginer une société sans le monde inorganique qu'une tortue sans sa carapace. La circulation et la production individuelle sont inséparables des routes, des chemins de fer, des banques, de l'atelier et de l'usine ; les croyances, les sciences, les arts ont pour ossature les temples, les universités, les livres, les académies, les théâtres ; c'est la population dans ses rapports réciproques, mais aussi dans ses relations avec le reste du monde externe, qui forme les sociétés ; cette fusion étroite se remarque particulièrement dans les phénomènes sociaux inférieurs relatifs à la vie économique ; la science économique s'occupe autant de l'objet opéré, consommé et distribué que de l'agent opérateur, consommateur et distributeur. Plus les fonctions et les organes sociaux sont élevés, plus la matière, *qu'ils revêtent*, se raffine et se rapproche, comme la pensée physiologique, d'une organisation matérielle moins grossière, analogue à celle du cerveau.

XII. En physiologie, les unités ou cellules qui concourent à la formation de l'organisme individuel, bien que reliées entre elles et, suivant l'expression originale de Claude Bernard, se donnant la main, ne sont pas douées de raisonnement et n'agissent pas volontairement. Au contraire, les unités sociologiques, c'est-à-dire les êtres humains, sont toutes, et prises isolément, pourvues d'une certaine sensibilité allant jusqu'aux formes les plus complexes de l'intelligence. De là des formes ou types sociétaires qui ne se rencontrent pas dans l'organisme physiologique, où toutes les fonctions et organes correspondants sont nécessairement et forcément dans une dépendance étroite qui n'est pas susceptible de variations volontaires et raisonnées.

Nous touchons ici, après avoir noté les distinctions existant entre les formes les plus complexes de la biologie et de la sociologie, au fond même de la question. Nous avons, jusqu'à présent, observé les agrégats composés et nous avons certes indiqué entre ceux de la sociologie et ceux de la biologie des différences notables, mais qui toutes cependant peuvent être considérées comme purement quantitatives; entre les deux ordres de phénomènes observés, les différences appréciables se réduisent toutes à une question de plus ou de moins.

A. Comte et H. Spencer ont signalé une partie des différences de la sociologie d'avec les sciences antécédentes. Le premier, d'une façon assez vague et générale, a insisté particulièrement sur la plasticité et la continuité supérieure des phénomènes sociologiques; ces caractères, néanmoins, n'étaient que relatifs et, même dans le corps social, ils ne s'affirment que dans les sociétés modernes dont le système international est suffisamment constitué; les sociétés n'ont pas toujours été continues et plastiques, elles le deviennent.

Spencer a mieux indiqué la plupart des signes spéciaux qui différencient la sociologie de la biologie et de la psychologie; il n'est pas parvenu, toutefois, à en dégager les dissemblances essentielles, parce que, bien qu'à un moindre degré que Comte, il s'est laissé aller à considérer davantage les superorganismes les plus complexes dans leur ensemble que dans leurs éléments constitutifs primaires les plus simples.

Comte, en qui prédominait la conception de l'ensemble social, dont il supposait, en outre, la connaissance possible avant celle des parties, devait nécessairement aboutir, malgré sa reconnaissance des propriétés plastiques du corps social, à une systématisation autoritaire et rigide de l'État. Spencer, qui voit surtout dans les sociétés humaines une simple agrégation d'unités humaines, dont le caractère est déterminé par le caractère de ces dernières, devait se laisser emporter par le courant individualiste dans une interprétation trop absolue des phénomènes sociaux par leurs équivalents biologiques et psychologiques individuels.

La conception réaliste des sociétés n'est ni autoritaire ni individualiste; pour en saisir la nature, il ne faut pas s'adresser à l'observation superficielle de ses agrégats les plus complexes : on doit s'attacher à tirer de l'analyse de ces agrégats un élément commun à tous les phénomènes sociologiques et qui ne se rencontre pas dans ceux qui forment le domaine des sciences antécédentes. La constatation de cet élément commun et distinctif sera la démonstration positive de la légitimité de la science sociale.

Nous venons, dans notre analyse des différences entre la sociologie et les sciences immédiatement antérieures, d'aboutir, en dernier lieu, à une différence non plus seulement quantitative, mais encore qualitative : le caractère intelligent de chacune des unités sociologiques, par opposition au caractère inintelligent de chacune des cellules ou unités physiologiques.

Le corps humain, composé de cellules, est une association; le corps social, composé d'êtres humains individuels, est une association; l'un et l'autre constituent des organismes, plus ou moins coordonnés, plus ou moins plastiques, plus ou moins divisibles, plus ou moins étendus, aux parties et aux fonctions plus ou moins interdépendantes, d'une durée plus ou moins continue. Mais tous les phénomènes physiologiques ne sont pas intellectuels et tous les phénomènes intellectuels ne sont pas sociaux.

En biologie et en psychologie, il y a un concours organique des unités composantes en vue de leur adaptation aux nécessités ambiantes; le tissu cellulaire constitutif de tout l'organisme est une véritable association; les idées elles-mêmes s'associent et forment réellement des grappes.

Une différence fondamentale existe : en biologie et en psychologie, le concours organique, même conscient, n'a jamais lieu qu'entre unités inconscientes, l'unité physiologique, cellule, ignore qu'elle est associée : sa sensibilité ne s'élève pas à ce degré d'intelligence et de raisonnement; son mode d'association est donc toujours automatique et involontaire.

L'association physiologique proprement dite et l'association des idées sont toujours involontaires; tout au plus peut-on, avec D. Hartmann, les envisager comme étant le résultat d'une volonté inconsciente de l'organisme.

Le concours social mutuellement consenti, soit d'une façon purement automatique et réflexe, soit instinctivement, soit d'une manière raisonnée et même méthodique : voilà donc essentiellement ce qui distingue tout organisme social de tout organisme individuel.

Le consentement réciproque n'apparaît pour la première fois que dans les phénomènes sociaux. Tant que ces phénomènes n'impliquent pas ce consentement, ils peuvent se confondre et ils se confondent, en effet, sauf les différences quantitatives préindiquées avec les phénomènes biologiques et psychiques.

Dès que le consentement, sous une forme quelconque, intervient, le caractère spécial à la sociologie existe et cette dernière peut être constituée en science particulière.

Plus ce consentement revêt des formes intelligentes et libres, c'est-à-dire plus il est raisonné et méthodique, plus la séparation de la sociologie d'avec les sciences antécédentes est tranchée; plus il dégénère et tombe vers les formes inférieures et simplistes de l'instinct, de l'action réflexe et du pur automatisme, plus la sociologie tend à se confondre avec les phénomènes immédiatement antérieurs de la psychologie et de la biologie.

Il n'y a de différence entre les sociétés animales et les sociétés humaines que dans la quantité de raisonnement et de consentement qui préside à leur coordination. Au contraire, il y a, entre les sociétés animales et humaines, d'un côté, et les organismes physiologiques et psychiques, de l'autre, cette différence qualitative capitale : l'intervention du concours des volontés, d'une part, l'absence de ce concours, de l'autre. La quantité de ce concours détermine seulement le degré de supériorité relative des sociétés, elle n'établit entre elles aucune différence fondamentale, comme le fait l'inexistence de ce concours.

Les types sociaux se forment à partir du moment où le groupement volontaire, même automatique, se réalise. Que le consentement mutuel se manifeste dans un fait social excessivement simple, comme le troc, ou sous l'un de ses aspects les plus complexes, comme une constitution politique, la différenciation est également complète.

Le consentement mutuel est une formation régulière et naturelle de la psychologie et de la biologie, mais, en même temps, quelque chose de nouveau qui n'apparaît dans aucune de ces sciences, ni dans les sciences antérieures.

Du besoin génésique naissent le besoin, puis le désir de la cohabitation, d'abord irrégulière, puis permanente, de l'homme et de la femme ; de là les premiers types familiaux, parfois si élevés et si purs, dont les civilisations anciennes nous offrent tant et de si nobles exemples ; de là l'évolution du droit marital et paternel de ses formes autoritaires vers des formes de plus en plus égalitaires et contractuelles. La famille étant l'agrégat social le plus rapproché de l'agrégat individuel, il est naturel que les formes despotiques de la dépendance réciproque des parties qui caractérisent les agrégats physiologiques aient perduré et perdureront sans doute plus longtemps que dans les agrégats sociaux supérieurs, plus complexes et plus malléables. C'est un fait admis que la famille est essentiellement conservatrice, modératrice et autoritaire de sa nature. Encore au XVIIIe siècle, Mirabeau n'était-il pas la victime du despotisme paternel? Diderot, l'abbé Prévost, dans leurs drames et leurs romans, ne préludaient-ils pas à une révolution plus générale en luttant contre cette puissance du père de famille si profondément enracinée dans les esprits même les plus avancés, parce qu'elle a ses origines directes dans l'organisation même de l'individu? Certes, la constitution familiale aura toujours une tendance réactionnaire prédominante à se mouler sur les types physiologiques autoritaires individuels; mais l'évolution des phénomènes sociaux plus complexes l'entraînera, de son côté, dans une voie opposée, c'est-à-dire à se perfectionner dans le sens du consentement raisonné et contractuel. Comparons seulement les familles primitives, la famille grecque, romaine, féodale, monarchique, avec la famille telle que l'organise le Code Napoléon et la part toujours plus large faite à la femme et à l'enfant, et nous devrons reconnaître que le lien familial tend davantage à cesser d'être un lien de dépendance physiologique pour devenir un simple trait d'union contractuel basé sur l'affection, c'est-à-dire le consentement de plus en plus raisonné et libre et, en même temps, de mieux en mieux consolidé des parties intéressées.

Du besoin purement physiologique à l'origine, et absolument despotique, de la nutrition naît l'accord automatique, instinctif et puis raisonné, en vue de la chasse, de la pêche et de la production et de la consommation en général. A partir des sociétés les plus rudimentaires, nous voyons la forme contractuelle s'introduire dans la vie économique, notamment par le troc. Le contrat d'échange n'est-il pas devenu de plus en plus la base de toute l'évolution économique des sociétés modernes? Les trois quarts de notre Code civil et de notre droit commercial ne sont-ils pas consacrés dès maintenant à la circulation des biens et des services, et la liberté du contrat ne tend-elle pas à s'implanter jusque dans les testaments, au détriment de l'organisme familial antérieur, rigoureux et despotique, qui sacrifiait, par exemple, la femme à un héritier éloigné ou le reste des enfants à l'aîné?

Plus le concours superorganique social est raisonné et libre-

ment consenti, plus la société se dégage de l'esclavage économique, cette forme rudimentaire correspondant à la dépendance
physiologique d'après laquelle certains membres du corps social,
dits inférieurs bien qu'essentiels, sont soumis à la royauté des
organes plus élevés.

L'esclavage, le colonat, le servage, le fermage et le salariat,
ces modes de coopération collective autoritaire, ne tendent-ils
pas à faire place à des syndicats agricoles, industriels, débar-
rassés de plus en plus de toute direction et suprématie autres que
celles résultant du concours des volontés de leurs membres ?

Les arts industriels et les beaux-arts ne sont-ils pas de plus en
plus consacrés au perfectionnement, à l'embellissement des objets
et des monuments d'un usage collectif; ne se dégagent-ils pas
sans cesse des formules hiératiques et autoritaires pour s'adapter
exclusivement aux croyances, aux idées et aux nécessités sociales?
Cette adaptation, d'abord automatique, puis instinctive, et enfin
de mieux en mieux raisonnée et appropriée aux convenances
collectives, ne constitue-t-elle pas un contrat de plus en plus parfait entre l'artiste et la société? L'artiste lui-même n'est-il pas
devenu chaque jour plus indépendant de la condition inférieure
et subalterne où il se trouvait jusqu'à la Révolution de 1789,
qui le transforma, de pensionné et de parasite du prince, de la
noblesse ou des financiers, en un véritable échangiste? Sa condition nouvelle d'échangiste ne fait-elle pas de lui un facteur social
et de son art une fonction sociale qui ne lui permet plus, si ce
n'est dans des limites très étroites, d'obéir à sa seule fantaisie
et de produire des œuvres qui ne conviennent pas à la collectivité? Il y a donc, entre lui et la société, un contrat général,
tout au moins tacite, qui se manifeste dans l'universalité des
cas particuliers et presque par un véritable contrat d'entreprise.
L'école naturaliste, ainsi comprise, est la juste expression d'un
grand progrès artistique.

Plus on s'élève dans la hiérarchie des phénomènes sociaux,
plus leur caractère contractuel devient apparent, de la même
manière que l'intelligence se manifeste dans les formules plus

complexes de la sociologie et la vie en général dans celles de la biologie.

Les croyances, qu'elles soient religieuses, métaphysiques ou positives et scientifiques, impliquent nécessairement leur acceptation sociale. Cette acceptation résulte, à l'origine, d'une soumission collective plus ou moins automatique et réflexe maintenue par des institutions rigoureuses et difficilement modifiables ; à mesure que les croyances s'élèvent et se confondent de plus en plus avec les données de la science, ce serait presque se servir d'une expression contradictoire que de parler de croyances imposées ; les croyances scientifiques, par cela même qu'il faut les démontrer, doivent être librement acceptées. Cette liberté, qui est de l'essence des sociétés en ce qui concerne leurs croyances, n'enlève rien à leur caractère organique. Les croyances actuelles, pour être librement consenties, n'en sont pas moins un lien collectif aussi solide que celles du passé. Nous défions la philosophie positive de donner lieu à autant de désordres et de bouleversements sanglants, à autant de relâchements des liens sociaux que l'une quelconque des religions que précisément notre incohérence et notre faiblesse intellectuelle primitives ont imposé aux générations éteintes !

Les mœurs et leur intégration dans la morale sont certes, dans les civilisations rudimentaires et même actuelles, soumises à une censure véritablement despotique, dont Sparte, Rome et les nombreuses ordonnances féodales et monarchiques, toutes également odieuses au point de vue moderne, mais justifiées par l'évolution sociale naturelle, sont d'inoubliables spécimens ; plus les mœurs et la morale sont grossières, plus elles se modèlent sur les formes despotiques des habitudes physiologiques et sur les croyances et les préjugés engendrés par l'imperfection de ces habitudes et les folles ou cruelles croyances nées de la faiblesse de nos connaissances ; de là un rigorisme compressif plus apparent que réel ; le relâchement des mœurs est, en somme, bien plus considérable quand elles sont despotiquement fixées par l'usage ou la tyrannie religieuse et civile, que lorsqu'elles sont

socialement coordonnées par une législation librement débattue
et acceptée, et, mieux encore, par le simple consentement des
membres de la société éclairés par de saines et irréfutables
notions scientifiques. Il suffit de se rappeler la véritable infection
sociale engendrée par les mœurs grecques, romaines et monarchiques, pour avoir la conviction absolue que, notre Code pénal
fût-il tout à fait supprimé, notre organisme social actuel ne
supporterait pas un instant sans une répression spontanée, immédiate et énergique, les turpitudes morales des temps anciens. Ce
soulèvement de la conscience collective ne serait cependant que
la sanction de règles morales librement reconnues et convenues.
En revanche, l'autorité tenterait vainement d'imposer aux sociétés
modernes des mœurs et des idées morales que la conscience générale n'aurait pas préalablement acceptées.

On le voit, plus on s'élève dans l'échelle des phénomènes
sociaux, plus le contrat mutuel, plus la convention, dans le sens
large de cette expression et non dans sa signification artificielle
du *convenu*, constitue le signe distinctif de la coordination
sociale.

Ce concours des volontés reçoit sa consécration la plus élevée
dans les phénomènes juridiques. Qui dit justice dit nécessairement réciprocité et contrat. *Suum cuique tribuere*, cela n'est
possible que par un débat minutieux se terminant par une véritable convention. Moins la force intervient dans le droit, plus
il est social, c'est-à-dire plus il représente le libre accord des
associés. La perfection d'un jugement réside non seulement dans
son équité, mais dans la procédure qui le prépare. S'il est la conséquence d'un accord préalable des parties, par exemple par un
arbitrage, il unit à son équité intrinsèque l'assentiment des parties; c'est la forme la plus haute de la justice : la forme synallagmatique et contractuelle.

Il n'y a pas de justice dans l'organisme physiologique, il n'y a
qu'une dépendance rigoureuse des parties entre elles; cette dépendance est tellement prédominante que, lorsque, par le progrès de
ses connaissances, l'intelligence humaine en arrive à concevoir,

comme dans le catholicisme, un certain ordre social, elle ne trouve rien de mieux que de superposer l'esprit au corps et le spirituel au temporel. Voyez, dans les civilisations anciennes et même modernes, ces malheureux jugés et condamnés devant des magistrats qu'ils n'ont pas élus, suivant une procédure qu'ils ignorent, en vertu de lois à la confection desquelles ils n'ont point participé, le plus souvent sans débat et sans qu'ils sachent ce qui se passe; comparez-les maintenant à ces membres d'un syndicat dont ils font librement partie et qui soumettent volontairement et en vertu de statuts librement acceptés, à certains d'entre eux, les contestations qui les divisent, promettant d'avance de s'incliner devant leur décision comme étant l'émanation de la justice sociale, et vous verrez immédiatement dans quel sens se font l'évolution et la séparation de la sociologie dans la physiologie et la psychologie : elles s'opèrent, évidemment, au point de vue de la justice, vers la convention et le contrat.

C'est surtout en politique que, plus tardivement, il est vrai, mais à un degré encore plus élevé, se réalise, avec des formes plus étendues et plus complexes, une différenciation analogue.

En ce qui concerne le droit public interne, les chartes, les joyeuses-entrées, les constitutions sont de véritables contrats; les lois sont censées être des conventions débattues et acceptées par tous, et cette présomption tend de plus en plus à devenir une réalité; tout le progrès politique est dans cette direction. Les formes autoritaires primitives tendent de jour en jour à s'effacer; le prince ne tient plus son droit de Dieu ni de lui-même, c'est un fonctionnaire chargé par ses mandants d'une mission déterminée par un contrat synallagmatique; les pouvoirs politiques despotiques d'autrefois se transforment en véritable mandat.

Quant à la politique externe, la guerre elle-même et sa procédure ne sont-elles pas déjà régies par des conventions; les rapports internationaux ne sont-ils pas réglés par des traités de paix, de commerce, des tarifs, même une monnaie commune aux contractants? Les conditions de ces conventions ne sont-elles pas soumises aux intéressés, aux syndicats, aux chambres de commerce, aux représentants de la nation? La substitution du contrat à l'ancien droit de la force, calqué sur la sujétion des membres au corps et de celui-ci à l'esprit, parcelle lui-même de la Divinité, n'est-elle pas la philosophie même de l'évolution politique?

Le principe, aujourd'hui, n'est plus contestable : la société n'a que des organes et des fonctions; elle ne doit pas avoir de maîtres, mais seulement des fonctionnaires et des mandataires; le progrès est dans la succession de représentations de plus en plus réalistes aux représentations, encore en partie fictives, qui vicient le libre consentement des membres de la société.

Dans aucun ordre de phénomènes autre que l'ordre sociologique, on ne rencontre ce caractère distinctif et spécial : le concours organique résultant, à la fois, non seulement de l'adaptation physiologique et psychique aux conditions externes, mais du consentement de deux ou plusieurs unités douées de sensibilité et d'intelligence.

Voilà ce qui différencie qualitativement le superorganisme social de n'importe quel organisme; toutes les autres dissemblances sont purement quantitatives et n'autoriseraient pas la création d'une science particulière : la sociologie.

Au lieu de nous ingénier à imaginer des théories sociales aussi brillantes que fragiles, nous avons commencé par indiquer les caractères communs de la sociologie et même sa filiation avec les sciences immédiatement antécédentes; nous avons ensuite éliminé successivement les différences purement quantitatives, et il nous est resté un résidu, un phénomène étranger à tous les autres phénomènes de la nature : le consentement mutuel, la convention, le contrat.

La formation, la constitution et le développement de ce résidu, sous des modes de plus en plus étendus et complexes, composent le domaine de la sociologie; ce domaine commence là où la physiologie et la psychologie finissent et où un certain accord social s'établit. Cet accord social revêt d'abord naturellement les formes ancestrales des organismes dont il est issu; il s'en dépouille successivement dans toutes les branches de son activité, dans la famille, dans la vie économique et artistique, dans les croyances, dans la morale, le droit et la politique, et se transforme de plus en plus en contrat raisonné et parfait.

Le concours superorganique social est d'abord obligatoire ; comme le concours des diverses parties de l'organisme individuel, il commence par être déterminé exclusivement et obligatoirement par l'action des forces externes et la réaction de plusieurs agrégats individuels.

Ce concours est automatique, puis réflexe, instinctif ; l'expérience sociale crée la mémoire collective, qui permet l'intervention du raisonnement, d'une certaine hésitation, d'un débat social, et enfin l'établissement d'une politique positive et méthodique.

Cet accord, de plus en plus intelligent et parfait, a successivement pour objet l'existence économique, la reproduction de l'espèce, la vie artistique, les croyances et les sciences, les mœurs et la morale, enfin le droit et la politique, tant interne qu'externe.

Plus on s'élève dans l'échelle des phénomènes sociaux, plus interviennent le raisonnement et la méthode ; car, plus on s'éloigne de l'ordre servile qui caractérise la physiologie, plus aussi l'accord devient libre et soumis à des motifs élevés. L'égoïsme individuel s'efface devant le droit social ; ce caractère supérieur se reconnaît jusque dans la guerre, cette forme rudimentaire de discussion sociale où tant de victimes sont immolées et tant de richesses perdues pour assurer le développement des survivants.

Forces collectives inconscientes à l'origine, les sociétés deviennent de plus en plus conscientes de leurs besoins et des actes qui peuvent leur en procurer la satisfaction ; cette intégration et cette consolidation de leur conscience s'opèrent par leur émancipation de toute autorité externe sociale ou individuelle et par une organisation collective supérieure basée sur le contrat.

Les thèses également absolues de « l'individu contre l'État » et de « l'État contre l'individu » ne représentent que des stages passagers de l'évolution sociale : la solution de leur antinomie est dans le développement du contrat social, non plus placé, avec Rousseau, au commencement des sociétés, mais à leur apogée.

La force collective et les unités humaines constituent la matière des sociétés humaines ; elles en sont les éléments irréductibles et irréconciliables, si ce n'est de leur propre consentement, suscité par le besoin de s'associer, c'est-à-dire par le contrat.

Il n'y a de société, dans le sens vrai du mot, que là où les unités physiologiques et la force sociale collective sont également respectées. Cette garantie réciproque ne peut être approximée que par le développement et le perfectionnement du contrat de société.

Prenez n'importe quel texte de notre législation civile, commerciale, criminelle ou constitutionnelle : il n'en est aucun article qui n'implique l'idée d'un contrat.

La formation organique du langage écrit et parlé suppose non pas une entente préméditée en vue de cette formation, ce qui serait exclusif de la conception d'une évolution organique, mais l'acceptation automatique ou instinctive, et plus tard raisonnée, de ce mode de communication des besoins et des idées.

Ce qui a longtemps induit en erreur, ce sont les théories fallacieuses du libre arbitre, d'où la fausse conséquence que le consentement ne pouvait exister qu'à la condition d'être absolument libre dans le sens le plus absolu du mot ; le concours des volontés, comme la volonté elle-même, peut n'être pas et n'est même généralement pas libre ; la volonté, malgré la contradiction apparente des mots, peut être involontaire, c'est-à-dire automatique, réflexe, instinctive, en un mot inconsciente comme les actes dont elle est la préparation. La volonté, au sens large et scientifique du mot, n'est que la transformation de la volition, c'est-à-dire de l'idée, raisonnée ou non, en acte. L'idée, la volition et l'acte même, comme dans l'absorption des aliments, la déglutition et la digestion, peuvent passer complètement inaperçus.

Le corps social, envisagé dans son ensemble ou dans chacune de ses parties, peut donc se définir, en prenant pour base le caractère commun à cet ensemble et à ces parties et qui le différencie de tous les phénomènes en général, y compris les phénomènes organiques, physiologiques et psychiques : un superorganisme, c'est-à-dire une manifestation organisée supérieure de la force collective, dont la tendance structurale et fonctionnelle est de se distinguer toujours davantage des simples organismes individuels, en vue d'une adaptation de plus en plus complète et spéciale aux nécessités internes et externes et par une intervention à mesure plus intelligente et méthodique de la volonté collective manifestée par le consentement mutuel de chacune des unités ou agrégats d'unités composantes.

La société est donc une forme plus complexe, plus large du développement vital par l'adaptation à des circonstances internes ou externes plus complexes et de nature particulière, par le moyen d'une entente collective.

La sociologie a, par conséquent, droit à l'existence comme science : la démonstration de la nature spéciale de son domaine vient d'être faite.

Il peut n'être pas inutile maintenant de revenir un instant sur nos pas et d'examiner plus en détail les caractères spéciaux qui distinguent cette science nouvelle des sciences antécédentes. Il est certain que ces caractères sociaux seront les plus importants et les plus visibles dans les phénomènes sociologiques, qui s'écartent le plus de la biologie et de la psychologie, et, dans chaque ordre de phénomènes sociologiques, là où cet ordre est le moins rapproché, à la fois, de son point de départ et de ses origines simplement organiques. Ainsi, les caractères distinctifs de la sociologie seront plus dessinés dans la politique et le droit que dans la circulation des biens et la constitution de la famille; ils le seront également davantage dans les croyances scientifiques que dans les croyances religieuses, dans le droit international que dans le droit pénal.

Si nous comparons les phénomènes supérieurs de la biologie et de la psychologie avec les phénomènes sociaux inférieurs relatifs à la circulation, à la consommation et à la production des biens, à la conservation et à la reproduction de l'espèce, ainsi qu'à la vie artistique, émotionnelle et intellectuelle collective, il est certain, comme cela résulte de nos constatations antérieures, que ce qu'il y a de plus frappant tout d'abord, ce sont les rapports communs, les liens qui les unissent les uns aux autres et en constituent la filiation naturelle. Les phénomènes supérieurs de la biologie et de la psychologie, la nutrition, l'amour sexuel, l'hérédité, l'action réflexe, l'instinct, la mémoire, le raisonnement, la méthode, la sélection des plus forts et des plus intelligents, les sentiments égoïstes, altruistes et sympathiques servant de transaction à l'action réflexe sociale se trouvent au sommet des sciences organiques et à la base de la science sociale, unis par une parenté étroite.

Toutefois, si les formes sociales sont les formes apparentes dans les phénomènes sociaux les plus élevés, c'est là une affirmation trop absolue, qu'il faut atténuer, en ce sens que, les phénomènes sociaux inférieurs étant aussi les premiers constitués, l'intégration et la coordination des fonctions et organes y correspondant y est également plus avancée que dans les phénomènes d'ordre plus complexe. Le concours volontaire et contractuel dans ces derniers ne devient, en réalité, plus apparent qu'à un moment assez avancé de leur évolution, alors que leur intégration et leur coordination sont elles-mêmes au moins partiellement effectuées.

Moyennant ces réserves, la différenciation du superorganisme social apparaît évidente dans ses fonctions les plus générales et les plus simples, les fonctions économiques. La circulation sur les routes, les canaux, les chemins de fer, d'après des tarifs débattus et convenus, la circulation des valeurs représentatives des produits, effets de commerce, monnaie, billets de banque, warrants, suivant une série de conventions contractuelles et légales à peu près volontairement acceptées, le service collectif de la poste et du télégraphe, à des prix soigneusement discutés et spontanément payés, sont des modèles de constitution superorganique de services publics, du reste encore perfectibles. Ces services publics ont cependant commencé par être une fonction privée, puis un monopole; ce n'est que successivement qu'ils ont acquis leur haut caractère social.

Si l'on peut encore assimiler l'esclavage et le servage primitifs à la condition organique des membres les moins élevés du corps humain dans l'échelle de la sensibilité, à ceux dont les fonctions sont le plus automatiques et les moins raisonnées, quelle ressemblance, si ce n'est lointaine et vague, subsiste-t-il encore entre la biologie, la psychologie, d'une part, et l'économique, de l'autre, lorsque les lois de la production, de la consommation et de la répartition sociales des richesses sont réglées, par exemple par le contrat de louage de services et d'entreprises ou par une convention entre syndicataires ou membres d'une société coopérative, où les conditions du travail et les parts de chacun sont déterminées après délibération, sans tenir compte des intérêts égoïstes, mais seulement de l'intérêt commun? La substitution du contrat social à la loi simplement organique, physiologique ou psychique, voilà donc ce qui distingue de plus en plus le fonctionnement de l'organisme collectif économique de celui de l'organisme nutritif individuel.

Ce n'est pas chez les nations militaires et continentales, d'ordinaire principalement agricoles, que la civilisation se développe en même temps que le contrat commercial et particulièrement le contrat de société. C'est, pour le passé, à Athènes, à Corinthe, dans les îles grecques, à Carthage et dans la Phénicie et ses colonies, et, actuellement, à Londres, à Liverpool, à Anvers et aux États-Unis que les formes collectives et sociétaires économiques prennent l'extension la plus considérable.

La législation économique et commerciale des anciennes cités commerçantes nous en apprendrait cent fois davantage que toutes les formules du droit romain, si peu sociales et si égoïstes, malgré leurs belles définitions.

L'art, soit industriel, soit émotionnel et idéal, est, en tant que social, une réalisation non seulement unilatérale et subjective, mais acceptée et, par conséquent, collective, du beau.

Les croyances n'existent qu'à la condition d'être acceptées; du moment qu'elles sont discutées d'un côté et imposées de l'autre, elles cessent d'avoir force collective et s'écroulent malgré tous les anathèmes, les bûchers ou les lois pénales. Plus encore que les croyances religieuses et métaphysiques, les croyances scientifiques sont collectives et doivent être librement raisonnées et acceptées. Qui dit répression de la pensée dit négation du droit collectif et de l'essence même du contrat social.

La vie intellectuelle et morale des sociétés, après avoir été réglée tout d'abord par les besoins, les instincts, les émotions, les idées et les habitudes individuels, c'est-à-dire par des préjugés égoïstes, ne se consolide et ne se développe-t-elle pas de plus en plus par la libre coordination des intelligences, résultant d'une entente sociale et sympathique plus large et plus élevée?

Quelle ressemblance, si ce n'est éloignée, y a-t-il entre l'attitude physiologique de l'individu et la rectitude de ses raisonnements, de ses convictions, entre la droiture de son maintien et la droiture d'un jugement rendu par un tribunal? Où, dans le corps humain, sont le débat et le lien de droit entre deux ou plusieurs unités également intelligentes? Où cette fonction judiciaire collective, d'abord autoritaire et, plus tard, contractuelle de la décision à laquelle ce débat est obligatoirement ou volontairement soumis? Où cette procédure convenue qui garantit de toute surprise? Où le représentant de la société, qui accuse, et le jury, c'est-à-dire la société elle-même, qui tranche le fait, sinon le droit?

Dans les sociétés rudimentaires, où le droit émane encore de l'autorité — toutefois automatiquement reconnue, ne l'oublions pas, — du maître, la confusion est encore possible entre l'organisme psychique et la faculté judiciaire individuels et l'organisme collectif; mais, dans les sociétés telles que nos civilisations occidentales, la séparation devient toujours davantage distincte et l'organisme judiciaire a de plus en plus pour thème de ses variations progressives la discussion, l'entente, la convention et le contrat.

La politique ou la science de la méthode sociale, la plus élevée de toutes les sciences, puisqu'elle a pour objet la direction de la volonté consciente collective en vue d'agir sur tous les phénomènes sociaux conformément à leur nature et à leur tendance propres, la politique a pu, pendant longtemps, être assimilée à la fonction directrice de l'organisme cérébral, et ce point de vue étroit pouvait même être partiellement exact aussi longtemps que la politique sociale se confondît plus ou moins avec le despotisme gouvernemental, c'est-à-dire avec l'impulsion, apparente plus que réelle, de quelques individualités ou de certaines castes ; mais depuis que les relations internes et externes se règlent de jour en jour par des constitutions et par des traités de plus en plus soumis à l'approbation des agrégats sociaux intéressés, nous voyons bien encore des cocontractants et des sociétés, mais nous constatons, en même temps, une dissemblance essentielle entre les procédés cérébraux individuels et le progrès social.

Ce qui peut tromper sur le caractère véritablement contractuel d'un grand nombre de phénomènes sociologiques et principalement de ceux qui, étant les plus simples et les plus généraux, sont les premiers à être intégrés et coordonnés, c'est leur automatisme. De même que, en physiologie psychique, la fréquente répétition de certaines manifestations intellectuelles, à l'origine même complexes et laborieusement raisonnées, les transforme en émotions, en idées, en volitions exactes, pour ainsi dire mécaniques, ainsi une cause analogue reproduit des résultats identiques dans les fonctions sociales. Le service de la poste, celui du télégraphe, celui des chemins de fer, la circulation des effets de commerce par l'intermédiaire des banques, devenus de véritables offices publics représentés par des organismes collectifs, impliquent une série de contrats et d'offres et de demandes que leur fréquence et leur consolidation seules font passer inaperçus dans la pratique.

Les phénomènes sociaux se différencient donc, d'abord quantitativement, au point de vue de la masse, de la continuité et de leur plasticité supérieure, et ensuite qualitativement, des phénomènes de la biologie et de la psychologie, à mesure que leurs rapports se règlent non plus d'après l'autorité et la loi, mais suivant le contrat, que ce dernier soit conscient ou inconscient.

La libre association contractuelle est ce qui distingue essentiellement les sociétés humaines des agrégats individuels, ainsi que des sociétés animales ou primitives.

L'avenir réserve peut-être à l'humanité des formes supérieures

encore à celles contractuelles; malgré cette hypothèse, les formes
dès à présent apparentes et indiquées suffisent pour constituer la
science sociale.

Le rapport commun de tous les organismes, c'est d'être une
force collective plus ou moins sensible, plus ou moins intelligente,
plus ou moins discrète, plus ou moins complexe, plus ou moins
continue et durable, plus ou moins fine ou malléable. Nous avons
exposé, à cet égard, les variations des organismes selon qu'ils
étaient individuels ou sociaux.

Ce qui est spécial au superorganisme social, dans son ensemble
et dans chacune de ses parties, c'est le contrat résultant du débat
qui naît inévitablement entre organismes particuliers ayant, en
vertu de leur similitude, des tendances physiologiques et psychiques à la sociabilité. Nulle part, ni chez les animaux, ni chez
l'individu, il ne serait possible de trouver, dans leurs manifestations vitales, la trace d'un contrat. Ce phénomène nouveau
apparaît au fur et à mesure que les troupeaux humains primitifs
se dégagent de l'autorité despotique des fatalités physiques, biologiques et même psychiques, de la nature tant inorganique
qu'organique individuelle. Toutefois, comme cette séparation et
cette émancipation ne peuvent et ne pourront jamais, en vertu
même de l'universalité des lois les plus générales de la matière,
s'effectuer ni immédiatement, ni complètement, la transition de
l'autorité au libre socialisme est éternelle; il n'y a, dans ce progrès, ni point de départ, ni point d'arrivée.

Ainsi, la sociologie a de commun avec les phénomènes organiques antérieurs la force collective, portée par elle à une complexité vitale suprême en vue d'une adaptation plus complète à des
besoins et à des nécessités plus considérables et plus nombreux.
L'association n'a rien de mystérieux, c'est une évolution organique, aussi nécessaire que celle qui se produit par le phénomène
opposé, la lutte pour l'existence; l'une explique l'autre, et il serait
aussi déraisonnable de négliger l'une que l'autre dans l'appréciation de la structure et de l'évolution sociales.

Plus il y a contrat, plus il y a société; moins il y a contrat, plus l'agrégat social se rapprcche, par sa forme purement grégaire, des sociétés animales et, par l'intermédiaire de celles-ci, de l'organisation individuelle caractérisée par l'absence de tout contrat et la dépendance rigide des organes et des fonctions les uns vis-à-vis des autres. Cette antinomie prétendument insoluble, liberté et autorité, entre les termes de laquelle oscillent les partis, se résout dans une formule synthétique supérieure : le contrat. Le progrès social n'est ni vers la liberté, ni vers l'État et la loi, il est vers le socialisme contractuel basé sur l'assentiment, inconscient ou non, des individus ou agrégats d'individus intéressés.

L'évolution sociétaire part de la force collective homogène formée du rapprochement des unités humaines sous la poussée des nécessités internes et externes ; les hommes s'associent parce qu'il vaut mieux s'unir que mourir ; la formation des sociétés ne nécessite pas l'intervention d'une autre cause, ni créatrice, ni providentielle ; la même inflexible loi du besoin et le désir du mieux qu'elle suscite produit dans la suite toutes les améliorations, même non absolument indispensables ; celles-ci découlent d'un principe secondaire, mais de plus en plus puissant : celui de la prévoyance sociale. L'évolution collective progresse par la division successive de son organisme homogène en organismes spéciaux, d'où résulte une perfection de structure et, conséquemment, de fonctions, qui facilite une adaptation de plus en plus complète au milieu ambiant et une amélioration de la vie générale.

Le phénomène le plus considérable des temps modernes, la révolution la plus profonde que nous sommes en voie d'accomplir avec une rapidité de plus en plus intense, bien que très souvent inconsciente, comme il arrive aux révolutions véritablement organiques, dont les étapes successives dépassent la vie d'une génération, ne sont embrassées qu'après coup par les générations à venir, c'est l'importance chaque jour plus prédominante acquise par le contrat de société, depuis les formes les plus simples du contrat commercial jusqu'aux plus complexes des traités internationaux juridiques et politiques.

La grande extension des sociétés anonymes, pour choisir un

exemple dans une fonction sociale particulière, est une preuve de l'influence de plus en plus décisive de l'élément contractuel. A la sujétion économique de l'individu à l'individu, elles débutent par substituer une exploitation impersonnelle; puis, ce lien de dépendance, si apparent, par exemple dans la plupart de nos banques, même nationales, va se démocratisant, entre autres dans les unions de crédit, où la base même de l'organisme est le contrat mutuel. Ces libres associations sont régies par des statuts volontairement acceptés et des règlements qui prévoient et aplanissent les contestations possibles; et cette véritable démocratie économique se révèle jusque dans les organes directeurs ou politiques de ces organismes, où l'assemblée générale, composée de tous les membres du corps social, choisit des mandataires qui acceptent cette mission dans les limites convenues par le pacte collectif.

Sur le modèle analogue simpliste de cette société de crédit mutuel se mouleront les formes plus complexes de la fonction économique, des arts, des croyances, des mœurs du droit et de la politique des autres organismes sociaux plus considérables de l'avenir. C'est dans l'étude de ces phénomènes usuels et presque grossiers de la vie sociale de circulation et de nutrition, et non dans l'exposé de ces phénomènes superficiels et concrets, tels que les guerres et les grands événements historiques, que se découvrent avec le plus de limpidité la source et la pente générale du grand fleuve de l'histoire.

Le perfectionnement successif du contrat social, tant au point de vue de la liberté des sociétaires que de l'adaptation à l'objet de la société, voilà la loi du progrès; sa loi régressive est caractérisée par le retour aux formes purement familiales, puis individuelles et animales.

Le contrat social que Rousseau et son école plaçaient au berceau des sociétés comme un paradis perdu par notre faute est, au contraire, l'héritage péniblement conquis des sociétés arrivées à l'état de maturité, au même titre que les actions conscientes et raisonnées ne sont pas le lot de l'enfance, mais l'apanage des formes organiques développées et supérieures.

L'esclavage, le colonat, le servage, le salariat, cet embryon du contrat d'entreprise et de louage des services, d'où, plus tard, par une nouvelle entente collective, naîtront les libres syndicats de producteurs et d'échangistes, sont les formes transitoires de plus en plus sociales de la force collective évoluant toujours davantage du type autoritaire et rigide calqué sur le type animal individuel et à travers les formes déjà plus plastiques de la psychologie, telles que la suprématie de la loi et du gouvernement des plus riches et des plus intelligents ou de ceux présumés tels, vers le type idéal de la libre association.

L'homme, d'abord propriété de son semblable en vertu du droit du plus fort ou du plus habile, au même titre que le bétail, puis propriété du maître du sol et transmissible avec ce dernier, enfin salarié du détenteur des instruments de travail, ne contractait pas : il subissait et subit trop encore le poids de la force collective rudimentaire et peu organisée, symbolisée par les égoïsmes individuels en qui cette force s'incarne provisoirement. Heureusement, en vertu de la loi de différenciation progressive de l'homogène, les fonctions et organes sociaux s'émiettent successivement et, par leur division, semblable à la division physiologique des agrégats particuliers, nécessitent davantage, à moins d'une désintégration mortelle, l'intervention de la socialisation contractuelle d'abord entre les maîtres eux-mêmes, puis entre ceux-ci et leurs sujets, colons, serfs ou salariés, jusqu'à ce dernier stade, où toute autorité et toute loi, tout despotisme et tout code s'effondrent, sauf l'autorité, le despotisme, la loi résultant de la volonté collective approuvée par le contrat.

Les civilisations et les États qui n'étaient pas ou ne sont pas même aujourd'hui façonnés sur ce type n'étaient donc point des sociétés? Et de quel droit, objectera-t-on peut-être, supprimeriez-vous une part, la plus grande, du présent et du passé?

À cela nous répondrons catégoriquement : Non, ce n'étaient pas des sociétés dans le sens absolu de cette expression et avec la valeur exacte que nous y attachons aujourd'hui ; ces civilisations, à raison de leur masse et de leur complexité supérieures à celles

des organismes individuels, étaient cependant des superorganismes naissants, d'autant plus que, à vrai dire, l'absolu n'existe
nulle part et qu'aucune forme sociale, même rudimentaire, n'est
dénuée d'un certain concours des volontés; il ne faut pas perdre
de vue, en effet, que ce concours peut être automatique, réflexe
et instinctif aussi bien que raisonné. Les formes sociales, c'est-à-
dire celles du contrat, deviennent seules de plus en plus parfaites;
plus la structure superorganique se distingue de la structure
physiologique et des agglomérations purement grégaires, plus
on constate que cette différenciation est due à l'intervention de
l'élément contractuel. Le signe distinctif auquel nous reconnaissons un corps social n'en exclut donc, en réalité, aucun, ni dans
le passé ni dans le présent; tout groupement humain est plus ou
moins social; le *devenir* contractuel exclut l'absolu.

Même les animaux présentent certains phénomènes sociétaires;
rien ne ressemble plus à maintes civilisations primitives que les
républiques des fourmis et des abeilles et que le fonctionnement
et l'organisation du corps humain lui-même; aussi, les œuvres
politiques des anciens abondent en raisonnements et en arguments
tirés d'analogies de ce genre.

Les loups eux-mêmes, dont la réputation antisociale est telle
que Hobbes s'en est servi pour caractériser l'antagonisme de
l'homme vis-à-vis de l'homme, s'associent en certaines circonstances pour la chasse, et cette association, née du besoin, n'exclut
pas une certaine entente, au moins instinctive.

En réalité, la lutte pour l'existence a deux faces : elle nécessite aussi bien l'entente que la guerre; celle-ci implique elle-
même un certain accord, comme l'entente emporte la résistance ou l'attaque vis-à-vis de ce qui est externe, étranger,
ennemi.

Il y a des sociétés plus parfaites les unes que les autres, voilà
la vérité relative, et leur plus ou moins de perfection dépend de
celle de leur lien contractuel. L'esclave grec et romain, le colon,
le serf, le salarié, l'ouvrier coopérateur sont des types successifs
du progrès social. La non-participation actuelle, si ce n'est auto-

matique et en vertu de l'offre et de la demande, des ouvriers dans les bénéfices, leur non-intervention dans la gérance et la possession des exploitations agricoles et industrielles, l'exclusion des commerçants en général de la direction de la Banque dite Nationale et, jusque parmi les actionnaires de celle-ci, le monopole du suffrage réservé aux titulaires d'au moins dix actions sont des spécimens d'une organisation contractuelle, c'est-à-dire sociétaire, imparfaite.

Le pacte féodal, que Guizot vante comme si libéral et qui reliait les plus grands propriétaires fonciers aux moins puissants, n'était pas, en réalité, un contrat parfait, parce qu'il n'était point librement consenti, mais imposé par une supériorité d'autant plus despotique qu'elle avait ses racines dans la puissance du sol; au surplus, le serf attaché à la glèbe n'y était pas même partie intervenante. Ce lien social était aussi faible que celui qui unit les époux dans les contrées où le consentement de la femme n'est pas même exigé pour la validité du mariage.

Ainsi, la socialisation de plus en plus spéciale et coordonnée des forces collectives est la loi d'évolution progressive des sociétés. A leur origine comme à celle de la vie animale, tant physiologique que psychique, tous les membres de la société remplissent les mêmes fonctions et leur organisation rigide et à peine sociale, soumise aux variations, tant améliorantes que destructives, des agents les plus généraux de la nature, est homogène. Cette diffusion uniforme est tout le contraire d'une société; tous les membres ont l'exercice apparent des mêmes droits et des mêmes devoirs, mais, en réalité, ils ne font que remplir le même office et le despotisme à leur égard est un progrès. L'erreur de certains socialistes qui recherchent dans les sociétés primitives la légitimité, par exemple, du suffrage universel et de la propriété collective, repose sur une appréciation superficielle de phénomènes qui ne sont rien moins que sociaux.

Le développement se fait dans le sens de l'hétérogénéité et nécessairement par une centralisation autoritaire de la fonction qui se sépare la première; les fonctions restées indivises subissent la loi de celle dont l'organisme, par un exercice plus fréquent, se distingue et se consolide avant les autres.

La fonction et l'organisme militaires, suscités par les besoins de l'attaque et de la défense, ont généralement été les premiers à donner aux agglomérations humaines une structure spéciale et déterminée ; le superorganisme social s'est formé de plus en plus par l'apparition d'organes religieux, civils et administratifs, par la division en castes et en classes, par la propriété, la justice, les métiers, etc. Plus les fonctions et les organismes devenaient spéciaux, plus l'autorité centrale militaire, religieuse ou civile perdait de son pouvoir et plus, en même temps, la conservation du corps social exigeait l'application d'un ciment énergique ; de là, l'intervention du raisonnement, de la discussion, du vote d'ordonnances, de lois, c'est-à-dire d'un certain consentement au moins entre la majorité des membres effectifs du corps social et la sujétion des autres par leur assentiment, présumé ou non, à ce régime mi-partie despotique, mi-partie contractuel.

A son tour, le domaine légal et législatif s'effondre et se disloque par l'émancipation de forces nouvelles, et à une division de plus en plus universelle des fonctions doit alors correspondre une concentration toujours plus effective de l'organisme ; cette période, que nous traversons en ce moment, caractérisée par l'efflorescence naturelle des théories anarchiques issues de la différenciation excessive des fonctions, ne peut trouver son contrepoids que dans un lien social aussi étendu et aussi flexible que la désagrégation correspondante ; ce lien ne peut pas être le despotisme, puisque le noyau autoritaire central s'est séparé à l'infini ; il ne peut résulter que de l'entente même entre les fonctions et les organes émancipés, c'est-à-dire du contrat.

Le socialisme scientifique ne peut avoir désormais d'autre formule que le perfectionnement du contrat social par l'intervention et le consentement de toutes les parties intéressées. La garantie des minorités et des majorités n'est plus possible par leur souveraineté quelconque, mais seulement par la représentation effective de toutes les fonctions sociales et leur adhésion réciproque par la communion sociale résultant du contrat.

Cette forme supérieure, la seule, par sa complexité et sa malléabilité indéfinies, capable de s'adapter dans tous les sens et sans limites aux diverses fonctions sociales les plus composées et les plus plastiques imaginables, n'est, au surplus, qu'un idéal dont l'approximation reste toujours imparfaite; nos attaches avec les anciennes formes autoritaires nées du passé et de notre propre constitution biologique sont et resteront toujours formidables. Combien de liens purement organiques et physiques enserrent encore notre vie sociale, cela ne se constate que trop lorsqu'on observe, par exemple, que les nationalités, une des formes les plus générales de nos groupements sociétaires, se déterminent non seulement par le fait de l'hérédité physiologique, mais encore par la fatalité de la naissance sur un territoire quelconque sans que notre consentement intervienne en rien pour déterminer le choix de nos associés!

Tout ce que l'on peut dire, c'est que la société est la mère de ses propres manifestations, même despotiques; il n'existe pas un être absolu et métaphysique, appelé État ou autrement, en dehors de la société, qui ne soit point lui-même une formation et une création sociales; la société n'obéit qu'aux lois de son propre développement; elle n'a de maîtres que ceux qu'elle se donne et qu'elle expulse de son organisme quand et comme il convient à sa nature, aussi légitimement qu'elle se les est assimilés; le principe d'autorité réside dans la société même; il est une des formes de sa structure; plus il y a d'autorité, moins il y a de contrat, moins l'organisation sociale est coordonnée; la somme de structure autoritaire est toujours proportionnée à la somme d'anarchie sociale qui existerait si, automatiquement ou consciemment, l'autorité ne venait servir de lien provisoire.

A mesure que les agrégats sociaux se développent en se dégageant des fatalités naturelles, les conditions du contrat deviennent moins onéreuses et moins pénibles pour les parties contractantes; le rôle des parasites autoritaires, légaux, administratifs, judiciaires, économiques et politiques diminue de telle sorte que chaque unité ou agrégat du corps social reçoit de mieux en mieux la contre-partie équivalente de son apport dans la circulation générale.

En même temps, l'organisme social s'élève de plus en plus et embrasse un plus grand nombre d'agrégats spéciaux et d'unités individuelles. Les contrats nationaux deviennent internationaux dans tous les ordres de phénomènes, et la vie collective, s'adaptant sans cesse à des conditions nouvelles progressives en intensité et en continuité à la vie moyenne des groupes, se développe au même titre que celle des individus.

La première fois que deux hommes s'entendirent sur les conditions d'un contrat, ils jetèrent dans le monde, probablement à leur insu, le germe de l'organisation sociétaire pacifique de l'avenir; ce germe, en se développant, devait de plus en plus restreindre l'action inconsciente de la force collective telle qu'elle prédomina dans les superorganismes sociaux primitifs, et il continue encore à exercer une influence plus considérable qu'on ne pense dans nos civilisations les plus avancées.

La vie des sociétés où prédomina si longtemps et où prédomine encore l'adaptation inconsciente de la force collective aux nécessités générales externes et internes et où l'équilibration à l'intérieur et à l'extérieur s'opéra non point par des contrats, mais par la soumission instinctive à ces nécessités, peut être assimilée à celle des animaux d'organisation inférieure dont l'existence dépend des conditions les plus générales du milieu, par exemple d'une température donnée ou d'une certaine humidité. Dans les sociétés, comme chez les animaux de ce genre, l'adaptation ne se fait d'abord qu'eu égard aux conditions élémentaires de la vie : toutes les unités remplissant une fonction unique réduite, par exemple, à l'attente et à l'absorption de la proie, meurent en même temps dès que cette proie leur échappe ou bien, plus puissante, les absorbe elles-mêmes.

Nous verrons, en étudiant les phénomènes de la force collective, quelles sont, en général, les structures et les formes des sociétés dont la vie inconsciente se règle par la défense ou l'attaque, en opposition avec celles dont la morphologie et les fonctions sont déterminées par des conditions plus complexes.

En résumé, puisque les phénomènes sociaux sont caractérisés par un phénomène propre, qu'on ne retrouve nulle part ailleurs, à savoir : le concours des volontés, inconscientes ou non, des parties qui composent l'agrégat, l'étude des divers organes et fonctions constitutifs des agrégats sociaux constitue bien une science spéciale, la plus complexe de toutes, puisque tous les phénomènes dont la connaissance fait l'objet des sciences antérieures concourent à sa formation.

Le caractère propre des phénomènes sociaux, naturellement peu apparent dans les agrégats embryonnaires, dont la vie se sépare à peine de la vie individuelle animale et humaine, éclate de plus en plus dans les sociétés supérieures transformant la force collective inconsciente originaire en force collective consciente, raisonnée et méthodique. Ainsi naissent, disparaissent, se reforment successivement les types sociaux économiques, moraux, artistiques, scientifiques, juridiques et politiques, comme les types individuels, à l'encontre des anciennes théories, qui concevaient des formes sociales comme des créations prédéterminées et fixées suivant les causes finales ou certaines unités de plan ou de composition. La théorie sociale se fait donc transformiste, comme les théories relatives aux sciences antérieures.

Plus on s'élève dans l'échelle hiérarchique des diverses sciences sociales, telle que nous allons tenter de l'établir, plus les phénomènes apparaissent malléables et plastiques. Déjà la chimie organique, la biologie et la psychologie nous ont démontré l'extrême facilité avec laquelle la matière organique se modifie sous l'action des forces ambiantes; extraordinairement rapide est la redistribution de la matière et du mouvement dans les tissus organiques et spécialement dans les organismes supérieurs, où le mouvement et la chaleur sont encore plus grands.

Les phénomènes sociaux ou superorganiques étant les plus élevés de tous, la circulation et la vie y sont naturellement plus intenses et les organes et les fonctions s'y transforment d'une façon bien plus visible, surtout dans les sociétés où le développement est le plus complexe et le plus considérable.

Autrefois un changement social quelque peu considérable ne se constatait qu'à de longs intervalles, et bien que la distance qui séparait le passé de cette révolution fût comblée par des évolutions intermédiaires, cela donnait une certaine apparence de vérité à la théorie des révolutions, calquée sur l'ancienne théorie des révolutions du globe ; aujourd'hui la révolution est, pour ainsi dire, constante ; elle se résoud dans la théorie transformiste appliquée aux sociétés. L'hypothèse révolutionnaire était, en réalité, une hypothèse providentielle : c'était Dieu, changeant à un moment donné le système du monde ou de l'histoire d'après un plan nouveau et perfectionné.

De même que le mouvement social est le plus intense et le plus accéléré dans les phénomènes supérieurs de la sociologie, de même le consensus du contrat social apparaît avec le plus de clarté et de nécessité dans ces phénomènes. Cela est si vrai, notamment au point de vue de l'organisation politique, qui est au sommet de l'échelle sociologique, que beaucoup d'agrégats sociaux en arrivent, par exemple, à pratiquer le suffrage universel, dans cet ordre purement politique, sans même avoir voix délibérative dans le système économique.

Descendez, au contraire, l'échelle des sciences sociales, considérez surtout les sociétés humaines embryonnaires, ainsi que les sociétés animales supérieures : à mesure que vous atteignez les degrés les plus bas, le contrat social s'affaiblit ; la force autoritaire et automatique augmente ; la théorie darwinienne, la lutte sans trève ni merci entre tribus, troupes, troupeaux et individus, fondant le progrès sur le triomphe des plus forts, des plus intelligents, des plus beaux, toutes les modalités de la guerre, y compris la sélection naturelle, sexuelle, le fer, le feu et le sang, s'imposent comme la plus inéluctable des fatalités.

Déjà cependant chez les animaux supérieurs, ainsi que l'a si bien exposé M. Edmond Perrier dans ses leçons sur « le rôle de l'association dans le règne animal et chez les peuplades primitives », le concours en vue d'un but commun d'attaque ou de défense s'affirme en face du *struggle for life*, et ce concours entre individualités originairement hostiles se développe successivement en un concours identique entre les tribus concurrentes. L'extension des contrats internationaux correspond, en même temps, au développement des fonctions internes, dont l'absorption de moins en moins absolue n'est plus nécessitée par les seules préoccupations extérieures : d'où une diminution certaine de l'autorité et une augmentation adéquate du contrat.

Les phénomènes sociaux, reconnaissables par cette figuration contractuelle de plus en plus tranchée, ont donc une existence objective et réelle particulière ; ils manifestent des caractères spéciaux inconnus aux autres phénomènes, y compris ceux de la biologie et de la psychologie ; ils se classent, par conséquent, au-dessus de ces derniers, en vertu de leur généralité décroissante et de leur complexité croissante. La démonstration positive de l'existence de la sociologie comme science particulière est ainsi accomplie, parce que sa limite séparative d'avec les sciences antécédentes est reconnue.

Cette limite cependant, pas plus que celles établies entre les autres sciences, n'est absolue ; aucune société n'est purement contractuelle ; aucune n'est complètement dégagée des phénomènes antérieurs : une telle conception serait contraire aux lois générales de la matière et de la vie. La société absolue serait celle où les liens entre les agrégats individuels et sociaux seraient uniquement contractuels ; c'est là un idéal que le progrès n'atteindra jamais, parce que ce serait l'équilibre social absolu, correspondant à la mort ; l'équilibre instable et imparfait est une des conditions de la vie.

La vie sociale, c'est-à-dire la correspondance toujours complète et parfaite de ses organes et de ses fonctions à des conditions de plus en plus nombreuses et particulières, est un éternel *devenir*; en cela, elle ne fait que se conformer aux lois universelles de la matière et de la force.

CHAPITRE VII.

CLASSIFICATION HIÉRARCHIQUE DES PHÉNOMÈNES SOCIAUX.

Une portion de matière organisée susceptible de manifester des phénomènes biologiques et psychiques est quelque chose de plus complexe que les éléments séparés qui, par leur combinaison, constituent la matière de la chimie et notamment de la chimie organique ; en effet, cette portion contient naturellement et toujours plusieurs de ces éléments spéciaux dont la combinaison produit sa complexité supérieure.

Cette combinaison plus complexe d'unités elles-mêmes combinées produit ainsi une force collective également supérieure à celle des unités organiques antérieures.

Pour le même motif, une parcelle de matière superorganique, susceptible de manifester des phénomènes sociaux, est quelque chose de plus complexe que les individualités dont la combinaison forme les corps sociaux et constitue le domaine de la sociologie ; en effet, chaque partie de matière superorganique, susceptible de fonctions sociales, contient naturellement et toujours plusieurs de ces individualités dont une combinaison nouvelle produit ces phénomènes composites.

Cette combinaison plus complexe d'unités elles-mêmes combinées produit ainsi, à son tour, une force collective supérieure à la force collective des organismes biologiques et psychiques.

Cette hiérarchie n'est pas une œuvre artificielle de l'intelligence subjective ; elle est objective et naturelle.

La sociologie étant une science particulière et distincte, non seulement à cause de la complexité et de la grandeur croissantes de ses phénomènes, mais aussi du caractère spécial qu'y revêt, comme nous venons de le voir, à un certain degré de son évolution, la force collective, il va de soi, par cela seul, qu'elle est sujette à des raisonnements, au même titre que tout ce qui est matière de nos connaissances.

L'étude de la psychologie nous a prouvé qu'il existe une alliance étroite entre le raisonnement et la classification : l'un et l'autre sont des aspects différents du même procédé mental. Le raisonnement est une classification de rapports, il part de propositions simples pour aboutir à des propositions composées ; toute classification de rapports étant nécessairement une classification des objets ou des êtres observés, raisonnement et classification sont impliqués l'un dans l'autre.

Raisonner de la sociologie ou rechercher les rapports des phénomènes sociaux, c'est donc, en réalité, noter leurs rapports communs et différentiels et unir ou disjoindre les phénomènes suivant cette ressemblance ou cette dissemblance. Établir leur hiérarchie, c'est les classer d'une façon encore plus méthodique, suivant leur complexité et leur spécialité croissantes.

Cette hiérarchie sociologique n'est pas non plus une œuvre artificielle de l'intelligence subjective, elle est objective et naturelle.

On peut dire qu'une science est réellement constituée du moment où sa classification correspond exactement aux lois du raisonnement; la principale de ces lois est celle qui fait reposer tout le problème de la certitude sur la méthode même de l'esprit humain, lequel va du simple au composé, du particulier au général, du concret à l'abstrait.

Contrairement au préjugé de Comte, cette méthode est une et identique aussi bien pour les sciences sociales que pour toutes les sciences antécédentes ; seuls les instruments d'observation et d'expérimentation et les raisonnements qui en sont la suite deviennent plus étendus et plus compliqués à mesure qu'on s'élève dans la hiérarchie des sciences. La classification des sciences sociales doit donc être basée sur leurs rapports communs ou différentiels et graduée suivant la complexité croissante et les caractères de plus en plus spéciaux de ces rapports.

Tous les phénomènes relatifs à la vie organique peuvent être ramenés soit à l'ordre physiologique proprement dit, soit à l'ordre psychique. L'intelligence n'apparaissant qu'à un certain point de la vie organique, la distinction entre les phénomènes physiologiques et psychiques est basée sur une classification naturelle des êtres, et les raisonnements qui ont pour point de départ cette classification réaliste sont également des raisonnements réalistes.

En ce qui concerne la physiologie de l'homme, la distinction entre les phénomènes physiologiques et psychiques subsiste, bien que la connexion entre les deux classes de phénomènes y soit beaucoup plus étroite que dans les organismes inférieurs.

Nous avons insisté sur ce point fondamental, que les phénomènes sociaux sont le produit de toute la nature, tant inorganique qu'organique, c'est-à-dire physique, physiologique et psychique antécédente. Le superorganisme social, avec toutes ses subdivisions, est un degré encore plus élevé de la matière inorganique et organique, par une combinaison supérieure en grandeur et en complexité de ces dernières.

Or, du fait seul que la vie sociale ne se conçoit pas sans la fusion étroite des deux facteurs généraux que nous avons désignés sous les noms de territoire et population, il résulte à toute évidence qu'à la différence des phénomènes physiologiques, en général, qui peuvent se concevoir comme dénués, dans les organismes inférieurs, de toute intelligence, les phénomènes sociaux, au contraire, même les plus grossiers, sont nécessairement imprégnés d'intelligence, la population faisant partie intégrante de leur composition.

Impossible de rencontrer un phénomène social qui ne soit pas, en même temps, plus ou moins intellectuel, conscient ou inconscient, réflexe ou raisonné, peu importe pour le moment.

Les phénomènes sociaux présentent donc, tous et à la fois, des caractères inorganiques, physiologiques et psychiques; seulement ils nous offrent ces caractères communs dans des proportions différentes.

En faisant le dénombrement des phénomènes sociaux, nous avons noté des phénomènes économiques, familiaux, scientifiques, moraux, artistiques, juridiques et politiques.

Il est visible que certains d'entre eux ont avec la classe des phénomènes physiques des rapports plus immédiats que d'autres ; il en est qui dépendent moins directement de la matière inorganique et plus de la physiologie ; d'autres, enfin, sont caractérisés par la prédominance des caractères émotionnels et intellectuels et s'éloignent de plus en plus des phénomènes inorganiques et physiologiques.

Ce qui distingue donc, en réalité, les phénomènes sociaux les uns des autres, c'est, encore un coup, comme pour toute la série des phénomènes relatifs aux sciences antécédentes, leur degré de généralité et de complexité.

Les phénomènes sociaux primaires sont les plus généraux, c'est-à-dire ceux qui s'éloignent le moins du monde inorganique et du monde organique, y compris l'homme pensant ; les phénomènes sociaux supérieurs sont ceux où la trame des caractères inorganiques et organiques généraux se découvre le moins sous les tissus superposés et complexes des caractères spéciaux.

L'unité de méthode, tant logique qu'historique, se retrouve donc en sociologie aussi bien qu'en psychologie et dans toutes les sciences antécédentes. L'évolution des sciences, conforme à l'évolution même de la nature, procède du général au spécial, du simple au composé, du concret à l'abstrait.

C'est en nous conformant à ce développement, à la fois méthodique et naturel, des phénomènes sociaux, que nous allons essayer de procéder à leur classification hiérarchique.

Les phénomènes économiques sont évidemment les plus généraux et les moins complexes de la sociologie. Impossible de noter un phénomène de la vie collective qui ne contienne des éléments économiques : la reproduction de l'espèce, la continuité des races et des civilisations sont certaines, déterminées par les conditions économiques ; des peuplades entières ont disparu et disparaissent encore par suite de famines. Le problème de la population lui-même a pour facteur principal et direct les subsistances ; c'est ce que démontrent toutes les théories des économistes, aussi bien malthusiens que socialistes ; cette dépendance est si étroite, que la question de la population a toujours été considérée comme faisant partie intégrante de la science économique.

Les phénomènes économiques sont plus généraux que ceux relatifs à la reproduction de l'espèce, qui viennent immédiatement après. Il est démontré aujourd'hui que le besoin génésique, source de toutes les grandes et nobles institutions familiales, est, au point de vue tant individuel que social, postérieur au besoin de la nutrition. L'instinct génésique ne se manifeste qu'à la puberté, et même alors le travail physique et intellectuel, une grande fatigue y mettent un frein, de même que l'oisiveté y constitue un excitant. Le cri de l'estomac domine celui de l'amour. Les relations sexuelles, chez les populations primitives, sont irrégulières, parce que les besoins génésiques le sont également, comme chez les animaux supérieurs ; la permanence et la régularité, bases de la continuité de l'union familiale, sont la conséquence de la permanence et de la régularité de la vie économique.

La statique sociale démontre que la matrimonialité, le nombre des enfants naturels relativement à celui des enfants légitimes et le mouvement général de la population subissent l'action directe du prix des denrées alimentaires, et notamment des plus essentielles.

Le besoin génésique et les phénomènes sociaux qui en dérivent sont donc plus complexes et plus spéciaux que les phénomènes purement économiques.

Ils sont une continuation de la vie collective économique. La production des objets consommables et échangeables a pour effet la reproduction de leurs agents producteurs. En se plaçant au point de vue élevé de l'évolution générale de la matière, on peut dire que la matière inorganique produit la matière végétale, celle-ci la matière animale, y compris l'homme, lequel produit la matière sociale.

Une disette de céréales et de fourrages décime les bœufs et les moutons; la diminution des subsistances animales resserre la vitalité humaine et contracte les formes élémentaires de la sociabilité, — les formes économiques, — et, par celles-ci, les formes génésiques; la vie moyenne, le chiffre des naissances, la population, les mariages diminuent, et les relations sexuelles irrégulières, comme les naissances illégitimes, augmentent.

Les arts industriels, qui succèdent aux phénomènes de la production tant économique que génésique, et, à leur suite, les beaux-arts, impliquent tous, particulièrement les premiers, et, parmi les beaux-arts, ceux qui sont les moins idéaux, tels que l'architecture et la sculpture, des éléments économiques. Ceux-ci, au contraire, ne supposent pas nécessairement l'intervention artistique.

Les mœurs, la morale, le droit renferment également des éléments économiques; il suffit d'indiquer que les mœurs et la morale de peuplades anthropophages, militaires, pastorales, agricoles sont caractérisées par les dissemblances de leurs modes de production et de consommation.

Il y a un droit industriel, commercial. On peut, au contraire, concevoir et il y a, en réalité, des sociétés dont l'existence économique n'est réglée par aucune idée juridique; ce n'est que très tard que la morale et le droit réagissent, à leur tour, sur les relations économiques des sociétés humaines.

Quant à la politique, s'il faut entendre par là une direction méthodique et consciente de la société par elle-même, nous montrerons dans la suite que les phénomènes que nous avons, jusqu'ici, honorés de ce titre n'étaient que la manifestation de la force collective dans ce qu'elle a de plus grossier et de moins conscient; la vie politique, dans le vrai sens du mot, apparaît à peine dans les sociétés modernes, qui la confondent encore toujours avec la force collective inconsciente et autoritaire. Au surplus, il a existé et il y a encore des sociétés humaines dont les rapports économiques ne sont réglés par aucune direction politique, même de l'espèce rudimentaire ci-dessus, tandis qu'il n'est aucune société ayant une direction politique dont les phénomènes économiques ne soient un des objets principaux de cette direction.

Les sociétés politiques ont une vie économique; les sociétés économiques n'ont pas nécessairement une existence politique.

Les phénomènes économiques sont donc, à la fois, les plus généraux et les moins complexes des phénomènes sociaux, puisqu'ils se mêlent à tous les autres, qui y ajoutent seulement certains caractères spéciaux.

Mettez en présence des hommes et la nature inorganique et organique : il jaillira tout d'abord de ce contact des faits économiques.

Ces faits pourront, à leur tour, être de nature différente, suivant qu'ils se rapportent à la circulation, ou à la consommation, ou à l'élaboration des produits. La circulation des produits, leur consommation et leur élaboration seront un des aspects de la science économique; la circulation, l'usure et la reproduction de la population en constituent l'autre aspect.

Ce double point de vue correspond aux deux facteurs de la sociologie, le territoire et la population, lesquels, réunis, forment la matière du superorganisme social, dont le territoire peut être comparé à l'ossature, et la population aux muscles et à la chair.

Des conditions territoriales externes et du milieu économique qui en résulte dépendent l'existence même et la propagation de l'espèce.

Dans l'hémisphère austral, les Fuégiens sans abri et à peine vêtus, dans une région battue par de fréquentes tempêtes de pluie et de neige, n'entretiennent leur précaire existence qu'au moyen des poissons et des mollusques que le hasard leur procure; la famine et la maladie les déciment; leur vie est dans une dépendance étroite avec le milieu climatérique et les subsistances aléatoires que ce milieu leur offre ou leur retire souverainement. De là l'impossibilité pour eux de s'élever au-dessus des échelons les plus bas de la vie sociale. Ces populations nous donnent l'exemple d'une société humaine où les conditions de la vie à plusieurs sont à peine différenciées des conditions de l'existence physiologique individuelle. A part la reproduction physiologique et à peu près purement animale de l'espèce, la vie économique, psychique, morale, juridique et politique est réduite, chez ces peuplades, à des manifestations presque exclusivement égoïstes et isolées, analogues à l'activité solitaire de Robinson dans son île. L'embryon sociétaire n'apparaît chez ces misérables que dans leur association pour la recherche des moyens de subsistance et dans l'union sexuelle temporaire accompagnée d'une affection réciproque très limitée des parents et de leur progéniture. En dehors de ces instincts sociaux, nés de besoins purement physiologiques, on ne rencontre encore aucun des caractères spéciaux et supérieurs de la vie sociale.

On peut donc concevoir et il existe réellement des sociétés embryonnaires où la vie collective se réduit à une certaine union transitoire déterminée par le besoin physiologique amoureux, par un certain attachement en vue de la conservation et de la propagation de l'espèce et par une association momentanée ou plus ou moins fixe dans le but d'assurer la subsistance de leurs membres. On ne peut, au contraire, ni concevoir ni observer l'existence d'une société présentant un certain développement moral, juridique ou politique, en dehors d'une coopération économique imposée soit par la nature, soit par l'autorité, soit par le libre concours des volontés des parties coopérantes.

Les phénomènes économiques sont historiquement et logiquement antérieurs aux autres phénomènes sociaux ; aucun phénomène social n'est pur d'un mélange de facteurs économiques ; ceux-ci se retrouvent partout, ils peuvent être conçus et rencontrés à l'état simple sans aucune matière ni de morale, ni de science, ni de droit, ni de politique. Il est, au contraire, impossible de concevoir ni d'observer ces derniers en dehors de leur composition économique.

Les phénomènes sociaux supérieurs sont, à la fois, une dépendance de la vie économique, à laquelle ils viennent s'ajouter comme une excroissance, et un résidu dont la formation et le développement sont inexplicables par les seules lois économiques au même titre que la physiologie et la psychologie individuelles sont, à elles seules, impuissantes à servir d'explication à la vie collective économique.

Les phénomènes supérieurs de la sociologie réagissent, il est vrai, à leur tour sur les phénomènes généraux et inférieurs, mais cela ne charge rien à leur ordre statique et dynamique de structure et d'évolution et ne constitue qu'un phénomène sociologique spécial d'interdépendance, semblable à celui que l'on peut observer entre toutes les sciences, tant inorganiques qu'organiques. Cette interdépendance logique et organique des sciences ne fait pas obstacle à leur classification hiérarchique et représente seulement l'unité réelle du cosmos, dont la science doit nécessairement séparer et abstraire des lois de plus en plus spéciales, pour le connaître scientifiquement.

Après les conditions physiques et physiologiques qui sont les facteurs primordiaux et comme la trame de la structure et de l'évolution sociales, les conditions économiques sont donc les plus générales et les plus décisives. Les subsistances étant devenues insuffisantes dans certaines contrées eu égard à la population, une partie de cette dernière émigre. C'est là ce qui explique notamment ces grands mouvements des premiers temps historiques caractérisés par des déplacements considérables de véritables troupeaux humains trop à l'étroit dans leurs habitats primitifs. Les émigrations venues de l'Orient se firent par les vallées des grands fleuves et leur direction fut ainsi, avant tout, déterminée par des lois géologiques ; il est évident, dans tous les cas, que les nécessités économiques jouèrent ici un rôle prépondérant ; la science, l'art, la morale, le droit et la politique consciente furent non les causes directes, mais, tout au plus, les causes accessoires de ces émigrations. Les appétits nous gouvernent et nous gouverneront toujours plus que les idées. Quand les chrétiens s'enrôlaient sous la croix, ils obéissaient à l'impulsion inconsciente du besoin : ce n'était pas un tombeau vide, mais des terres, des villes et des châteaux, la richesse, en un mot, qu'ils allaient conquérir. Ce n'est pas le progrès de la civilisation qu'ont en vue les émigrants modernes, mais l'exploitation. Les sciences, les arts, la justice ne seront, tout au plus, que des conséquences indirectes et aléatoires de leurs entreprises ; en attendant, elles en sont à peine les prétextes. Les émigrations et les colonisations se feraient et se sont faites, en réalité, aussi bien sans eux, malgré eux et contre eux.

Ceux qui, à l'exemple de presque tous les historiens, envisagent, surtout dans la formation et le développement des sociétés, les faits superficiels les plus apparents sans essayer d'arracher cette enveloppe qui sert comme de déguisement à l'histoire, se complaisent à nous raconter les faits et gestes des prêtres, des chefs de guerre et des législateurs qui présidèrent en apparence aux grands mouvements sociaux : c'est là une pure fantasmagorie ; la nature inorganique et organique, y compris notre constitution physiologique et psychique, est la seule providence de l'histoire et les facteurs économiques en sont les premiers ministres ; tout le reste en est une dépendance et n'a de liberté d'action que dans la mesure où certains caractères spéciaux et originaux lui permettent de réagir sur les causes plus générales.

L'anthropophagie ne commence pas par être une croyance religieuse et un rite ; la croyance, au contraire, dérive du fait et, à plus forte raison, la morale et le droit qui résultent de la croyance et de l'habitude ; l'anthropophagie, chez certaines peuplades aussi bien que sur un navire dépourvu de vivres, est déterminée, avant tout, par le manque de subsistance, bien qu'elle puisse perdurer ensuite, même après la disparition de sa cause et par la réaction naturelle des croyances et des coutumes, fortifiées, en outre, par la consolidation du droit et de l'autorité politique.

Peu à peu, cependant, si, à la faveur de circonstances heureuses, la nécessité économique qui a produit l'anthropophagie vient à disparaître, insensiblement, les croyances et le rite se transforment, la coutume devient moins constante, on se contente du simulacre de sacrifice sanglant, tel que celui de l'hostie chrétienne ; la morale, enfin, proteste jusqu'à ce que le droit exclue et condamne et que la politique extermine comme perturbateurs les derniers fidèles qui étaient naguère l'appui même de leur autorité.

Les révolutions intellectuelles, morales, juridiques et politiques qui ne sont pas basées sur une transformation économique correspondante et antérieure n'ont aucune consistance ; au contraire, lorsqu'elles sont la continuation naturelle et méthodique d'une évolution économique positive, lorsque, en un mot, elles sont l'adaptation de l'idée au fait, aucune réaction, sauf une réaction économique, un cataclysme physique ou une dégénérescence physiologique, ne peut prévaloir contre elles. La subordination des phénomènes politiques, juridiques et autres aux phénomènes économiques explique la facilité avec laquelle certaines révolutions politiques s'accomplissent et la difficulté que d'autres ont à se consolider. Il est positif qu'en France, par exemple, le régime démocratique est plutôt nominal que réel ; le suffrage universel s'y résout, en définitive, dans la souveraineté de quelques-uns, souveraineté qui, à l'encontre de la prétendue souveraineté populaire, a pour fondement une autocratie économique bien caractérisée.

Si la Révolution essentiellement politique de 1789 a réussi et si aucun régime n'a pu détruire ses principes essentiels, c'est que ces derniers s'appuyaient sur une révolution économique en grande partie réalisée, dès avant 1789, par la bourgeoisie et dont les conséquences n'ont fait que se dérouler au profit de celle-ci depuis cette époque.

L'évolution individuelle prouve, au surplus, l'antériorité de la vie économique et de la vie génésique ou familiale ; le besoin de la nutrition et, après lui, le besoin génésique sont les premiers et les plus grossiers de l'individu ; les phénomènes de la sensibilité et surtout ceux de la conscience ne viennent qu'après et ne sont pas même indispensables à l'existence individuelle.

Si, des conditions politiques et économiques modernes, nous remontons au moyen âge, nous constatons ,de la même manière, par exemple comment, de la forme propriétaire d'alors, est née la féodalité, puis l'unité monarchique. La structure économique était le moule et la matrice de la société féodale ; d'elles furent enfantées les mœurs, les idées et les croyances qui, se consolidant et se complétant, formèrent la politique et le droit féodaux, qui, à leur tour, se transformèrent dans l'unité monarchique quand la propriété féodale se fut dépouillée successivement de ses formes étroites et locales sous l'action des rois et des parlements.

Les phénomènes économiques peuvent donc se concevoir et existent, en réalité, comme forces primordiales indépendamment de tous autres phénomènes sociologiques, tandis qu'aucun de ces derniers ne peut être pensé ni observé sans une mixture économique; tout phénomène moral, artistique, scientifique, juridique et politique repose sur un piédestal économique, de même que celui-ci est assis sur toute la nature inorganique et organique, y compris l'homme.

L'idée de manger son semblable, ainsi que les mœurs, la morale, le cérémonial, l'appareil artistique, la conception juridique et la direction politique corrélatifs à cet état de conscience ne peuvent naître et se perpétuer que dans une société où les conditions sont telles, que l'anthropophagie est inévitable; si cet état perdure encore quelque temps après que ces conditions ont disparu, c'est là un fait social analogue à celui de l'existence, chez les animaux, de certains organes sans fonction appropriée: l'organe et sa fonction ne disparaissent pas instantanément en même temps que leur utilité, et bien des institutions subsistent qui ne correspondent plus aux conditions sociales présentes. La société est un organisme dont l'équilibre toujours instable comporte, à la fois, outre les organes et les fonctions actuellement en rapport avec son état général, des organes et des fonctions qui la rattachent au passé et d'autres qui la relieront à l'avenir; l'habitude persiste après les causes qui l'ont fait naître : rien de plus naturel que ce procédé, et l'évolution sociale ne se comprend pas autrement.

Il en est de même des croyances et des idées les plus élevées, mises en regard des idées primitives les plus grossières. Ainsi, la conception d'une classification des sciences sociales, objet de ce chapitre, a pu naître seulement à la suite d'une longue élaboration économique qui a donné de plus en plus à l'humanité la lati-

tude de se consacrer à l'observation du monde inorganique et organique, y compris la physiologie cérébrale, laquelle enfin nous a
permis de prendre sur le fait le procédé réaliste et la méthode de
l'intelligence ; il fallait, en effet, pour cela, une certaine activité
intellectuelle, qu'une somme donnée de bien-être matériel pouvait
seule procurer. Il a donc fallu que les conditions économiques
premières fussent modifiées ; que des relations spéciales à mesure
plus étroites et vivaces nous fissent constater d'une façon indéniable l'existence d'un superorganisme social constitué de fonctions et d'organes spéciaux susceptibles d'une certaine description
méthodique.

Ainsi, d'un côté, la constitution économique des sociétés a pour
base et pour explication la constitution inorganique et organique
du territoire en rapport avec les unités physiologiques, c'est-à-dire
la population qui l'habite ; de l'autre, les facteurs économiques
déterminent directement le restant des facteurs sociaux.

Cette grande loi sociale, que la phénoménalité économique est
le fait le plus général et constitue, par conséquent, le fondement
de toute classification sociologique, a été parfaitement mise en
lumière par toutes les écoles socialistes ; leur autorité à cet égard
est d'autant plus décisive que ces écoles étaient, jusqu'au moment
de leur fusion actuelle avec la sociologie positive, le véritable
écho de cet instinct populaire qui apprécie toutes les innovations
morales, juridiques et politiques à la mesure commune et universelle de l'étalon économique, pour ne pas dire seulement monétaire.

C'est pour avoir, l'un systématiquement rejeté, l'autre invo-
lontairement négligé, cet aspect essentiel de la statique et de la
dynamique sociales qu'A. Comte et H. Spencer n'ont pas été, à
vrai dire, des sociologistes réalistes ou positivistes ; ils ont, par
le fait, éliminé du superorganisme collectif le seul élément qui
pouvait servir de transition entre la vie individuelle physiologique et psychique et la vie sociale intellectuelle, manifestée par
les arts, les croyances, la morale, le droit et la politique ; l'organisme collectif économique est la matière de l'organisme collectif,

sensible et idéal, comme le cerveau est l'organe de la pensée. Les conclusions sociales de Spencer et de Comte, en apparence contradictoires, l'une individualiste, l'autre autoritaire, découlent toutes deux du même vice originaire : la soumission directe des phénomènes sociaux à l'agrégat individuel sans l'intervention du lien général qui lui sert de transition, le lien économique.

« L'individu contre l'État » et « l'État pour ou contre l'individu » sont le double aspect individualiste et autoritaire de la même systématisation prématurée et hâtive de la sociologie conformément au type physiologique de ses unités composantes individuelles.

La structure et le fonctionnement de la reproduction de l'espèce humaine, des arts, des croyances, de la morale, du droit et de la politique trouvent leur explication première dans les lois de la structure et des fonctions économiques ; ces dernières, à leur tour, ont pour assises toute la phénoménalité psychique, physiologique et inorganique antécédentes. C'est pour avoir méconnu cette loi fondamentale que les monuments élevés par Comte et Spencer à la sociologie se sont effondrés dans leurs étages supérieurs et notamment, de la façon la plus visible pour le vulgaire, dans leurs constructions politiques, l'une autoritaire, l'autre gouvernementale et toutes deux antisociales (1).

De même que la biologie et les sciences antérieures sont les bases de la psychologie, ainsi toutes les sciences sont les ancêtres de la science économique : les phénomènes qui font l'objet de celle-ci sont engendrés directement par les phénomènes qui font l'objet de celles-là.

De même que la biologie et les sciences antérieures sont les

(1) Tous les critiques de la fameuse brochure de Spencer, l'*Individu contre l'État*, l'ont, à tort, accusé de contradiction ; son système politique est la conséquence logique et naturelle de sa formule générale que « la nature des agrégats est nécessairement fixée par la nature des unités composantes ». L'unité de l'agrégat social étant l'individu, la conclusion individualiste du philosophe anglais était inévitable. Elle ne diffère pas de celle de Comte qui, partant du caractère de dépendance étroite des parties de l'organisme individuel, conclut à la même dépendance autoritaire en sociologie.

bases de la psychologie, ainsi toutes ces sciences, en y ajoutant la science économique, sont le fondement des idées et des croyances sociales; la vie psychique individuelle émane naturellement de la matière organisée; d'une façon identique, l'intelligence collective est un produit de l'organisme collectif, dont la première manifestation, d'ordre économique, est d'abord purement matérielle. C'est ainsi que l'intelligence individuelle, avant de s'élever à la plénitude de la conscience, passe par l'inconscience, l'action réflexe, l'instinct, tous actes relatifs aux fonctions et aux organes les plus grossiers, mais les plus essentiels de notre existence.

Otez de la vie sociale la recherche en commun de la subsistance, et il ne sera pas même question de société; c'est ce travail collectif, imposé d'abord par la plus dure nécessité, en vue de la conservation et de la reproduction tant de l'individu que de l'espèce, qui est le premier ciment social et, par conséquent, la source de toutes les émotions et de toutes les idées collectives.

Le monde idéal est si bien un produit du monde économique, que toutes les notions, toutes les croyances, les sciences, les mœurs, la morale, le droit et la politique y trouvent leur explication première; au contraire, ces derniers ne seront jamais une justification suffisante des faits économiques. Une nation a telles mœurs ou telles croyances parce que, industrielle ou agricole, sa politique est démocratique ou conservatrice, parce qu'elle a une organisation économique déterminée; mais il ne viendra à l'esprit de personne et on n'a jamais observé qu'une civilisation était pastorale parce qu'elle croyait aux astres; agricole parce qu'elle était monogame; maritime parce qu'elle était protestante, etc.

Le monde, en majeure partie, est gouverné par les lois de ses phénomènes les plus généraux; les phénomènes plus spéciaux sont régis, à leur tour, par leurs lois spéciales les plus générales; les lois économiques sont les plus considérables de la sociologie; les idées, les croyances, les religions, les philosophies sociales sont dérivées de notre constitution économique, laquelle est une résultante de la connexion sociale issue du territoire et de la population.

Nous verrons dans la suite qu'en vertu de l'interdépendance des phénomènes sociaux, la politique, le droit, la morale, les mœurs, l'art, les idées et les croyances réagissent, à leur tour, sur l'ordre économique; mais cela ne les empêche pas, au point de vue de leur moindre généralité et de leur spécialité plus complexe, d'être postposés à l'économie sociale.

L'idée, avant de transformer le monde dans la mesure qui lui appartient, est formée par lui.

La sociologie étant, d'après Comte et suivant toute l'école positive et socialiste, la recherche des lois de la société dans les phénomènes sociaux eux-mêmes, on comprend maintenant combien sa prétendue loi de l'évolution sociale, basée sur la transition du fétichisme à l'idolâtrie, au polythéisme, au monothéisme, à la métaphysique et enfin à la philosophie positive, est, sans compter ce qu'elle peut avoir d'inexact en elle-même, peu conforme à la réalité, dont, chose bizarre, elle néglige, à la fois, l'aspect le plus général, l'évolution économique, et les aspects les plus élevés, le droit et la politique sociale proprement dite, auxquels la loi de Comte ne s'applique que fort indirectement.

Que les mœurs sont déterminées par les conditions territoriales et physiologiques, et ensuite par les conditions économiques, cela n'est pas discutable. Les mœurs anglaises, c'est-à-dire d'une population insulaire vivant d'industrie et d commerce international, diffèrent de la façon la plus caractérisée des mœurs du peuple français, par exemple, peuple principalement cultivateur et continental. Le Français est comme attaché à son sol, il voyage peu; il a le *spleen* chez lui, l'Anglais à l'étranger; l'Anglais, peut-on dire, emporte sa patrie avec lui; c'est, avant tout, son *home;* le Français se dépense davantage dans ce cercle étroit qu'il appelle *le monde* et qui est effectivement son monde. Cette différence quant aux mœurs n'existe pas seulement de peuple à peuple : le milieu économique la détermine dans un même pays, si petit soit-il; ainsi, en Belgique, les mœurs du bassin industriel de Charleroi contrastent de la façon la plus frappante avec celles des paysans flamands; elles diffèrent jusque dans la nature des délits et des crimes.

H. Spencer, comprenant combien il est inexact de soutenir avec Comte que les idées gouvernent le monde, se rapprochait davantage de la réalité en prétendant que le monde est dirigé ou bouleversé par les sentiments, auxquels les idées servent seuleme. t de guide. D'après lui, le mécanisme social ne repose pas finalement sur des opinions, mais presque entièrement sur le caractère, et ce n'est pas l'anarchie intellectuelle, mais l'antagonisme moral qui est la cause des crises politiques; d'après le chef du positivisme anglais, tous les phénomènes sociaux sont produits par l'ensemble des sentiments et des croyances humaines; les sentiments sont, en grande partie, déterminés d'avance, tandis que les croyances le sont généralement après.

La vérité est que les sentiments et les croyances, aussi bien que les mœurs, sont eux-mêmes déterminés par toute la phénoménalité antécédente, plus les phénomènes économiques, et que ce serait, en réalité, bâtir le monde social sur des nuages que de l'élever sur des éléments aussi flottants que ceux indiqués par Spencer et Comte.

L'antériorité de la vie économique sur la vie sentimentale, idéale et morale explique seule l'antériorité incontestable de l'égoïsme sur l'altruisme; le premier est en rapport direct avec la lutte physiologique et économique, tant individuelle que sociale, pour l'existence; le second n'en dérive qu'indirectement, par la réaction postérieure des notions plus élevées de morale et de justice.

« La faim, suivant Livingstone, a une grande influence sur le caractère. » Les enfants, les sauvages et, dans certaines conditions, les peuples prétendument civilisés, en fournissent de fréquents exemples. Que signifie cette vérité presque banale, si ce n'est que ce sont les nécessités économiques qui sont le moule de nos habitudes, de nos croyances et de nos mœurs?

H. Spencer signale que « les Fuégiens, qu'on dit très tendres pour leurs enfants, ne laissent pas de les vendre comme esclaves aux Patagons ». Cela veut dire que c'est le besoin qui détermine les sentiments de ces misérables populations.

Il parle aussi du « grand amour que les naturels de la Nouvelle-

Guinée ont pour leurs enfants et, néanmoins, chacun en donnera un ou deux au marchand en échange *de ce dont il a besoin* ».

Eyre rapporte que les naturels d'Australie ont pour caractère une affection parentale profonde ; « et pourtant, outre qu'on les accuse d'abandonner les enfants malades, Angas affirme que, dans le Murray, il leur arrive quelquefois de tuer un enfant *pour en employer la graisse à amorcer des hameçons* » !

Chez les Tasmaniens, on enterrait l'enfant vivant à côté de la mère morte.

Chez les peuples primitifs ou sauvages, la cruauté est, avant tout, déterminée par le besoin ; c'est seulement chez des populations déjà plus avancées que, par un sentiment consacré par l'habitude, on rencontre la cruauté pour la cruauté, comme, chez nous, il existe de la religion sans foi, ou le sacrifice de la Messe sans victime véritable et sanglante.

Ainsi, notre constitution physiologique et psychique, combinée avec la nature inorganique et organique externe, détermine notre évolution et notre constitution économiques ; toutes ensemble sont les facteurs généraux de nos relations génésiques, des arts, de nos sentiments, de nos croyances, de nos idées et de nos mœurs.

Les mœurs, consacrées par l'habitude, se fixent et s'universalisent de plus en plus ; elles s'épurent en nous montrant un idéal toujours plus parfait et deviennent la matière d'une science : la morale.

Plus l'organisme collectif se perfectionne, plus la morale s'élève ; mais ce qui détermine son soulèvement continu, c'est d'abord le progrès des conditions économiques, puis celui de la famille, des arts, des croyances, des sentiments, des idées et des mœurs. Ce qui jette le trouble le plus profond dans les notions morales, ce n'est pas l'évolution des idées, ni celle des sciences, ce sont, avant tout, les perturbations économiques. Le moyen le plus sûr d'empêcher la perpétration de l'assassinat et du vol, c'est, préalablement, de supprimer la misère ; la pauvreté est bien plus destructive de l'ordre, de la famille, de la société que les idées condamnées comme subversives ; la morale dépend des mœurs ; les mœurs, des croyances et des habitudes ; ces dernières, des relations familiales et économiques.

Chez les barbares, la vie humaine était évaluée à prix d'argent ; le meurtre pouvait être racheté par l'assassin en payant à la famille de la victime une somme déterminée. La conception postérieure de la pénalité se confondait, à ce moment, avec les dommages-intérêts. Pourquoi ? Parce que l'individu tué représentait, avant tout, une valeur économique et que l'indemnité offerte correspondait à cette valeur. La société n'intervenait que rarement, parce que, dans ce système, l'intérêt de la famille lésée était seul engagé. Aujourd'hui, le développement économique a suscité d'autres croyances, d'autres idées, d'autres mœurs, et enfin une autre morale, qui attend, à son tour, une nouvelle évolution économique pour s'épurer encore davantage ; la vie humaine est prisée beaucoup plus haut, et comme le lien social est, à la fois, plus complexe et plus étendu, la société s'intéresse davantage à ce qu'aucune de ses parties ne soit offensée ; son intervention s'affirme d'abord par des peines terribles, en dehors de l'action privée du chef d'indemnité ; ces peines cependant, de leur côté, disparaissent et s'adoucissent à mesure que, les antagonismes matériels et moraux venant à disparaître, la sanction, immanente à la société, de toute infraction aux lois sociales suffit davantage à en prévenir le retour.

La morale est donc quelque-chose de plus complexe que les relations génésiques, les croyances et les mœurs, lesquelles sont déjà plus complexes que les phénomènes économiques. Les croyances, les mœurs, les usages et les coutumes se fixent, se consolident et s'étendent, par la tradition, dans le temps et dans l'espace, pour donner naissance à la conception du droit, dont le développement coïncide généralement avec la rédaction et la codification des traditions locales en une règle plus élevée et uniforme.

L'étude des législations repose sans conteste sur celle des arts, des relations familiales, des usages, des coutumes, des mœurs et des croyances ; les plus grands jurisconsultes de notre époque vont puiser dans la coutume primitive les éléments de la constitution et de l'évolution organiques du droit. Peut-être n'a-t-on pas suffisamment insisté sur ce point essentiel, que toutes ces coutumes, même celles qui n'ont pas exclusivement pour objet direct les rapports sociaux économiques, tels que le mariage, la puissance paternelle, la filiation, etc., ont cependant leur point de départ et leur explication fondamentale dans des rapports économiques.

Les travaux modernes de Stuart-Mill, Tylor, Maine, Kœnigswarter, Giraud-Teulon, Gide, Bachofen, Mac-Lennan, Lehr et Bishop, bien que n'indiquant pas en termes formels cette dépendance, l'établissent implicitement ; il n'est pas déniable, par exemple, que la polygamie, la polyandrie, le patriarcat et la famille moderne sont façonnés et déterminés, avant tout, par le milieu économique, de même que la puissance paternelle et la puissance maritale, dans les législations romaine et moderne, se sont établies et ont historiquement évolué dans le sens où ces législations étaient dirigées par la constitution et l'évolution de la propriété.

Ainsi, les croyances et les sciences sont une dépendance directe de l'état social économique, au même titre que celui-ci dérive de la condition physiologique et psychique et du milieu inorganique formulés par nous sous la dénomination générale de territoire et population.

L'état économique, les arts, les croyances et les sciences déterminent les mœurs.

Les mœurs se développent, se condensent dans la morale.

Quant au droit, il naît des conditions physiques, organiques, individuelles, et il se développe successivement dans les croyances, les sciences, les mœurs et la morale.

Les phénomènes juridiques sont plus complexes que tous les autres phénomènes sociaux, à l'exception des phénomènes politiques. Il a existé, il existe encore et l'on peut, au surplus, concevoir des organisations sociales régies exclusivement par des nécessités économiques, par des croyances, des idées et des mœurs absolument contraires à la justice la plus élémentaire et par un code moral qui est la négation même du droit. Au contraire, il n'existe pas et l'on ne pourrait se figurer un système social ayant une certaine organisation judiciaire sans une conception morale, sans mœurs, sans idées, sans croyances et sans un développement économique auxquels le droit est superposé, c'est-à-dire qu'il suppose.

De ce que le droit procède de tous les phénomènes sociaux antérieurs, il est aisé de comprendre comment il s'est fait que l'économique, la famille, les croyances, les idées, les mœurs, la morale ont pu se former et se sont effectivement formés à l'origine, puis se sont développés et consolidés pendant longtemps en dehors de toute règle juridique. La question des rapports de l'économie politique et du droit, et même de savoir si de tels rapports existent, est encore à l'état de controverse. La présente classification des phénomènes sociaux en indique, pensons-nous, la véritable solution : le droit étant de formation postérieure, les conditions économiques, les croyances, la science, les mœurs, la morale même ont dû se développer dès l'abord en dehors de toute considération juridique; quand, enfin, le droit se constitue, il intervient comme il apparaît déjà de nos jours et comme il apparaîtra, espérons-le, de plus en plus, c'est-à-dire par voie de réaction et en tenant nécessairement compte de la résistance que lui opposent des phénomènes qui, à raison de leur antériorité et de leur généralité même, sont plus rigides et moins flexibles que le droit; aussi la justice sociale laisse toujours à désirer et le fait ne saurait jamais satisfaire ni assouvir l'idéal d'équité que nous portons en nous-mêmes. Cette imperfection et cette impuissance sont, du reste, un excitant permanent au progrès.

Oui, la force, c'est-à-dire toute la phénoménalité antécédente, prime le droit; mais le droit finit par façonner la force à son image; quand le droit naît par voie de formation naturelle et inconsciente, il commence lui-même par être le droit de la force; c'est comme un criminel que, par le droit de la guerre, il s'insinue dans les rapports des êtres de sang et de proie qui composent les sociétés humaines.

Comme il agit par voie de réaction, il est naturel que ce soient tout d'abord la morale, puis les mœurs, puis les idées et les croyances, puis la famille et, seulement en dernier lieu, les rapports économiques qui subissent son influence. Ceci explique comment les formules juridiques, par exemple le *cuique suum* des Romains, ont pu être si parfaites alors que les rapports les plus élémentaires et les plus généraux de la société, tels que les rapports économiques, restaient soumis aux abus les plus odieux de la force et du vol. Aujourd'hui encore, le *cuique suum*, au point de vue de la répartition des richesses produites par le travail, est la plus cruelle des mystifications. Qui oserait cependant contester la formule?

La gamme spéciale des droits suit, somme toute, la même évolution hiérarchique que les phénomènes sociaux en général. D'abord se constitue le droit économique et artistique, puis le droit familial, sans lesquels les droits de la conscience et la liberté des croyances, ainsi que le droit pénal, qui leur sont postérieurs, sont soumis au régime plus ou moins arbitraire de la simple autorité et de la force; d'eux tous dépend le droit public national et international.

Ces derniers servent de transition aux phénomènes les moins généraux et les plus complexes de tous, les phénomènes politiques. Ceux-ci sont les moins indépendants de tous; ils subissent l'influence des phénomènes antérieurs, sur lesquels, à leur tour, ils influent par voie de réaction. Pas de science politique sans la connaissance de toutes les sciences antérieures; pas de bonne politique sans la soumission de celle-ci à la direction des phénomènes antécédents. Les grands politiques se conformeront donc d'abord aux lois physiques, physiologiques et psychiques, puis aux lois économiques, artistiques, familiales et morales, enfin à la justice, dont ils se rapprocheront d'autant plus qu'ils respecteront davantage les lois des phénomènes antérieurs, principalement les lois physiologiques des individus et les lois économiques des super-organismes collectifs.

Que le droit et la politique dépendent de la constitution territoriale et des conditions économiques, c'est ce qui a été pressenti, démontré déjà en partie par Montesquieu, les physiocrates, le xviii° siècle et, d'une façon plus décisive encore, par la grande école socialiste, ainsi que par les géographes et les illustres voyageurs anciens et modernes.

Un exemple éclatant de la subordination de la politique à l'économique est cité par Élisée Reclus : « L'association douanière ou Zollverein, écrit-il dans sa *Géographie universelle*, qui devait, sous la direction de la Prusse, contribuer pour une forte partie à l'établissement de l'empire, avait déjà commencé en l'année 1828, par l'Union commerciale de la Prusse et de son enclave, le grand-duché de Hesse; quelques parties du royaume, enfermées elles-mêmes entre des territoires étrangers, restaient encore en dehors de l'association; la ceinture de douanes entourait alors un espace d'environ 288,500 kilomètres carrés, peuplé de 13,300,000 habitants. Peu à peu, d'autres petits États, limitrophes de la Prusse, vinrent agrandir l'Union, et, en 1851, le Hanovre, qui avait le plus énergiquement résisté à la politique prussienne d'annexions commerciales, finit par céder à son tour. *L'Allemagne douanière était déjà constituée vingt ans avant de l'être comme puissance politique.* »

Non seulement, donc, il y a une classification et une hiérarchie naturelles des phénomènes sociaux, mais chacun de ceux-ci présente, en dehors même des caractères distinctifs qui diversifient absolument la sociologie de la biologie et de la psychologie, des différences qui, à première inspection même, ne permettent pas la moindre confusion.

Les relations d'une certaine masse d'hommes entre eux ou avec une autre masse d'hommes créent des rapports qui, tout en participant de la nature physiologique et psychique des unités composantes, laissent un résidu inexplicable par les seules lois des sciences antécédentes à la sociologie. La force collective du super-organisme social n'est pas l'équivalent des forces collectives additionnées des organismes individuels, pas plus que ceux-ci ne sont l'équivalent de l'addition de leurs unités physiologiques composantes.

La guerre, les traités de paix, de commerce, les contrats civils et commerciaux exigent une explication au delà des lois générales de la matière inorganique et organique. L'organisme individuel et ses sous-organes sont à peu près les mêmes partout; il n'en est pas ainsi du superorganisme social. Chez certains peuples, tels organes sociaux ne sont-ils pas absolument ignorés, surtout les plus élevés, comme la justice et la législation? N'en existe-t-il pas où la fonction commerciale, même à l'état rudimentaire du troc, est complètement inconnue? Nous avons déjà indiqué la durée, la plasticité et le mode de conservation supérieurs des nations. Ne voyons-nous pas des communes, des provinces, des États, des associations civiles, commerciales, industrielles, religieuses, scientifiques, naître ou disparaître, se former et se dissoudre, se rapetisser ou s'étendre, renaître même après une dissolution plus ou moins longue, sans que ces phénomènes correspondent à des phénomènes individuels de même nature? La guerre, qui extermine les individus, fonde et agrandit les empires; l'excès de population peut les ruiner dans certaines circonstances, non moins que sa diminution. La biologie ne peut expliquer que par à peu près le système représentatif ou la dictature; assimilez, si possible, le cerveau au gouvernement, le ventre à la bourgeoisie, les bras au travailleur, mais avouez que ce ne sont là que des à peu près et des figures de rhétorique!

Les phénomènes juridiques n'ont qu'un équivalent très lointain dans le système le plus élevé de notre organisation psychique; ils sont représentés en sociologie par des organes bien plus complexes. Ainsi, dans le débat judiciaire, l'organisme juridique est composé des juges, du ministère public, des conseils des parties en cause, parfois, en outre, d'un jury; aucune de ces unités individuelles, isolées ou additionnées, ne représente la justice; l'organe se compose de la contexture de ces divers agents; supprimez l'un d'eux, l'organe est incomplet; réduisez-les, substituez, par exemple, à la procédure moderne une procédure faite par un juge unique en l'absence même de l'accusé, et la justice, de sociale qu'elle était, devient l'acte arbitraire et individuel d'une intelligence plus ou moins équilibrée, qui le plus souvent, se déterminera, dans ses décisions par des motifs autres que les seuls intérêts sociaux.

Plus on s'élève dans l'échelle des sciences sociales, moins les phénomènes deviennent explicables par les simples lois des sciences antérieures à la sociologie. Tel est le cas de la science politique proprement dite, véritable science de la direction de la volonté sociale. Celle-ci est bien plus libre que la volonté individuelle, laquelle est déterminée par des motifs et des fatalités autrement moins plastiques et plus rigides que les phénomènes qui font l'objet de la politique.

Dans les phénomènes juridiques, qui se rapprochent déjà d'un degré des phénomènes physiologiques et psychiques individuels, la liaison est plus apparente avec ceux-ci ; notre cerveau et notre système nerveux constituent un véritable microcosme de nos assemblées législatives et judiciaires. Les phénomènes psychiques supérieurs revêtent, du reste, un caractère tellement élevé qu'ils sont presque inséparables des phénomènes sociaux ; certes, l'intelligence est une propriété de l'individu , mais supprimez du processus psychique tous les éléments empruntés à la vie sociale, et l'intelligence individuelle, comme hypnotisée et endormie, se réduira à bien peu de chose.

Ce que nous venons de dire devient encore plus apparent quand, descendant d'un nouveau degré l'échelle des phénomènes sociaux, nous considérons les phénomènes moraux, y compris la morale proprement dite. Il est certain que les mœurs sociales sont déterminées, en grande partie, par les habitudes individuelles et que ces dernières sont, même trop souvent, une mesure trompeuse de la moralité non seulement des individus, mais des groupes sociaux. Celui qui ne se plie pas aux habitudes générales est bien près d'être considéré comme un être immoral et, par un préjugé analogue, nous sommes trop enclins à considérer comme des nations immorales celles dont les mœurs s'éloignent plus ou moins des usages de notre milieu.

Nos croyances et nos sciences, en tant que constituant des

fonctions et des organismes sociaux, se rapprochent encore bien plus de la nature des phénomènes psychiques individuels. Toutefois, les religions et les sciences ne sont pas des phénomènes purement individuels : elles donnent lieu à des institutions et à des mouvements sociaux considérables. Les Églises, les doctrines, les dogmes, les universités, avec leurs divisions en facultés basées encore métaphysiquement sur les propriétés supposées de l'entendement, sont des organes sociaux, remplissant de véritables et indispensables fonctions sociales. Tout individu peut posséder des connaissances mathémathiques, mais l'unité de valeur et l'unité de mesure, le franc et le mètre, sont des institutions sociales; tout individu peut observer les astres, mais l'observatoire est un établissement public; tout individu peut étudier les sciences physiques, mais l'administration des télégraphes est un office national et international; chacun peut apprendre la chimie et cultiver des céréales ou des légumes, mais les laboratoires et les écoles agricoles, tout comme l'agriculture en général, représentent de grands intérêts sociaux. Les facultés et les académies de médecine sont autre chose que des additions de savants, et l'étude des lois qui président à l'incubation, à la naissance, au développement de la pensée n'offre pas seulement un intérêt individuel, mais un intérêt social, notamment au point de vue de la responsabilité pénale et des véritables procédés à mettre en pratique dans l'enseignement public.

La science en général est l'ensemble de nos connaissances acquises et héritées par les générations qui se sont succédé; elle n'est plus, à ce haut point de vue, un phénomène intellectuel d'ordre simplement individuel, mais d'ordre social et collectif, engendré dans l'espace et le temps. Que chacun, faisant son bilan scientifique, se demande seulement ce qui vient de son propre fonds et ce qu'il a hérité de ses ancêtres ou acquis par échange de ses contemporains, et il reconnaîtra que ses acquisitions personnelles sont un infiniment petit en regard du patrimoine collectif dont il a la jouissance.

Si, des sciences et des croyances, nous descendons encore d'un échelon jusqu'aux beaux-arts et aux arts industriels, nous rapprochant ainsi du degré inférieur des phénomènes sociaux, c'est-à-dire des phénomènes économiques, et particulièrement des phénomènes de la production, les plus élevés de ce dernier ordre, tout en constatant le lien de plus en plus direct et étroit qui les relie à la physiologie et à la psychologie, et, par celles-ci, à toute la matière organique et inorganique antécédente, nous reconnaissons toutefois sans peine le caractère éminemment social de ces grandes manifestations de notre activité physiologique et intellectuelle.

Les arts industriels et, plus encore, les beaux-arts nécessitent un certain loisir, par conséquent une provision de subsistances, une épargne, un capital privé ou social tels, qu'une certaine latitude, *un certain jeu* soient laissés à la satisfaction des sens. Les belles formes se confondent, du reste, primitivement avec les formes les mieux adaptées à la destination de l'objet, et cette adaptation est restée encore une des conditions modernes de l'art le plus directement en rapport avec les arts industriels, l'architecture. La sculpture, le dessin, la gravure, la peinture, la littérature et la musique, en se différenciant de plus en plus de l'utilité économique primordiale, idéalisent de mieux en mieux la beauté par l'expression non plus seulement des formes matérielles et des couleurs, mais des émotions et des idées. Ces manifestations suprêmes de l'art sont inséparables de loisirs considérables ; ces loisirs eux-mêmes ne sont possibles que par un grand développement du bien-être, sinon général, du moins de certaines castes ou classes, comme en Egypte, dans l'Inde et dans la Grèce. L'art est la satisfaction d'une activité idéale et de besoins corrélatifs ; ceci explique comment le despotisme religieux et politique n'est pas nécessairement hostile à l'art ; celui-ci peut fleurir quand la liberté disparaît : l'art grec, l'art italien, l'art flamand en sont la preuve ; quand les idées sont comprimées, comme sous la tyrannie autrichienne en Italie et en Allemagne, le génie musical triomphe. Le loisir provenant du bien-être et de la liberté et celui résultant de la suppression brutale de certaines manifestations de notre activité, notamment intellectuelle, produisent, l'un et l'autre, une irritabilité de la sensibilité, d'où naissent des jeux, c'est-à-dire des représentations idéales d'actions réelles, et ces œuvres artistiques où l'humanité trouve la satisfaction idéale d'une activité psychique encore inconsciente et insuffisante.

L'inaction libre ou forcée est la condition *sine quâ non* de l'art ; à la différence du producteur ordinaire, l'artiste travaille irrégulièrement, à ses heures, c'est-à-dire quand le repos l'a rendu sensible et irritable ; le *genus irritabile vatum* a cette explication physiologique et économique ; c'est dans cet état nerveux que l'homme de génie inconscient et véritablement inspiré enfante ces créations en apparence subites et spontanées, mais, en réalité, jaillies d'une lente et considérable épargne d'accumulation d'énergie.

L'art est l'application de nos idées et de nos connaissances individuelles, et, plus tard, par voie de consolidation et de réaction sociales, soit à un but pratique, soit à l'embellissement de nos idées en vue de l'idéal. L'art dépend, avant tout, du milieu économique : nos croyances, les sciences, nos mœurs, la morale et le droit ne l'élèvent et ne le socialisent, pour ainsi dire, qu'après coup ; la politique elle-même, c'est-à-dire la science de la direction sociale, n'en fait qu'indirectement un instrument de perfectionnement et de civilisation. Impossible d'imaginer un phénomène artistique qui ne contienne pas un mélange économique ; la littérature et les beaux-arts ne se sont-ils point émancipés de la sujétion royale et nobiliaire, à laquelle ils étaient asservis, à la suite de l'émancipation économique du tiers état? Le fait seul que l'art implique un certain loisir et une certaine épargne, permettant de produire non seulement le nécessaire, mais le beau, prouve surabondamment que les conditions économiques déterminent directement la fonction artistique dans son organisation et son évolution générales. A son tour, l'art embellit le monde économique, physiologique et inorganique ; il arrive à faire, des objets d'un usage ordinaire, des productions du goût le plus délicat. On peut, au contraire, concevoir même un grand développement économique antérieurement au développement artistique, et notamment des beaux-arts; l'Angleterre et surtout les États-Unis en sont un exemple frappant.

Les arts industriels et les beaux-arts sont moins généraux et plus complexes que les phénomènes économiques ; ce qui le prouve, c'est l'exemple de la classe ouvrière, dont une trop grande partie des membres est privée de toute sensibilité, de toute notion artistique et réduite aux seules nécessités de la nutrition et à la satisfaction des besoins génésiques. Encore, si le besoin génésique correspondait, chez lui, avec l'existence du foyer domestique ; mais, dans bien des cas, celui-ci même est détruit par suite du nombre excessif des heures de travail et l'absorption de la femme et de l'enfant par la fabrique ou la mine.

Si la vie économique est la déterminante et la génératrice des arts industriels et des beaux-arts, ceux-ci, à leur tour, réagissent sur la première, comme nous venons de le montrer ; il est, dès lors, inutile d'y insister.

D'autre part, ils exercent une influence directe sur les croyances ; nul n'ignore combien l'architecture, la sculpture, la peinture, la musique et un véritable appareil théâtral ont aidé à faire accepter jusqu'à nos jours, par les masses, la religion catholique romaine ; le paganisme grec était lui-même une véritable religion artistique ; la mise en scène, en un mot, est un grand véhicule de l'idée, et les savants eux-mêmes ne négligent pas, à l'occasion, de recourir aux effets de style et autres. Cette mise en scène se rencontre également dans l'appareil de la justice, dans l'appareil militaire et dans certaines institutions politiques.

Les croyances sont le passage de la vie purement nutritive et de la puberté génésique collectives à la vie émotionnelle et intellectuelle ; elles correspondent socialement à l'âge où le jeune homme recherche le pourquoi, la cause et la fin des choses ; elles sont l'efflorescence des religions et de la métaphysique.

Les académies, les instituts, les écoles des beaux-arts et des arts industriels, les musées, toutes ces institutions où se concentrent socialement les procédés de perfectionnement et d'embellissement de la nature et de l'idée, hérités des générations éteintes et augmentés des connaissances acquises, sont, à n'en pas douter, autre chose que des formes individuelles; ce sont des phénomènes de la vie collective dont l'explication repose sur l'étude de phénomènes en grande partie distincts de ceux de la vie individuelle.

Les halles, les chemins de fer, les expositions nationales et internationales, les musées industriels et des beaux-arts ont aujourd'hui de véritables temples, où la grande vie sociale se manifeste bien plus que la simple activité individuelle.

Les arts industriels et les beaux-arts ne sont pas libres d'une façon absolue; la théorie de l'art libre est une utopie. Les arts sont déterminés d'une façon directe par toute l'organisation et le développement économique, et indirectement par toutes les sciences antérieures aux sciences sociales. Ils sont, en effet, l'application des sciences acquises à un but pratique au fond et seulement accessoirement agréable et idéal; ils s'élèvent de la confection des choses les plus grossières aux représentations de moins en moins tangibles des sensations que nous procurent ces choses. L'artiste n'est pas assujetti aux croyances et aux sciences, en tant que ces dernières remplissent une fonction sociale; mais il leur est rigoureusement soumis parce qu'elles fixent, avant de se constituer socialement, des lois dont toute œuvre d'art doit nécessairement tenir compte. La mathématique, l'astronomie, la physique, la chimie, la mécanique et, particulièrement, la géologie et la climatologie sont indispensables à l'architecte; la physiologie et la psychologie, au sculpteur et au peintre; l'étude du son, de l'expression des émotions et de la sensibilité nerveuse, au musicien.

D'un autre côté, les croyances et l'influence génésique agissent sur les beaux-arts par voie de réaction. Les trois quarts des sujets de peinture, de sculpture et des compositions musicales sont la mise en œuvre d'idées religieuses ou philosophiques, ou relatives à l'amour et spécialement au culte de la femme.

Il y a là toute une réglementation naturelle, que l'artiste ne peut méconnaître. Il est libre, en ce sens qu'il n'est obligé de se soumettre ni aux lois de la famille, ni aux croyances, ni aux autres sciences sociales; il peut ne pas tenir compte des mœurs et de la morale; la justice et surtout la politique peuvent rester en dehors de ses préoccupations et ne pas l'empêcher de produire une œuvre parfaite. Ces phénomènes sociaux, plus complexes, sont au-dessus des régions de l'art; toutefois, la création de l'artiste sera cependant socialement plus parfaite si, revêtant un caractère plus hautement social, elle répond, par voie de réaction, aux sollicitations de la famille, des croyances, de la morale, de la justice et de la politique collectives. Ces derniers phénomènes réagissent, du reste, naturellement sur l'art, à l'insu même des artistes; le plus grand, le plus humain et le plus assuré de l'immortalité sera toujours celui qui saura unir à ses facultés artistiques, héritées ou acquises, la plus haute somme de science, y compris les sciences sociales. La science en général ne paralyse que les natures artistiques les plus faibles; elle fortifie et rehausse les plus puissantes et les plus vibrantes.

Il est certain que, dans tous les temps, dans l'Inde, en Égypte, en Grèce et à Rome, les œuvres d'art les plus considérables ont revêtu un haut caractère social. En fait, la liberté artistique est limitée non seulement par les lois de la matière inorganique et organique et par les conditions de l'existence sociale économique, mais indirectement par toute l'évolution morale, juridique et politique de la civilisation. Les statues et les temples grecs, avec toute leur population divine et héroïque de marbre, d'or ou de bronze, la colossale architecture romaine, la peinture religieuse italienne et flamande, notre énorme développement musical coïncidant, en dernier lieu, avec l'efflorescence des études psychologiques positives, et notre haute sensibilité individuelle et collective sont la preuve de l'influence des phénomènes sociaux supérieurs sur les beaux-arts. *La Marseillaise* n'est-elle pas le chant de la Révolution de 1789 et tout ne fait-il pas prévoir qu'un grand artiste nous donnera bientôt le chant triomphal de la délivrance et de l'émancipation du travailleur? N'est-ce pas la preuve que les mouvements les plus complexes du superorganisme social peuvent éveiller le génie artistique endormi dans les limbes des formes inférieures de la vie économique?

Des beaux-arts et des arts industriels, nous descendons naturellement d'un nouveau degré à la classe des phénomènes économiques qui forment la véritable base de la sociologie, et la transition se fait comme d'elle-même, par l'intermédiaire des phénomènes les plus complexes parmi les phénomènes économiques, c'est-à-dire par ceux qui sont relatifs à la production et dont les arts industriels et les beaux-arts sont la continuation spontanée. La consommation détermine et provoque la production et l'une et l'autre sont englobées et entraînées dans le phénomène plus général de la circulation.

Les lois de la circulation économique sont les moins complexes et les plus universelles, non seulement du monde économique, mais aussi de l'ordre social; elles sont le principe et le fondement de tous les autres phénomènes; elles existent indépendamment de ces derniers qui, au contraire, n'auraient pas de raison d'être sans elles. Il faut cependant ne pas perdre de vue que les autres phénomènes sociaux réagissent, à leur tour, et d'une manière de plus en plus forte, au fur et à mesure de leur consolidation organique et scientifique, sur les phénomènes purement économiques.

Les arts industriels et les beaux-arts pénètrent, imprègnent successivement, en les embellissant, tous les produits de l'industrie humaine; les croyances, d'abord religieuses, puis positives, influent également sur l'organisme économique; elles sont un excitant continuel à la découverte et à l'application de nouveaux procédés industriels et à une organisation du travail de moins en moins autoritaire et de plus en plus malléable et adaptée au progrès de l'espèce.

Les mœurs et les usages influent, à leur tour, sur l'économique et créent ces coutumes qui furent l'origine de toute notre législation réelle, tant civile que commerciale.

La morale, ce résidu perfectionné et idéal des mœurs, s'empare des phénomènes économiques, les discute, les critique et les épure au point de vue de son caractère social supérieur, jusqu'à ce qu'enfin le droit, qui est sa formule suprême, s'impose, à son tour, à l'organisme économique et le soumet à son incessant contrôle.

En dernier lieu, la politique sociale directement issue de la justice, comme cette dernière elle-même est engendrée par tous les phénomènes sociaux antérieurs, gouverne l'organisation économique et lui imprime une direction générale conforme non seulement aux préceptes de toutes les sciences organiques et inorganiques antérieures à la sociologie et aux propres lois économiques, mais aux injonctions impératives de toutes les sciences sociales consécutives, dans la mesure où leur réaction sur le monde économique est légitime et possible.

Au-dessus des phénomènes économiques et comme constituant leur dépendance directe, il ne faut pas négliger ceux relatifs à la conservation et à la reproduction de l'espèce, au mode d'expression et de transmission des émotions et des pensées, et à la formation et au développement des sentiments altruistes; ces phénomènes sont déjà en partie physiologiques et psychiques et servent de transition naturelle et logique entre les phénomènes économiques et ceux relatifs aux croyances, aux mœurs, à la morale, au droit et à la politique.

Les phénomènes génésiques sont moins généraux que ceux de la nutrition; ils sont moins intenses, moins permanents, moins réguliers, bien qu'ils soient, comme les premiers, pour ainsi dire irrésistibles, surtout chez les êtres inférieurs, où la vie intellectuelle n'intervient pas comme un frein. Le problème de la population a toujours été considéré comme une branche de la science économique; il en est, en effet, une dépendance directe et l'influence des autres phénomènes sociaux sur ce phénomène primaire n'est qu'indirecte et très limitée.

La conservation et la reproduction physiologique de l'espèce sous l'action directe des phénomènes économiques, artistiques et sous l'action indirecte des phénomènes intellectuels, moraux, juridiques et politiques, se transforment en fonctions et organismes sociaux et deviennent l'amour, le mariage et la famille avec tous les développements et la pureté qui ont transfiguré ces simples besoins génésiques en institutions de plus en plus respectables dans la longue suite des siècles.

L'expression et la communication des émotions et des pensées par le geste, la parole et l'écriture forment elles-mêmes un véritable organisme dont le développement par les langues et les littératures anciennes et modernes constitue, par sa spontanéité et l'absence de réflexion, la formation sociale la plus merveilleuse du pur instinct collectif.

Nous avons vu que c'est la statique sociale qui, par ses deux facteurs primordiaux et universels, le territoire et la population, relie directement la sociologie aux sciences inorganiques et organiques antécédentes; le territoire représente principalement l'ensemble des facteurs inorganiques et la population l'ensemble des facteurs organiques externes de la vie sociale.

Le territoire et la population sont à la sociologie ce que la géométrie et l'algèbre sont aux sciences antérieures; ils sont le corps social envisagé au point de vue de ses éléments à l'état de repos et sous le rapport de l'étendue et du nombre.

L'étude du territoire et de la population, c'est-à-dire des sciences inorganiques et organiques, y compris la psychologie, est donc le préliminaire indispensable de la sociologie.

A. Comte et H. Spencer ont classé d'une façon plus différente en apparence qu'en réalité les sciences relatives aux phénomènes antérieurs à la sociologie.

Nous avons tenté, dans un ouvrage antérieur, de concilier et de compléter leurs classifications de la manière suivante :

1. Mathématiques;
2. Mécanique : statique, cinématique et dynamique;
3. Physique;
4. Chimie et minéralogie;
5. Astronomie;
6. Géologie;
7. Biologie;

8. Psychologie ;

9. Sociologie (1).

A. Comte, H. Spencer et, à leur suite, leurs disciples, tels que Littré et de Roberty, ont contesté la possibilité et l'utilité de classer hiérarchiquement les divers phénomènes sociaux dont l'existence est cependant indéniable ; l'œuvre que nous avons entreprise prouvera suffisamment que, sans une pareille classification, une politique sociale méthodique est irréalisable. On peut dire que c'est la méconnaissance de cette nécessité qui rend si fragiles les développements de la partie sociologique du grand monument élevé à la philosophie des sciences par les deux illustres chefs de l'école positiviste en France et en Angleterre.

Deux lacunes énormes, véritables ouvertures béantes par où pénètre dans leur édifice l'ouragan métaphysique qui le fait vaciller sur sa base, sont la méconnaissance et l'oubli presque complets des deux ordres de phénomènes, les plus considérables peut-être de la sociologie : les phénomènes économiques et les phénomènes juridiques ; les premiers sont le fondement même de la science sociale, les seconds en sont le couronnement.

Si Comte et Spencer avaient suivi en sociologie la méthode qu'ils ont employée avec tant de succès dans les sciences antérieures ; si, par induction, ils avaient procédé à un dénombrement minutieux des phénomènes sociaux ; si, ensuite, ils les avaient groupés suivant leurs rapports communs ou distinctifs de ressemblance ou de différence ; si, enfin, ils en avaient établi l'échelle hiérarchique, comme nous l'avons fait, en partant des plus simples et des plus généraux, pour finir par les plus complexes et les plus spéciaux, il est certain qu'ils auraient comblé ces lacunes fondamentales qui vicient l'ensemble de leurs vues sociologiques.

A ce point de vue, les économistes socialistes et scientifiques, tels que Proudhon et Stuart-Mill, d'un côté, et la grande école des légistes et des jurisconsultes, de l'autre, si bien représentée par Sumner, Main et Lawrence, peuvent servir d'indication du com-

(1) Voir *Abrégé de Psychologie*, Introduction.

plément indispensable que nécessite la grande encyclopédie philosophique de Comte et de Spencer.

Les recherches méthodiques auxquelles nous nous sommes livré dans les chapitres précédents nous ont donné les résultats suivants, concernant la classification des phénomènes sociaux et des sciences correspondantes :

Les sentiments altruistes, les émotions sympathiques, l'expression et la communication des pensées et des émotions par la parole, le geste, la physionomie sont les organismes dont la formation spontanée et instinctive relie directement, par leur composition mi-partie individuelle, mi-partie collective, la psychologie et la physiologie à l'ordre plus complexe des phénomènes sociologiques.

Il en est de même de la conservation et de la reproduction physiologiques de l'espèce, qui donnent naissance à des agrégats sociaux facilités par la sympathie née du besoin amoureux et de la vie en commun, d'où se forment ces institutions sociales susceptibles de se perfectionner de plus en plus : le mariage et la famille.

En dehors de cette classe de phénomènes qui servent de trait d'union entre la sociologie et les sciences antécédentes, les phénomènes sociaux les plus généraux et les plus simples sont les phénomènes économiques. Sans eux, toutes les autres fonctions sociales sont impossibles et ne se conçoivent même pas.

Parmi les fonctions économiques, la plus générale et la plus simple, à son tour, est la circulation. Les routes, les canaux, les chemins de fer, la poste, le télégraphe, la monnaie et les banques, organes principaux de la fonction circulatoire, sont, dès maintenant, les mieux constitués de tous les organes économiques, précisément parce qu'ils appartiennent historiquement et logiquement à cette fonction circulatoire dont la formation naturelle est élémentaire et primaire. Cette généralité supérieure de la circulation a été parfaitement constatée et reconnue, notamment par Proudhon et par tous les économistes qui se sont occupés d'une façon spéciale de l'organisation du crédit et de la circulation.

La consommation est plus complexe que la circulation ; elle l'est moins que la production; toute production implique une consommation antérieure; toute consommation, au contraire, n'implique pas une production; bien des membres de la société et beaucoup d'organes sociaux très importants consomment sans produire, et il est certain que les agents naturels ont dû suffire à la subsistance de l'homme pendant un long temps avant toute production sociale. Logiquement, s'il est .vrai que la consommation suppose un produit, il est cependant certain que le premier acte de production suppose une période de temps préalable pendant laquelle le producteur a dû consommer avant d'achever son œuvre. Cette nécessité d'une consommation antérieurement à toute production est même le principe et l'explication de l'intervention du crédit. Ne perdons pas de vue que nous envisageons ici les phénomènes économiques non au point de vue individuel, mais au point de vue social. Sous ce dernier aspect, tout le monde est échangiste, tout le monde encore est consommateur, grâce à l'échange, c'est-à-dire à la circulation; mais tout le monde n'est pas producteur. Tous les produits se consomment et s'échangent, mais tout ce qui circule ou est consommé n'est pas exclusivement un produit de l'individu ou de la collectivité sociale. Les agents naturels, par exemple, entrent pour une forte part dans le résultat de nos travaux.

Les phénomènes de la consommation sont déjà socialement beaucoup mieux constitués et organisés que ceux de la production; moins bien cependant que les phénomènes relatifs à la circulation; la consommation de l'État, représentée par l'organisme fiscal, a depuis longtemps acquis un développement considérable et les besoins de la consommation privée sont autrement connus et satisfaits que les nécessités de la production, où l'anarchie dans la concurrence et une destruction mutuelle paraissent constituer encore le dernier mot de notre conception de l'ordre économique.

La production, tant agricole qu'industrielle, est le phénomène économique le plus complexe, celui qui nécessite le plus de connaissances scientifiques et sociologiques; il n'est donc pas étonnant qu'il soit le moins organisé, le moins connu et le plus abandonné de tous aux fluctuations les plus excessives et, par cela même, aux spéculations les plus égoïstes et les plus antisociales. Les perturbations profondes qui troublent à tout instant nos civilisations agricoles et industrielles sont l'indice évident d'une organisation sociale de la production encore fort peu consolidée.

Cette classification secondaire des phénomènes économiques est, comme toute la classification des phénomènes sociaux, d'une importance capitale au point de vue de la législation et surtout de la politique sociales ou de la méthode rationnelle de diriger les sociétés; il en résulte, en effet, que, pour modifier d'une façon directe et efficace l'organisation économique, c'est sur la circulation qu'il faut agir. Comme cette dernière est le phénomène le plus général, il entraîne nécessairement dans son courant tous les autres, qui n'agissent sur lui que par voie indirecte et de réaction.

Sans une bonne organisation du crédit et de la circulation, les consommateurs seront toujours les victimes de la spéculation et de l'agiotage, et la production, corrompue et exploitée par le parasitisme capitaliste, ne sera pas réglée par l'intérêt social, mais par des appétits égoïstes. Cette même situation agira sur les arts industriels, les beaux-arts, les croyances, les mœurs, la morale, le droit et la politique générale.

Cela est tellement vrai, qu'une démocratie sans une organisation juridique du crédit ne sera jamais qu'une démocratie apparente, une firme menteuse; la réalité économique est plus forte que les lois et les constitutions; c'est elle qui fait sortir le despotisme même du suffrage universel; la première garantie de l'ordre et du progrès réside dans l'ordre et le progrès économiques.

Une subdivision économique tertiaire qu'il convient de noter est celle de la production en agricole et industrielle; celle-ci, malgré l'opinion commune, est moins compliquée que celle-là, et elle lui est logiquement et historiquement antérieure. L'expérience des populations primitives, tant anciennes que modernes, prouve qu'avant de s'adonner à l'agriculture, l'homme s'est livré à la confection d'une foule d'objets mobiliers et d'outils; d'autre part, l'agriculture exige bien plus de connaissances scientifiques que l'industrie; chacun peut constater que l'industrie a reçu un développement social par l'atelier, l'usine, les vastes sociétés anonymes et les syndicats, dont l'agriculture n'offre pas même l'apparence; c'est, du reste, probablement l'industrie qui entraînera l'agriculture dans son courant et l'enlèvera à la routine et à l'isolement, représentés par la forme propriétaire et parcellaire, où elle végète aujourd'hui.

Nous avons déjà indiqué comment les arts industriels et les beaux-arts constituent le développement naturel des phénomènes économiques relatifs à la production. Il n'est, pour ainsi dire, aucun fabricat où l'intervention du goût ne produise la recherche de la beauté; nous retrouvons jusque dans les débris de l'industrie des populations préhistoriques des traces de cette préoccupation des belles formes et de l'ornementation; dans les sociétés actuelles, elle se montre dans les objets les plus communs et les plus grossiers.

Insensiblement les arts industriels s'élèvent encore d'un degré dans les beaux-arts, où la recherche de la beauté est indépendante de l'utilité du produit. Cette transition s'opère par certaines fabrications mi-partie industrielles, mi-partie artistiques, telles que les poteries, les étoffes, les meubles, l'orfèvrerie, les bronzes, etc.

Dans l'architecture, la sculpture, la peinture et surtout la musique, la séparation du beau et de l'industriel s'opère avec une netteté toujours croissante, qui nous enlève de plus en plus, pour ainsi dire, aux préoccupations terrestres.

Toutefois, en même temps que les beaux-arts se détachent de l'industrie, ils se rapprochent des phénomènes supérieurs de la sociologie, dont ils subissent, dès lors, la réaction plus directement que les phénomènes économiques. C'est cette réaction sociale, légitime et nécessaire, qui empêchera toujours les beaux-arts, quels que soient la fantaisie et l'idéalisme du musicien et du poète, d'être libres dans le sens absolu du mot et de cesser de remplir un office social et, pour ainsi dire, un sacerdoce d'une importance considérable. C'est cette haute dignité de la fonction artistique qui faisait revêtir les artistes par l'antiquité et même de nos jours d'un véritable caractère sacré et divin. Ce caractère n'est autre

que l'inspiration sociale, qui souffle sans cesse et, d'ordinaire, à
l'insu des artistes sur le feu de leur génie, pour en entretenir et
en augmenter la flamme. L'instinct social parle librement par la
voix du poète et du musicien, par les créations du sculpteur, de
l'architecte et du peintre, parce qu'il n'est soumis directement à
aucune des hautes manifestations réfléchies, juridiques ou politiques de l'intelligence collective : il ne subit immédiatement
l'impulsion que du génie individuel de l'artiste et des fatalités
inorganiques et économiques, y compris celle de l'amour, ce
générateur direct de l'art.

Ceci explique comment l'inconscience artistique quasi générale
est une condition même du génie.

Les croyances des siècles, les mœurs, la morale, le droit, toute
la politique sociale réagissent donc sur l'artiste et le *possèdent*
avec d'autant plus d'intensité que son art est plus détaché de la
réalité industrielle. Les poètes et les musiciens, les plus libres et
les plus inconscients de tous les êtres créés, sont, en même temps,
de véritables girouettes, que les tempêtes déchaînées, aussi bien
que les douces brises des forces sociales en activité font tourner à
tous les vents. Nos hommes politiques sont encore trop souvent
des artistes et l'on sait par expérience quelle est l'irrémédiable
inconsistance politique des artistes. Cette inconsistance est leur
génie même, celui des forces sociales primaires dont le souffle
fait vibrer leur cerveau.

La vie économique et génésique, avec son excroissance des
arts industriels et des beaux-arts, suscite inévitablement l'acquisition d'une certaine somme d'expériences et de croyances tirée de
l'observation et de l'expérimentation des phénomènes qui forment
la matière des sciences antérieures aux sciences sociales, observations et expérimentations géométriques, arithmétiques, mécaniques, physiques, chimiques, biologiques et psychiques. De là un
certain nombre de croyances sociales sur la nature et l'origine du
monde physique et organique, son fonctionnement, sa destinée et
celle des êtres qui le peuplent. Les croyances sociales sont vraies
ou fausses. Nous avons montré antérieurement comment l'homme

procède toujours, en réalité, par la méthode inductive et positive, c'est-à-dire en cherchant à expliquer l'inconnu par le connu. L'inconnu a deux faces : l'une représentant ce qui n'est pas encore connu, le domaine inexploré de la phénoménalité relative ; l'autre représentant ce qui ne le sera jamais, l'incognoscible, la substance, l'en soi, le commencement, la fin, l'absolu.

De là des croyances résultant, d'une part, de constatations positives, d'autre part, d'hypothèses vérifiables, mais non encore vérifiées et enfin d'hypothèses imaginaires.

Le domaine des deux derniers ordres étant nécessairement le plus étendu dans les civilisations primitives, d'autant que celui de l'incognoscible est absolument sans bornes, on comprend que les croyances religieuses ont dû s'étendre et se consolider en institutions formidables avant toute organisation sociale de la fonction purement scientifique. Le culte des ancêtres, celui des esprits, la croyance à l'immortalité de l'âme, le fétichisme, l'astrolâtrie, le polythéisme, le monothéisme et toutes les conceptions métaphysiques ont dû être représentées par des castes religieuses, des rites, des Églises, des dogmes, avant que les croyances réellement scientifiques ne devinssent une fonction sociale, par exemple dans les conseils d'hygiène, les écoles, les instituts, les académies, etc.

C'est la vie économique, amoureuse et artistique, combinée avec les croyances, qui constitua les mœurs et, plus tard, la morale ; c'est, en effet, seulement de notre temps que la morale s'est émancipée des croyances religieuses et métaphysiques. Les mœurs sont une conséquence des conditions économiques de la société, de ses institutions familiales, de son goût pour le beau et de ses croyances. Plus elles s'élèvent et s'épurent, plus elles se dégagent des préjugés et du despotisme des croyances et des habitudes nées des besoins génésiques et économiques.

Mieux l'organisme économique sera constitué et développé, plus tous les progrès des phénomènes consécutifs seront assurés ; du bien-être économique dépendent tous les perfectionnements familiaux, artistiques, philosophiques, moraux, juridiques et politiques ; la misère engendre la promiscuité sexuelle, la décadence du goût, la superstition, l'immoralité et, en dernier lieu, l'injustice et le despotisme; alors, ce n'est plus le contrat nécessairement et de sa nature égalitaire et synallagmatique qui règle les relations sociales, c'est la force, que celle-ci s'appelle le prince ou l'État, peu importe. La morale indépendante, née de la philosophie du XVIIIe siècle, a été déterminée par une émancipation correspondante des mœurs, issue elle-même de la révolution économique qui permit au tiers état d'imposer sa suprématie, même politique, en France et, successivement, dans la plupart des pays de l'Europe. L'État n'intervient plus guère aujourd'hui dans les mœurs et la morale que pour refréner certaines atteintes infligées à ceux de ses membres considérés comme incapables de se défendre ou d'apprécier la valeur de leurs actions. Les mœurs et la morale sociales, étant devenues de plus en plus conscientes et immanentes, ont cessé dans la même mesure d'être administrées, réglées et gouvernées par des autorités externes religieuses ou civiles; la force morale collective se suffit déjà désormais à elle seule; sa libre organisation est absolument plus efficace que toutes les censures et que tous les dogmes; ce n'est plus la peine qui déshonore, c'est l'acte même qui porte atteinte à la morale; les sociétés d'hygiène, de libre pensée, de tempérance, de protection pour les êtres faibles et inférieurs rempliront un jour un office plus considérable et plus efficace que les religions : plus considérable, parce que les religions, malgré leurs prétentions communes à l'universalité, ne sont jamais universelles, comme la morale basée sur la science le sera certainement; plus efficace, parce que les religions, appliquant à des maux trop réels des remèdes incertains, ne pourront jamais, comme la morale positive, rechercher et atteindre la misère et le mal jusque dans leurs racines.

Au point de vue philosophique et moral, on peut dire que la fonction sociale de Dieu, en qui, sous tant de formes terribles ou touchantes, se sont incarnées les croyances primitives, tend de jour en jour à diminuer et à prendre fin, à mesure que le domaine du cognoscible est élucidé et parcouru. Historiquement et socialement, Dieu a existé : puisse cette conception relative de l'existence de la Divinité clôturer le débat entre théologiens et athées, en donnant à chacune de ces écoles la seule et partielle satisfaction qu'elles puissent obtenir, l'une pour le passé, l'autre pour l'avenir! A ceux qui, trop nombreux encore, ne peuvent vivre sans chimères, il restera à jamais en réserve l'espace illimité de l'absolu incognoscible, où il est toujours loisible de donner libre cours à toutes les fantaisies et à toutes les hypothèses, parce qu'aucune n'est saisissable ni vérifiable.

Les fonctions et les organes sociaux économiques, combinés avec les fonctions et les organes sociaux relatifs à la conservation et à la reproduction de l'espèce, créent des habitudes sympathiques industrieuses, amoureuses et familiales, lesquelles, rendant l'organisme social de plus en plus sensible à la beauté par le progrès des arts industriels et des beaux-arts, suscitent un progrès correspondant des croyances, des mœurs et de la morale. Celle-ci se consolide et s'étend à mesure que les préjugés locaux et les croyances religieuses et métaphysiques sont absorbés par le développement organique de plus en plus uniforme et universel des vérités purement scientifiques.

Cette génération naturelle des phénomènes sociaux les uns par les autres étant reconnue, les derniers degrés de la science sociale se classent, pour ainsi dire, d'eux-mêmes.

La subordination des lois et du droit à la morale et de celle-ci à la coutume et aux mœurs est un aphorisme répété depuis Aristote par tous les jurisconsultes et philosophes; Montesquieu et, après lui, les encyclopédistes ont suffisamment popularisé ces vérités, par lesquelles ils ont battu en brèche les diverses institutions de leur temps.

Les phénomènes juridiques sont, en réalité, au sommet de l'échelle sociale; le beau livre de Proudhon, *De la Justice dans la Révolution et dans l'Église*, est le développement de cette grande idée de la justice considérée comme immanente et suprême régulatrice des sociétés.

Tous les peuples, les modernes moins cependant que les anciens, les civilisés moins que les sauvages, ont eu et ont encore l'illusion que leur organisation de la justice est presque parfaite ; cette conviction est surtout le lot de ceux de leurs membres qui, en possession de l'autorité économique, religieuse et morale, rendent la justice ; c'est là une superstition vaine, fortifiée, il est vrai, par l'appareil souvent majestueux et redoutable qui entoure cette prétendue justice et ceux qui en exercent le ministère ; cette illusion disparaît à mesure que les agrégats sociaux s'éveillent, par un plus grand bien-être, à une sensibilité d'abord émotionnelle, puis philosophique et morale, et, définitivement, juridique plus consciente.

Le droit romain, cette prétendue raison écrite, est un exemple de ce préjugé général inoculé par l'enseignement, même supérieur, et la routine de plusieurs siècles et qui consiste à confondre la forme et la formule, en apparence immuables et parfaites, avec le fond, toujours mobile et variable ; les phénomènes sociaux juridiques sont encore parmi les moins développés et les moins organisés ; ils brillent surtout par les formules, mais ces formules sont trop souvent creuses ou cachent des réalités qui ne sont rien moins que régies par le droit. Que peut-on imaginer de supérieur, comme expression du droit, au *cuique suum* des Romains ? Cette formule contenait cependant la propriété quiritaire absolue et l'esclavage, qui en sont la négation complète. « Ne faites pas aux autres ce que vous ne voudriez pas qu'on vous fît » : ce bel aphorisme évangélique n'a pas empêché le servage d'exister, dans la France très chrétienne, jusqu'à la Révolution de 1789, pas plus que le Code Napoléon n'a supprimé la hideuse plaie du salariat agricole et industriel. Pour apprécier les formules et les codes, il faut donc mettre leur texte littéral en rapport avec la réalité sociale, c'est-à-dire avec leur contenu. Le droit se modifie et se développe sans cesse, la formule souvent reste, mais sans sa signification primitive. Les formules juridiques, comme les systèmes philosophiques, sont semblables à de beaux cadavres embaumés ; leur expression est identique et parfaite en apparence, mais il ne faut pas s'arrêter à les contempler pour y recueillir un enseignement que peut seule donner la réalité vivante.

Le droit est encore, de tous les phénomènes sociaux, à l'exception des phénomènes politiques, celui dont la fonction est la moins organisée : à preuve la quasi-nullité de son action, même sur les phénomènes élémentaires les plus généraux de la sociologie, les phénomènes économiques; nous n'avons possédé jusqu'ici que la métaphysique du droit; il n'a pas même su s'adapter aux nécessités primordiales de la vie collective ; c'est seulement dans ces derniers temps qu'on a soulevé la question de savoir quels sont les rapports entre l. morale et le droit, d'un côté, et l'économie politique, de l'autre; la science est toujours indécise sur ce point; il n'y a pas encore de législation sociale du travail; c'est à peine si les contestations les moins importantes qui peuvent surgir et qui surgissent continuellement entre ce dernier et le capital sont réglées par des conseils de prud'hommes et, dans de rares occasions, par des chambres de conciliation. A plus forte raison, les rapports fondamentaux du capital et du travail sont-ils abandonnés à l'anarchie la plus complète, à l'absence de tout élément contractuel et juridique et, nécessairement, au despotisme de la force momentanément prépondérante.

Le droit n'ayant pas encore pénétré les profondeurs de la vie économique des sociétés, il n'est pas étonnant que les relations sexuelles et familiales, le goût artistique, les croyances, les mœurs et la morale, tant des dirigeants que des dirigés, souffrent de cette imperfection organique; tous nos progrès, toutes nos institutions sont constamment mis en péril par le manque d'équité, c'est-à-dire d'équilibre des forces économiques collectives; aussi, dans les moments de crise aiguë, voyons-nous les sociétés occidentales, même les plus avancées, recourir à la répression brutale et à l'état de siége, c'est-à-dire retourner au mode primitif le plus rudimendaire de régler les conflits.

Au pôle opposé des phénomènes économiques, les phénomènes politiques, dont la perfection dépend directement de celle du droit, aboutissent, par la méconnaissance de ce dernier, à ce résultat inévitable, que la direction générale de la société — toujours et avant tout déterminée par sa constitution économique et, acces-

soirement, par sa constitution morale et philosophique — est,
pour tout ce qui concerne les éléments sociaux, non encore coordonnés et équilibrés, aux mains de ceux qui profitent de cette
anarchie.

Le despotisme et l'exploitation de l'homme sont toujours en
raison directe de la faiblesse constitutionnelle des divers organismes sociaux.

Les phénomènes juridiques, cela va de soi pour ceux qui ont
suivi attentivement l'exposé de cette classification hiérarchique,
ont leurs subdivisions naturelles et successives parfaitement indiquées.

Le droit s'applique tout d'abord aux relations économiques et,
en premier lieu, aux plus étendues et aux plus générales, l'échange,
le commerce, ensuite à la consommation et, enfin, aux plus complexes, celles qui concernent la production industrielle et agricole.
La production est encore le phénomène économique le moins
soumis au droit, précisément à cause de sa complexité supérieure.
La refonte des divers codes commence généralement, partout, par
la revision du code de commerce ; le régime de l'industrie et de la
propriété ne sera revisé qu'après ; l'organisation agricole elle-
même suivra une certaine entente collective industrielle préalable ;
son anarchie est, en effet, supérieure, si possible, à celle de l'industrie proprement dite (1).

Le droit s'adapte ensuite aux phénomènes relatifs aux relations
sexuelles et familiales ; après avoir introduit l'équité dans le tien
et le mien, il transforme le lien conjugal, ennoblit le mariage par
le contrat, transforme l'autorité paternelle en une simple surveil-

(1) C'est une erreur presque générale de supposer que la période agricole précède
la période industrielle ; en dehors de la chasse et de la pêche, les occupations des
populations primitives, tant anciennes que modernes, sont, avant tout, industrielles ;
elles ont principalement pour objet la confection des outils, des ustensiles et des
armes ; ce qui induit en erreur, c'est le grand développement pastoral et agricole qui
a suivi cette période, antérieurement aux progrès tout récents de l'industrialisme ;
mais la socialisation de l'agriculture sera certainement postérieure à celle de l'industrie
et il est certain que c'est celle-ci qui est en voie de se transformer la première.

lance tutélaire; resserre, en un mot, les liens de la famille, tout en donnant plus de liberté et de droits à chacun de ses membres.

Quant aux phénomènes artistiques et aux beaux-arts proprement dits, le droit a fait assez pour les artistes quand il a assuré leur indépendance économique, comme il doit le faire pour tous les producteurs; les droits de la propriété artistique et intellectuelle étant consacrés, l'artiste n'a plus rien à prétendre, comme il n'a plus rien à subir; rien ne doit plus ni le favoriser ni le comprimer; il reste soumis uniquement aux nécessités économiques et génésiques et aux liens contractuels et juridiques qui en résultent; la société lui garantit, comme à tous autres, ses droits d'échangiste, de consommateur, de producteur et ses droits personnels; l'artiste, de son côté, doit être honnête, c'est-à-dire respectueux des contrats, fils, amant ou chef de famille irréprochable; en dehors de ces conditions, qui lui sont communes avec tous ses semblables, il ne doit reconnaître, au point de vue de ses productions artistiques, ni les mœurs, ni la morale, ni le droit, ni la politique; moins il sera soumis à ce qui est socialement convenu, plus il sera artiste, c'est-à-dire plus il sera l'écho inconscient et parfait des activités et des désirs sociaux latents qui demandent à s'éveiller; au point de vue de ses créations, l'artiste est moralement et pénalement irresponsable; il n'a de juge que la conscience collective et impersonnelle, qui désavoue ou immortalise son œuvre, suivant qu'elle répond ou non à l'évolution sociale.

En ce qui concerne les croyances religieuses, métaphysiques ou scientifiques, leur droit, c'est la liberté absolue; quelque fausses ou inopportunes que puissent être leurs manifestations, la société ne peut les réprimer, pas plus qu'elle ne peut imposer celles qui lui paraîtraient justes et nécessaires; le lien social, en ces matières, ne peut plus résulter que de la libre acceptation des données scientifiques par les membres de la société, et cette acceptation est soumise à une revision continue. Au contraire, les anciennes superstitions métaphysiques et religieuses fondées sur des hypothèses avaient besoin, pour se maintenir, de l'autorité théocratique ou civile; si l'autorité avait encore à intervenir aujourd'hui, ce serait contre ces dernières; mais les progrès naturels de la science et de la philosophie suffiront pour les extirper.

La législation correspondant à l'application du droit à ces divers ordres de phénomènes subit la poussée générale du développement économique, artistique et philosophique, lequel a déjà perdu son caractère local et national, et elle revêt de plus en plus le même caractère universel et international.

De là un droit international :

1° Économique;

2° Civil;

3° Artistique;

4° Philosophique;

5° Moral et pénal;

6° Politique (1).

Nous avons déjà défini les phénomènes politiques. Ce sont ceux relatifs à la direction des agrégats spéciaux ou généraux de la société. En réalité, la société se gouverne toujours elle-même; elle le fait seulement d'une façon plus au moins consciente et contractuelle; les prétendus despotes ne sont que des agents sociaux, et remplissent souvent leur office, ignorant la force qui les pousse et les entraîne. Les liens sociaux étant, à l'origine, naturellement relâchés, il fallait bien que ce lien fût, autant que possible, main-

---

(1) Proudhon, dans son beau livre, *La Guerre et la Paix*, p. 228 et suiv., a établi une classification à peu près semblable des diverses subdivisions du droit, de la manière suivante :

1° Droit de la force, droit de la guerre, droit des gens;

2° Droit public ou politique ;

3° Droit civil ou domestique ;

4° Droit économique : *a)* travail; *b)* échange ;

5° Droit philosophique ou de la pensée libre ;

6° Droit de la liberté.

Cette classification a le défaut capital de postposer le droit économique, qui est primordial à la politique et au droit civil. Quant au droit de la force et à la force collective elle-même, nous nous réservons de les étudier dans la suite et d'en montrer le caractère social et relatif, en les dégageant des formules encore trop métaphysiques de Proudhon.

tenu par la force; le despotisme était une formation sociétaire aussi naturelle alors que les chartes, les constitutions, les assemblées délibérantes et les diverses formes plus ou moins parfaites par lesquelles la société tend exclusivement à se diviser aujourd'hui d'après sa propre impulsion collective, résultant du libre assentiment de chacune de ses parties.

Chaque organisme social particulier a dû se consolider d'abord autoritairement, puis contractuellement, suivant son degré de succession dans la hiérarchie des phénomènes sociaux, et se faire, en conséquence, un système politique spécial, conforme à cette évolution. La coordination de ces systèmes politiques particuliers et successifs constitue la politique générale de la société, dont le développement a dû, par suite, se réaliser d'après les mêmes lois.

La formation première des phénomènes sociaux économiques a dû, nécessairement, livrer la direction politique primitive aux individus ou aux classes qui avaient en leur pouvoir le plus de richesses. L'organisme qui a pour fonction les relations sexuelles et familiales, étant de formation presque contemporaine, la puissance politique a dû s'incarner dans le chef de famille ou de tribu le plus puissant par lui-même ainsi que par le nombre de ses parents et adhérents et nécessairement aussi, dès lors, le plus riche, puisqu'il pouvait, le cas échéant, dépouiller par la force ses voisins et ses rivaux.

Ce type gouvernemental se retrouve encore, avec des caractères beaucoup plus complexes, non seulement dans quelques sociétés arriérées de l'Afrique et de l'Océanie, mais dans certaines formes de monarchie héréditaire et de régimes électoraux ploutocratiques de civilisations supérieures de l'Europe occidentale.

Le progrès de l'émancipation des travailleurs, coïncidant avec celui des sciences morales, juridiques et politiques, donnera tôt ou tard la direction effective de la société aux intérêts d'où cette direction émane toujours en réalité.

L'humanité, en général et dans chacune de ses parties, est une vaste société anonyme, dont les échangistes, consommateurs et producteurs, sont les fondateurs et les actionnaires, et les chefs de famille, les artistes, les savants, les magistrats et les préposés politiques les fonctionnaires spéciaux et les mandataires salariés et révocables. Les institutions familiales, la vie intellectuelle morale, juridique et politique des sociétés sont un produit de sa vie économique ; le créateur social, ce n'est ni le politicien, ni le juriste, ni le moraliste, ni le philosophe, c'est le chef de famille, le producteur-consommateur, en un mot la cellule sociale : l'échangiste. C'est à ce dernier que la direction sociale doit appartenir en droit, comme elle lui appartient en fait, malgré les incohérences sociales qui altèrent et troublent encore ce principe fondamental de la constitution des sociétés. Le gouvernement, en définitive, doit appartenir au créateur et non pas à la créature.

Le contrat d'échange le plus général et le premier des contrats sociétaires, se répercutant dans tout l'organisme social, transformera de plus en plus, dans les divers ordres de phénomènes quelconques, le principe d'autorité en un régime contractuel où la force collective se confondra avec le consentement collectif, c'est-à-dire le concours des volontés particulières.

La science politique est, à vrai dire, la science de l'intelligence sociale et a pour couronnement une théorie de la volonté collective. Notre classification hiérarchique des phénomènes sociaux montre, en effet, comment, de simple organisme échangiste, producteur et reproducteur, l'être social s'élève de plus en plus à des ordres d'activité où la vie collective, intelligente et raisonnée intervient toujours davantage, au point de nous autoriser à concevoir, à partir des phénomènes les plus élevés, la possibilité de réagir par le droit et la politique, c'est-à-dire par un effort de la volonté sociale, sur les phénomènes les plus généraux pour les transformer et les améliorer et susciter ainsi de nouvelles énergies collectives, qui seront derechef la source de progrès ultérieurs.

Les phénomènes politiques sont les phénomènes supérieurs de la société ; il suit de là que les manifestations concrètes et simples en apparence, bien que d'une composition excessivement complexe, auxquelles ils donnaient lieu, étant naturellement superficielles, étaient aussi très visibles et apparentes et devaient attirer l'attention des premiers historiens, philosophes et observateurs en général; mais, comme ils étaient incapables de décomposer ces faits compliqués en leurs éléments simples, comme, notamment, ces éléments simples, c'est-à-dire les phénomènes économiques, étaient à peine connus, à cause même de leur peu de cohérence collective qui permettait de les confondre avec les phénomènes purement nutritifs de la vie individuelle et domestique (économie veut dire loi domestique), l'histoire et la politique se bornaient à la constatation, au récit et à la description des faits sociaux les plus apparents, tels que les guerres, les démarches diplomatiques, les discours, et les causes des mutations sociales étaient, d'ordinaire, attribuées sinon à la fatalité ou à la volonté providentielle, dans tous les cas à des raisons accidentelles absolument insignifiantes.

Pas plus que les historiens et les théoriciens de la politique, les hommes d'État n'approfondissaient les raisons générales et véritablement directrices des mouvements sociaux, et tandis qu'eux-mêmes étaient le jouet des grandes perturbations dans les populations et des causes économiques, ils croyaient véritablement qu'ils gouvernaient le monde, alors que, en réalité, ils n'en étaient que les pantins!

Cette illusion est encore le lot des gouvernants modernes et de leurs administrés. La classification que nous proposons sera la fin de ce préjugé.

La morale, le droit, la politique sont déterminés et gouvernés par les phénomènes sociaux antérieurs plus simples et plus généraux, sur lesquels ils ne font que réagir, comme la volonté individuelle de notre conduite, c'est-à-dire dans des limites très étroites, moins étroites cependant que celles imposées au libre arbitre de l'être individuel, par le motif que le superorganisme social est bien plus flexible et plus plastique que l'organisme individuel.

Cette malléabilité supérieure du superorganisme social est, pour nous, la plus encourageante garantie du progrès social.

Les phénomènes politiques, c'est-à-dire relatifs à la direction de la société par elle-même, sont reliés aux phénomènes juridiques antécédents par le droit public externe et par le droit public interne.

Le droit public interne et le droit public externe se manifestent par des phénomènes administratifs, législatifs et exécutifs.

Ces subdivisions primaires de la politique s'appliquent à tous les phénomènes sociaux antécédents.

Il y a d'abord une politique économique, tant externe qu'interne, tant nationale qu'internationale, et les intérêts économiques commencent par être administrés avant de faire l'objet d'une délibération et d'une exécution collectives.

C'est la fonction circulatoire, poste, chemins de fer, télégraphe, commerce, etc., qui fait le premier objet d'une politique nationale et internationale, tandis que les autres fonctions sont encore abandonnées aux intérêts privés.

Il y a une politique, c'est-à-dire une direction et une administration, artistique par les écoles, les musées, les académies, bien longtemps avant que les autres phénomènes sociaux soient pourvus d'organes aussi réguliers.

Il y a une direction sociale des croyances soit religieuses, soit métaphysiques ou purement scientifiques; il y a, de même, une direction morale, véritable administration des mœurs, comme la censure à Rome et les ordonnances des rois sur divers objets relatifs à la vie ordinaire, par exemple sur le luxe.

Il y a, enfin, une direction juridique; la justice commence aussi par être administrée, comme encore dans les pays orientaux, avant de faire l'objet de débats complets et réguliers; elle est également interne ou externe.

En reliant cette classification générale à la classification hiérarchique des phénomènes relatifs aux sciences antérieures aux sciences sociales, nous possédons enfin une échelle hiérarchique complète du savoir humain basée sur la complexité croissante et la généralité décroissante des phénomènes correspondants.

Cette classification hiérarchique est de la plus haute importance.

14

Au point de vue dogmatique, elle permet d'organiser un enseignement encyclopédique gradué conformément à la complexité, c'est-à-dire à la difficulté objective des sciences. Cette constitution de la réforme pédagogique est le préliminaire indispensable de toutes les autres réformes ; sans elle, aucun progrès méthodique n'est réalisable en sociologie, où l'être humain est, à la fois, l'agent réformateur et le sujet à réformer.

Au point de vue politique proprement dit, cette classification hiérarchique peut seule instaurer l'ère d'une politique véritablement positive ; elle seule détermine, en effet, d'une façon claire et précise dans quelle série de phénomènes les organes dirigeants de la société doivent intervenir pour agir sur le superorganisme social et l'améliorer. Il est évident, par exemple, et cela résulte de notre seule classification, que ce n'est pas en opérant sur les phénomènes les plus concrets et les plus complexes qu'on peut agir directement sur les phénomènes les plus généraux ; par ce procédé, on n'opère que par voie indirecte et de réaction et les résultats, manquant d'une base générale, risquent fort de n'être pas stables. Au contraire, une réforme en apparence même très modeste, introduite dans les phénomènes sociaux les plus généraux, tels que ceux relatifs à la circulation des biens, agit directement sur tous les phénomènes plus complexes et se traduit en améliorations artistiques, intellectuelles, morales, juridiques et, enfin, même en certains progrès politiques.

Par notre seule classification hiérarchique des sciences sociales se trouve donc définitivement anéantie cette funeste erreur, cause de tant de déceptions, de révolutions et de réactions, qui consiste à supposer que les réformes purement politiques peuvent améliorer la condition des sociétés ; ces transformations, tant qu'elles n'ont pas pour base des réformes économiques, intellectuelles et morales effectives, n'ont aucune solidité.

Les votes des assemblées politiques, les coups d'État populaires ou autoritaires, non plus que les batailles, ne transforment les rapports sociaux réels s'ils ne sont l'expression d'une situation antérieure plus générale, qui les détermine ; dans le cas contraire, ces faits ne sont que des réactions superficielles disparaissant aussi instantanément qu'elles se produisent.

Ce sont les phénomènes économiques qui supportent tous les autres et donnent au superorganisme social sa base et sa configuration générale. On ne peut réformer les conditions intellectuelles, morales, juridiques et, à plus forte raison, politiques de la société qu'en agissant directement sur sa situation économique. On ne peut réformer les phénomènes économiques qu'en agissant sur les plus généraux d'entre ces derniers, c'est-à-dire sur les phénomènes de la circulation.

Quand nous nous occuperons spécialement de l'étude des fonctions et des organes relatifs aux croyances sociales, religieuses ou positives, on verra que notre classification hiérarchique fondée sur leur généralité plus ou moins grande correspond à leur classification et à leur hiérarchie naturelles. Le droit, par exemple, n'est pas supérieur à la morale, à la coutume et aux mœurs parce qu'il implique des caractères spéciaux que ne possèdent pas ces derniers, mais parce qu'il naît effectivement de leur développement structural.

On voit maintenant combien restreinte est la loi des trois états de Comte et le peu de place qu'elle tient, en réalité, dans une classification hiérarchique complète des phénomènes sociaux ; en définitive, elle ne s'applique qu'à un certain ordre de ceux-ci : les croyances.

Combien autrement solide, vaste et réaliste est la base économique sur laquelle s'étagent, par une formation successive et naturelle, les créations sociales plus élevées ! Le superorganisme social ne se développe pas d'après nos idées et sous leur impulsion ; ces dernières ne font que réagir, pour la perfectionner, sur sa direction spontanée, laquelle lui est imprimée par la poussée générale de la nature tant inorganique qu'organique et l'impulsion des phénomènes moins élevés de la vie sociale, ceux qui sont relatifs à la nutrition et à la reproduction sociétaires.

On comprend maintenant pourquoi les révolutions économiques et familiales sont si lentes, mais, en même temps, si durables, pourquoi les autres mutations, plus fréquentes et plus bruyantes, modifient si peu la condition sociale générale et sont exposées à des oscillations pour ainsi dire, périodiques et continues. La France depuis 1789 a eu un grand nombre de constitutions politiques, mais sa constitution économique n'a guère varié. Il y a bien plus de changements dans les croyances et les idées que dans le régime de la répartition des richesses ; il y en a davantage encore dans les arts, les mœurs, les idées morales et surtout dans la jurisprudence ; quant à la législation, elle varie tous les jours ; nos lois, décrets, ordonnances se comptent par milliers ; les faits politiques se succèdent d'heure en heure ; ils exigent un système d'informations auquel la presse simplement quotidienne ne suffit plus que grâce à des éditions multiples et presque ininterrompues.

Une formule artistique ou littéraire perd toute valeur au bout de trente ans ; le romantisme en est un exemple. Une formule politique et les hommes qui la préconisent sont usés en dix fois moins de temps. Sur ces entrefaites, les cellules du superorganisme économique, lentement et sûrement, s'associent, s'étendent et enfantent la vie et le progrès collectifs par la production de formes nouvelles et supérieures. Le monde économique suscite toute la vie sociale ; il absorbe également tout ce qui, étant devenu inutile, doit mourir, c'est-à-dire être restitué à la circulation incessante de la matière et de la force.

Autre question : Notre classification méthodique et naturelle des phénomènes sociaux est-elle adéquate à leur évolution historique? On n'en peut douter. L'évolution naturelle des sociétés constitue leur histoire ; il n'y en a pas d'autres que leur histoire naturelle ; celle-ci seule est réelle et vivante, et non l'histoire superficielle que l'on enseigne. Chaque civilisation isolée gravit tout ou partie des échelons des phénomènes sociaux ; la différence entre ces civilisations réside uniquement dans le développement, la complexité de la structure et de l'évolution. De cette identité historique est née l'illusion théorique que les sociétés parcourent un cercle vicieux ou bien les quatre âges de la vie individuelle. C'est là le résultat d'une observation très superficielle : les sociétés se développent d'après les mêmes lois, mais avec des variations quantitatives et qualitatives considérables ; elles semblent passer de l'enfance à la jeunesse et de celle-ci à la maturité et à la mort, mais ce sont là des circonstances accidentelles et particulières et non pas nécessaires. Les sociétés modernes, plus considérables et plus complexes que les sociétés anciennes, fonctionnent également mieux et plus largement ; elles ont des organes plus complets et plus parfaits, adaptés à une activité toujours davantage intense et durable ; nous assistons à une coordination internationale de tous les phénomènes sociaux non seulement économiques, mais juridiques et politiques, coordination en grande partie contractuelle et raisonnée, dont les générations éteintes n'avaient pas idée ; plus cette coordination internationale sera étroite et universelle, plus la continuité de la vie sociale sera garantie. Dès maintenant, les liens internationaux établis nous permettent de conclure à une longévité sociale sans limite assignable, si ce n'est celle de la vie, même en rapport avec l'existence planétaire.

CLASSIFICATION HIÉRARCHIQUE NATURELLE DES PHÉNOMÈNES SOCIAUX.

VII. Phénomènes politiques :

Politique interne
{
juridique.
morale.
philosophique.
artistique.
}
Politique externe
{
civile.
économique.
}

VI. Phénomènes juridiques :

Droit public externe et interne.
Droit administratif.
Droit pénal et moral.
Droit de la pensée.
Droit artistique.
Droit civil.

Droit économique
{
agricole.
industriel.
commercial.
}

V. Phénomènes moraux :

La morale
{
politiques.
juridiques.
Les coutumes
religieuses ou scientifiques.
artistiques.
Les mœurs
civiles.
économiques.
}

IV. Phénomènes relatifs aux croyances :

Positives
{
politiques.
juridiques.
Métaphysiques
morales.
artistiques.
Religieuses
génésiques et familiales.
économiques.
}

III. Phénomènes artistiques :

Beaux-arts.
Arts industriels.

II. Phénomènes génésiques

(relatifs à la reproduction des producteurs) :

La famille.
Le mariage.
L'amour.

I. Phénomènes économiques :

Production
{
agricole.
industrielle.
}
Consommation
{
reproductive.
improductive.
}
Circulation
{
des signes fiduciaires représentatifs des produits.
des offres et des demandes de produits.
des produits et des producteurs isolément.
des produits avec les producteurs.
}

Base : facteurs élémentaires inorganiques et organiques : territoire et population.

Généralité décroissante et complexité et spécialité croissantes.

CHAPITRE VIII.

L'EMPIRISME, L'UTOPIE ET LE SOCIALISME SCIENTIFIQUE.

La classification hiérarchique des phénomènes sociaux étant établie conformément aux lois de leur développement naturel et logique, il convient d'examiner comment l'intelligence humaine a dû nécessairement se comporter vis-à-vis de ce monde super-organique soumis à ses investigations.

Trois procédés principaux, également en rapport avec la réalité objective et notre constitution psychique, président aux progrès de la science sociale : l'empirisme, l'utopie et la méthode positive.

L'empirisme remplit, ainsi que l'utopie, un office sociologique non moins légitime et nécessaire que la méthode positive; il en est la forme rudimentaire et grossière, moulée sur le modèle même des procédés psychiques les plus simples.

L'intelligence de l'enfant ne connaît et ne voit pas l'ensemble des choses, elle n'en perçoit que certains détails, les plus visibles, les plus fréquents, les plus apparents; elle va du particulier au général, du concret à l'abstrait; ce n'est qu'au fur et à mesure qu'elle s'est enrichie d'observations qu'elle les classe et les coordonne.

Nous avons constaté que les phénomènes concrets et superficiels de la sociologie, notamment les phénomènes politiques, englobent et cachent, pour ainsi dire, les phénomènes généraux et élémentaires inférieurs; l'empirisme sociologique a donc recueilli et recueille encore sans un ordre bien déterminé, au hasard de ses découvertes, des observations relatives à des faits

concrets et complexes dont il est incapable d'éclaircir la philosophie mystérieuse; elle se complaît dans la description émouvante
des expéditions militaires, des biographies d'hommes célèbres,
des brusques révolutions dont elle ne distingue pas les raisons
lointaines et profondes; tous les historiens grecs et romains ne
descendent guère au-dessous de la surface la plus directement
visible des événements; leurs récits se résument dans la vie de
quelques hommes illustres; il a fallu fouiller les décombres de
l'antiquité pour y retrouver des traces heureusement ineffacées et
ineffaçables de la vie sociale d'alors.

Les recherches empiriques pénétrant de plus en plus de la
surface à l'intérieur des couches sociologiques superposées dans
l'ordre indiqué au tableau précédent, l'empirisme recueille successivement, à mesure que sa puissance de pénétration grandit, des
observations, de plus en plus générales, descendant ainsi de la politique au droit, du droit à la morale, à la philosophie, à l'art et, en
dernier lieu, à l'organisation civile et économique. Les histoires
et les constatations politiques superficielles remontent à la plus
haute antiquité; ce n'est que plus tard que se révèlent les jurisconsultes, les moralistes, les philosophes et les artistes; quant à
l'économie politique, elle était encore, il y a cent ans, une science
purement empirique, et elle n'est pas même parvenue, jusqu'ici, à
se dépouiller entièrement de ce caractère.

L'empirisme, du reste, est éternel parce que, dans le domaine
de l'inconnu, il y aura toujours des faits observés et recueillis
au hasard et non immédiatement susceptibles d'être rattachés
aux phénomènes antérieurement classés. Les procédés primitifs
de l'esprit ne sont jamais entièrement supprimés par les procédés
plus complexes postérieurs, pas plus que le nombre des sentiers
et des routes n'a diminué par l'introduction des chemins de fer;
le rôle de l'empirisme dans l'État autoritaire est encore considérable par cela même que l'autorité est le lien des facteurs sociaux
non déjà organisés ni classés.

La fonction de l'empirisme s'opère donc en sens inverse du
développement hiérarchique naturel des phénomènes sociaux;

elle creuse la surface pour arriver successivement à des formations de plus en plus générales et profondes.

. A vrai dire, l'empirisme n'a pas de méthode ; il se plie aux faits, vivant de ce qu'il recueille de jour à autre ; les empiriques se confondent facilement avec les charlatans parce qu'ils attribuent, comme ceux-ci, à des faits particuliers non encore expliqués une importance et une puissance merveilleuses.

Presque tous les hommes politiques sont des empiriques ; ne connaissant des choses que les apparences superficielles, ils n'ont d'autre science que celle de se tenir en équilibre sur la surface glissante et mobile des phénomènes sociaux supérieurs, d'où ils se figurent diriger les destinées de leurs semblables, qui, à leur tour, s'imaginent de bonne foi recevoir leur impulsion ; la réalité leur inflige de cruelles et continuelles leçons en les soumettant à toutes les hontes et à toutes les chutes ; il est rare qu'un homme politique soit un honnête homme : son désir insatiable, quoique d'ailleurs irréalisable, de se maintenir au pouvoir lui impose toutes les palinodies et toutes les bassesses ; le plus habile est le plus changeant, parce qu'il est plus en rapport avec les variations multiples et incessantes de l'empirisme politique.

L'empirisme s'applique aussi à tous les autres ordres de phénomènes sociaux ; le droit et la morale commencent par être empiriques avant de devenir l'objet d'une science ; en économie sociale, la fameuse loi de l'offre et de la demande, dont ont vécu tant de générations de pseudo-économistes, est un simple fait empirique.

L'utopie, en sociologie, est une des formes de l'hypothèse ; cette dernière joue un rôle considérable et légitime dans les sciences expérimentales ; bien des lois physiques et chimiques sont encore des hypothèses : elles sont cependant admises parce que ce sont elles qui expliquent le mieux certaines propriétés de la matière.

L'hypothèse et l'utopie sont déjà un mode supérieur de raisonner ; elle constituent l'intervention d'une certaine généralisation et, en même temps, une certaine abstraction dans l'étude des phénomènes. L'utopie, en général, consiste à appliquer à des faits insuffisamment connus et expliqués les lois de faits qui le sont davantage ; ainsi, la sociologie a reçu des explications tirées tour à tour des astres, des nombres, des lois physiques et chimiques, et, en dernier lieu, elle a puisé ses formules dans la constitution physiologique et psychique individuelle; l'utopie est le précurseur de la science, mais elle est toujours rétrograde en ce sens qu'elle systématise la science et arrête momentanément l'évolution des idées.

A la différence des empiriques, les utopistes sont, en général, des hommes de science et de moralité supérieures; l'utopie, en sociologie, suit, somme toute, une marche conforme au progrès naturel des sciences; seulement, arrivée à la dernière science constituée et ne sachant y faire rentrer les phénomènes plus complexes de la science suivante, laquelle n'est pas encore organisée, elle s'efforce de les plier à une formule nécessairement trop rigide ou trop idéale : de là, le double caractère de l'utopie, nuageuse ou autoritaire, suivant qu'elle adapte les faits sociaux aux lois plus simples des sciences antécédentes ou qu'elle se lance, pour les interpréter, dans les régions de l'inconnu et même de l'incognoscible.

L'utopie sociale se distingue donc de la science sociale à la fois par ses procédés aventureux et rétrogrades; sa marche se confond, jusqu'à un certain point, avec la marche progressive et positive de l'intelligence et, à mesure que la science se développe, l'utopie tend à se confondre avec elle.

Thomas Morus, Campanella, Fourier, Cabet, Saint-Simon sont des utopistes, mais celui-ci est déjà le père d'Auguste Comte, lequel, malgré la systématisation utopique et rétrograde de sa politique sociale, est le fondateur de la sociologie positive.

L'utopie socialiste, pour appeler la chose par son nom, a joué un rôle historique et logique d'une grandeur et d'une utilité incontestables. Elle a été la protestation constante et incompressible de l'instinct social et des droits de la collectivité contre tous les despotismes politiques, juridiques, moraux, religieux et économiques, dont le poids était d'autant plus lourd que l'organisation sociale et la science correspondante étaient moins avancées.

L'empirisme, fouillant et creusant la sociologie en partant des couches superficielles, et le socialisme, s'élevant de degré en degré des couches les plus profondes jusqu'aux couches plus élevées, se sont rencontrés en un certain point et se sont confondus sous le titre de socialisme scientifique ou de sociologie.

Cette réconciliation de l'empirisme et de l'utopie sur le terrain commun de la science s'est opérée de nos jours; il ne reste plus qu'à recueillir les fruits de ce long et dur labeur de l'humanité pensante et souffrante.

Une classification hiérarchique des sciences sociales n'était possible que de nos jours, où le domaine de chacune d'elles a été suffisamment parcouru et délimité. Les classifications tentées jusqu'à présent étaient absolument fausses ou incomplètes; la même confusion répandue dans les idées sociales régnait naturellement dans la détermination des phénomènes sociaux. Ici, comme ailleurs, un empirisme superficiel ou des utopies rétrogrades ou aventureuses, basés soit sur la considération prédominante des apparences externes les plus grossières, mais les plus frappantes, soit sur des désirs latents d'amélioration idéale, avaient présidé à toutes les tentatives de classification méthodique. Le préjugé le plus funeste et le plus général consistait à supposer que la véritable méthode de l'intelligence était la méthode apparente. Cette apparence, en biologie et en sociologie, c'était l'ensemble connu avant les parties, et l'on s'imaginait posséder cet ensemble alors qu'on n'apercevait, tout au plus, que l'enveloppe extérieure des phénomènes. En définitive, on ne connaissait qu'une partie extrêmement minime des organismes individuels et du superorganisme social; la science n'atteignait même pas leur épiderme. On confondait l'ensemble avec la superficie, le tout, qui ne peut être compris que par la connaissance exacte de chacune de ses parties, avec l'une de ces dernières, l'enveloppe. De là cette présomption outrecuidante des politiciens, en général ignares et inconscients, qui se figurent, en agitant certaines formules ou combinaisons relatives aux phénomènes les plus grossiers de la vie sociale, agir sur le fond même de l'ordre social, alors qu'à peine ils en effleurent et troublent la surface!

Bacon, d'Alembert et Comte ont, à eux seuls, rendu plus de services à la science sociale et à l'humanité que les innombrables et éphémères générations de politiciens dont les noms, aujourd'hui presque tous oubliés, retentirent avec tant de fracas aux oreilles de leurs contemporains.

C'est à ces maîtres qu'il faut en revenir pour remonter à la source de la classification hiérarchique que nous venons de proposer et qui trouve sa justification aussi bien dans la valeur positive incontestable que dans les imperfections bien naturelles et impossibles à éviter de ces tentatives antérieures.

Quant à Spencer et à de Roberty, nous savons que le premier nie le principe même de toute la classification sérielle des sciences en général et que le deuxième conteste tout au moins que cette division soit actuellement réalisable pour les sciences sociales.

« Nous croyons, écrit-il, que la division de la sociologie portera de meilleurs fruits lorsqu'elle se développera naturellement et sortira sans effort de l'unité fondamentale de la science. » C'est à l'exposé de ce développement naturel que la plus grande partie de notre *Introduction* vient d'être consacrée; à moins qu'on ne prouve que notre division est une classification qui, *à priori*, ne correspond nullement à la réalité de la formation des phénomènes sociaux, le principe en reste indiscutable et les détails et les subdivisions accessoires pourront seuls en être critiqués.

Les essais de classification de Bacon et de d'Alembert, proposés à une époque où ni la chimie, ni la biologie, ni la psychologie n'étaient constituées, devaient nécessairement être empreints d'une systématisation métaphysique en rapport avec le faible degré d'avancement des sciences organiques et superorganiques; aussi leurs divisions sont-elles essentiellement aprioriques et subjectives en ce qui concerne ces dernières.

Bacon fonde sa classification sur les trois grandes facultés humaines dans lesquelles, depuis Aristote jusqu'à lui, se résumaient les formes de l'entendement : la mémoire, l'imagination et la raison. Voilà donc les sciences classées non plus d'après leur réalité objective et leurs propres rapports, mais suivant les propriétés supposées du sujet qui cherche à les connaître!

A la mémoire, Bacon attribue l'histoire aussi bien naturelle que civile; à l'imagination, la poésie; à la raison, la philosophie. La philosophie proprement dite comprend la science des axiomes, laquelle se divise en science de Dieu et en science de la Nature, et la science de la condition des êtres.

Sa classification des sciences de la Nature, à part le vice de son principe, se rapproche en bien des points de la classification établie par Comte; ainsi, elle a pour base la physique, qui se subdivise en science des propriétés particulières des différents corps et en science de leurs mouvements; à la suite, il place la science des formes et des causes ou métaphysique, puis la mécanique et enfin la science du dénombrement des richesses humaines. Comme appendice à la science de la Nature, il ajoute les mathématiques avec leurs subdivisions.

Pour apprécier l'influence de cette classification sur le progrès des sciences, il faut tenir compte qu'elle reliait enfin l'évolution organique de la philosophie positive des sciences, égarée dans l'impénétrable forêt de la scolastique du moyen âge et du spiritualisme chrétien, aux précurseurs de cette philosophie positive dans l'antiquité dont les plus éminents furent Aristote et Hippocrate.

A part certaines modifications, la classification de Bacon servit de modèle à la *Grande Encyclopédie du* xviiie *siècle;* avant elle, sauf Descartes, on ne se doutait même pas qu'une classification générale des sciences fût non seulement possible, mais même nécessaire.

Depuis Bacon, la fonction nationale et internationale des religions put, à juste titre, être revendiquée par la philosophie des sciences, qui, de plus en plus, devint le génie et la conscience du genre humain.

D'après Bacon, la science de la condition des êtres — notez cette expression tout à fait positive — a pour objet l'homme en lui-même et l'homme en société. Ici apparaît le vice fondamental du système de Bacon, imperfection que tout son génie ne pouvait éviter vu l'état arriéré des sciences à une époque où les mathématiques, la physique et l'astronomie étaient seules suffisamment constituées. Cet illustre penseur, qui avait écrit « que les jugements scientifiques ne doivent pas se tirer simplement du fond de l'esprit humain, mais des entrailles mêmes de la Nature (1) », perdit pied en abordant sur un rivage inconnu et mouvant ; il ne fonda pas la science de l'individu sur la biologie, — son époque ne le permettait pas, — mais il systématisa les quelques connaissances empiriques déjà acquises en physiologie par son siècle dans des formules et des considérations métaphysiques semblables à celles où s'effondrent toutes les philosophies qui généralisent prématurément des connaissances incomplètes.

Il subdivise la science de l'homme en lui-même : 1° en science de l'homme en général ; 2° en science du corps de l'homme, et 3° en science de l'âme.

La science de l'homme en général comprend celle de ses misères et de ses avantages. C'est à peu près ce que nous appellerions aujourd'hui la science du milieu et de la constitution héritée ou acquise.

La science du corps de l'homme comprend celle des indices ou de la physionomie. On voit immédiatement combien cette science est superficielle et ne fait qu'effleurer son objet.

Enfin, la science de l'âme a pour objet celle des impressions et celle de l'interprétation des songes. Ici, le système s'écroule irrémédiablement, et il n'en pouvait être autrement en l'absence d'une connaissance suffisante spécialement du système nerveux et du cerveau.

La science du corps de l'homme se subdivisait encore, d'après Bacon, en médecine, cosmétique, athlétique et voluptuaire. Celle-ci comprenait la peinture, la sculpture et la musique.

La science de l'âme comprenait celle des mouvements volontaires et celle de la sensation, d'une part, et celle de la substance de l'âme et de ses facultés, d'autre part.

(1) *De dignitate et augmentis scientiarum, libri novem.*

Ainsi, pour ne parler que du vice fondamental de sa hiérarchie des sciences, Bacon plaçait, et avec raison, au sommet de l'échelle scientifique, à part la science de l'homme vivant en société, dont il n'est pas question pour le moment, la science des facultés de l'âme, et c'est d'après les subdivisions, du reste purement métaphysiques et nominales, de cette science à son époque qu'il classait hiérarchiquement les sciences antécédentes plus générales ; en un mot, il rangeait les phénomènes d'après des catégories appartenant seulement à certains de ces phénomènes, ceux de l'esprit ; sa philosophie, d'abord scientifique, dégénérait donc, à partir de la physiologie, en une conception purement subjective, comme il advint finalement à Comte en sociologie.

La tentative de Bacon, tout en échouant partiellement, n'en laissait pas moins debout, outre sa grande conception d'une évolution organique des sciences, indiquée par le titre même de son ouvrage, une classification dont les lignes principales et les assises devaient être utilisées par ses continuateurs. Placer à la base les sciences physiques et naturelles, y compris la mécanique et les mathématiques, leur superposer la science de l'homme, comprenant la science de l'esprit comme une dépendance, et enfin placer au-dessus de tout la science de l'homme vivant en société, n'était assurément pas un effort de peu de génie.

C'est par la science sociale, en effet, que le grand philosophe couronne l'édifice scientifique, et, là encore, son génie pénètre à des profondeurs étonnantes. Il comprend que la science sociale elle-même a besoin de divisions et d'une classification, et, après l'avoir partagée en science de la conservation, en science des affaires et en science du gouvernement, et avoir indiqué comme subdivision de cette dernière la science des agrandissements de territoire, il place, au sommet de toutes les sciences sociales, la science de la justice universelle. Toute l'évolution physique, physiologique, psychique et sociale aboutissant à ce but suprême, la justice dans l'humanité, jamais conception plus puissante n'était sortie et ne sortira de la conscience générale, s'exprimant par le génie d'un individu. Ni le XVIIIe, ni le XIXe siècle ne s'élevèrent, pas plus que les siècles postérieurs ne s'élèveront au delà de cet idéal hautain, dont les conditions scientifiques seules sont susceptibles de plus de précision.

Cette insuffisance scientifique inhérente à son époque, Bacon la sentait et l'indiquait lui-même, comme pour ne pas laisser aux siècles futurs la satisfaction de découvrir sa propre faiblesse, lorsqu'il écrivait notamment ces lignes, auxquelles aucune page n'est comparable, ni dans les temps anciens, ni dans les temps modernes :

« La sixième partie de notre ouvrage dévoile cette philosophie que la pure et légitime méthode de recherche enseignée par nous dès le principe prépare, enfante et constitue; mais achever cette dernière partie et la conduire à sa fin, c'est une entreprise qui est au-dessus de nos forces et qui dépasse nos espérances. Quant à nous, nous pouvons peut-être nous flatter d'en avoir donné un commencement qui n'est pas à mépriser; mais, quant à sa fin, c'est de la fortune du genre humain qu'il faut l'attendre; cette fin sera peut-être telle que, dans l'état présent des choses et des esprits, les hommes pourraient à peine l'embrasser et la mesurer par leur pensée; il ne s'agit pas ici, en effet, d'une simple félicité contemplative, mais de la félicité du genre humain, de sa fortune, de toute cette puissance qu'il peut acquérir par la science active (1). »

Ils sont rares, même aujourd'hui, les philosophes qui renoncent à enclore l'avenir dans leurs systèmes !

Le tableau de l'échelle encyclopédique des sciences de d'Alembert est, comme celui de Bacon, dressé d'après la distinction des facultés humaines; c'est, du reste, au philosophe anglais que l'auteur du *Dictionnaire* reconnaît l'avoir emprunté. On remarque, dans la classification de d'Alembert, une division de la technologie d'après les matières premières; elle se recommande également par l'emprunt, fait à Boerhave, de sa classification des sciences médicales, introduite dans le tableau entre la minéralogie et la chimie, sous le nom de zoologie et avec ses subdivisions en anatomie

(1) *De dignitate et augmentis scientiarum.*

simple ou comparée, physiologie et médecine proprement dite. Sa classification de la technologie d'après un des caractères les moins distinctifs des métiers, bien que le plus grossier et le plus apparent, était la première tentative de ce genre, et la façon dont elle se produisait était analogue à la méthode même d'après laquelle sont nées les premières classifications dans toutes les branches du savoir humain, c'est-à-dire d'après certains rapports superficiels et facilement reconnaissables. L'enfant ne différentie-t-il pas d'abord les livres d'une bibliothèque par leur couleur ou leur format, avant de les distinguer par leur contenu? Quant à la place assignée à la médecine, cette branche particulière de la physiologie, entre la minéralogie et la chimie, elle n'a pu être justifiée, dans l'esprit de d'Alembert, que par cette même vue étroite de déterminer l'ordre de cette science par la nature des éléments qu'elle empruntait tant à la minéralogie qu'à la chimie au point de vue professionnel de l'exercice même de la médecine.

Le tableau encyclopédique de d'Alembert est encore inférieur à celui de Bacon en ce que la vue profonde que jeta ce dernier sur l'avenir — et ce tant d'années avant l'*Encyclopédie* — et qui lui fit placer la science sociale au sommet de tout l'édifice scientifique et, chose plus remarquable encore, la justice universelle comme couronnement de toutes les sciences sociales particulières et de la politique en général, en ce que cette vue, disons-nous, est absolument écartée par d'Alembert. Cet esprit essentiellement positif et exact, à une époque où la biologie et la psychologie étaient encore dans les langes et la chimie seule en voie de constitution définitive, cet esprit se cantonnait, comme presque tout le XVIIIe siècle, — siècle essentiellement ennemi des utopies, — dans cet individualisme systématique qui, en pulvérisant sous la Révolution française les vieux organismes, devait laisser le monde pendant longtemps abandonné à l'âpre concurrence des égoïsmes en rupture.

La classification d'Auguste Comte est connue; nous avons vu que sa méthode en sociologie est vicieuse en ce qu'elle a pour point de départ cette allégation fausse que, dans les sciences organiques et, à plus forte raison, dans la science sociale, nous connaissons le tout avant les parties. Cette illusion fondamentale l'a entraîné à négliger la statique sociale d'une façon absolue, pour entrer de plain-pied, avant toute étude de la structure ou de l'organographie et de la morphologie sociales, et même préalablement à l'étude des fonctions spéciales du superorganisme social, pour aborder, disons-nous, directement et carrément l'étude de la dynamique sociale générale. Son attention avait cependant été attirée sur ce point, car l'aveu lui a échappé, en passant, que la statique est la base de la sociologie (1). De là, une physique sociale qui se contente, le plus souvent, d'aperçus trop généraux, lesquels, ne reposant pas sur une accumulation suffisante d'observations particulières, sont trop de fois en contradiction avec la réalité; de là, son ignorance absolue et systématique de l'économique, son oubli du droit privé et public, comme, en général, de toutes les sciences sociales particulières, y compris l'organisme et la fonction artistiques; de là, sa profonde indifférence pour toutes les grandes écoles socialistes qui, même par leurs utopies, ont concouru, au moins autant que les fondateurs du positivisme, à la constitution de la science sociale.

La sociologie de Comte, à proprement parler, ne mérite pas ce titre : c'est plutôt une philosophie de l'histoire des idées; sa loi des trois états ne s'applique, en effet, ni à l'économique, ni à la science, ni à la morale, ni au droit, ni à la politique, mais seulement à cette portion de l'évolution de la conscience individuelle et collective qui a pour objet les croyances et qui part, d'après lui, du fétichisme, pour aboutir, par le polythéisme, le monothéisme et la métaphysique, à la philosophie positive.

L'erreur de Comte est d'avoir cru pouvoir se contenter d'une espèce de connaissance vague et superficielle de l'ensemble des phénomènes sociaux avant d'avoir distingué d'une façon suffisamment précise ces phénomènes de ceux des sciences antérieures; cette erreur de méthode s'explique par son ignorance

(1) *Cours de Philosophie positive*, tome IV, p. 262.

complète de la physiologie de l'esprit, qui ne s'est constituée en science que de nos jours; il n'a point su que la science ne procédait pas autrement que l'intelligence individuelle; l'enfant ne distingue tout d'abord que les phénomènes superficiels les plus frappants, les plus fréquents et particulièrement tous ceux qui se passent à la surface; c'est en ce sens seulement, c'est-à-dire en ce que les phénomènes enveloppants lui sont connus avant les phénomènes enveloppés, qu'il a, comme Comte lui-même, l'illusion de croire qu'il a pu connaître l'ensemble avant les parties constituantes; cette illusion est l'explication de la création naturelle de toutes les métaphysiques.

Non seulement Comte n'a pas suffisamment déterminé les caractères spéciaux de la sociologie, ni séparé les divers genres et espèces de ces phénomènes, mais il ne les a pas non plus classés. Or, sans classification, pas de méthode, pas de science.

La sociologie s'est ainsi réduite à une histoire assez superficielle du développement des idées et à l'hypothèse prématurée d'une loi de leur développement, loi purement nominale, du reste, et qui, au lieu de trois états, peut se réduire à deux : passage de la religion à la science, ou à un seul : progrès de la science. En effet, le progrès de l'esprit est toujours fait, en réalité, dans le même sens et non par révolutions successives ni de situations contradictoires.

Comme conclusion, Comte aboutit à cette *croyance* que c'est le développement des idées qui détermine celui de l'ensemble social, alors, au contraire, que les idées sociales sont déterminées par toute une série de facteurs plus généraux, tels que notre constitution physiologique ou psychique et l'organisme économique, avec lesquels notre évolution sociale est dans une dépendance très rigoureuse, et sur laquelle l'intelligence individuelle et l'intelligence collective ne peuvent réagir que dans une mesure assez étroite. Le ventre règle bien plus notre conduite que notre cerveau : ce sera là une vérité éternelle malgré tous les progrès de nos idées.

Cette hypothèse, que « la principale partie de l'évolution sociale, celle qui a le plus influé sur la progression générale consiste sans doute dans le développement continu de l'esprit scientifique » (1), n'est autre, en définitive, que celle du doctrinarisme libéral de Cousin, Guizot et Royer-Collard, auxquels Comte se rattache plus qu'on ne le pense et surtout plus qu'il ne le croyait lui-même ; si elle était vraie, le droit de suffrage, au lieu de s'étendre, devrait se restreindre aux plus savants, c'est-à-dire aux plus infaillibles, ce qui, en pratique, se traduit par les intrigants. Telle devrait être et serait la combinaison logique du système électoral capacitaire qu'on essaie d'introduire en Belgique. Un pape plus ou moins laïque et infaillible, flanqué de quelques cardinaux ! La politique de Comte aboutit, au surplus, formellement à la constitution du gouvernement despotique des plus savants.

Il faut cependant rendre cette justice au chef de l'école positiviste française que, dans diverses parties de son immortel ouvrage, il a entrevu une classification sociologique plus objective et moins autoritaire et idéaliste. Cette classification, bien plus naturelle, mais insuffisamment précise, complète et méthodique, est celle en phénomènes physiques, moraux, intellectuels et politiques, à laquelle il revient plusieurs fois, mais sans y attacher, dirait-on, une bien grande importance, pas plus, d'ailleurs, que nombre d'écrivains politiques et autres, dans les ouvrages desquels cette division sérielle apparaît, pour ainsi dire, à leur insu et d'une façon inconsciente, et par cela même d'une grande valeur scientifique.

C'est cette hypothèse fausse, que l'évolution sociale entière est subordonnée à l'évolution scientifique, qui a conduit Comte à placer logiquement au sommet de son organisation sociale les intelligences supérieures, véritables pontifes de ce grand être humanitaire dont il finit par se faire un Dieu, en vertu même de cette hallucination qui lui fit croire que l'ensemble pouvait être connu avant les parties et que les idées gouvernent le monde.

C'est également une classification erronée des phénomènes

(1) *Cours de Philosophie positive*, tome IV, p. 268.

sociaux qui a permis à un disciple de Comte, tout en se rapprochant déjà plus de la réalité que son maître, de supposer « que le gouvernement temporel proprement dit doit être exercé dans chaque république sociocratique par les principaux industriels, c'est-à-dire, d'après la hiérarchie sociale indiquée, par les banquiers les plus importants, que la généralité et la difficulté croissantes de leurs relations commerciales, manufacturières et agricoles placent au sommet de la série pratique dont les travailleurs forment la base. C'est à eux que, dans les cas de conflit, le sacerdoce, par l'intermédiaire de son organe suprême, devra soumettre les réclamations du prolétariat (1). »

Voilà donc toute une organisation politique et juridique basée sur une observation que nous prouverons être absolument fausse, à savoir : que les banquiers, c'est-à-dire, en sociologie, les organes régulateurs de l'échange et du crédit, sont au sommet de l'échelle sociologique ; nous prouverons, au contraire, que leur fonction, précisément parce qu'elle est une des plus générales, est à la base et n'a rien de commun ni avec la morale, ni avec le droit, ni avec le gouvernement, vis-à-vis desquels la banque n'a à se poser ni en juge ni en maître.

Nous savons, au surplus, pour l'avoir expérimenté, ce que vaut le gouvernement des banquiers et des capacitaires ; la sociologie de Comte était pratiquée sous ses yeux et sous ceux de ses disciples. *Oculos habeat et non videbunt!* La bancocratie et les mandarinats de savants officiels exploitaient de son temps, et exploitent encore maintenant, la France et la Belgique. Ce n'est pas la peine, dès lors, de créer une sociologie pour consacrer un despotisme dont nous sentons tout le poids.

Malheureux prolétariat si la classification de M. Robinet était juste et si les banquiers étaient, de par délégation du sacerdoce suprême de Comte, juges des revendications du travailleur!

La classification sociologique de Comte est purement intellec-

---

(1) *Notice sur l'Œuvre et la Vie d'Auguste Comte,* par le docteur Robinet, p. 80; Paris, Dunod, 1861

tuelle; se loi des trois états n'est pas générale, puisqu'elle ne s'applique qu'à un seul aspect du développement social; même ce point de vue intellectuel est incomplet; de plus, cette classification est vicieuse en ce qu'elle n'implique pas les phénomènes sociaux les plus généraux, tels, par exemple, que les phénomènes économiques, ni les plus complexes, tels que les phénomènes juridiques et politiques.

Il suffit d'exposer cette prétendue loi des trois états pour en constater immédiatement la faiblesse et la défectuosité. D'après Comte, le développement de l'esprit humain, développement par lequel tous les autres mouvements sociaux sont gouvernés, est caractérisé par la succession des trois époques, théologique, métaphysique et positive. La première se subdivise en fétichisme et aboutit à un culte perfectionné, celui des astres; la deuxième est le polythéisme ou l'adoration des forces de la nature dans une certaine hiérarchie et suivant une classification physique plus ou moins rationnelle; la troisième est le monothéisme ou adoration d'une force première. Dans cette dernière période, l'esprit humain commence à entrevoir pour la société l'existence de rapports stables et généraux, mais suivant une première impulsion donnée par une force supérieure.

L'époque métaphysique se consacre à la recherche de cette première impulsion à travers la série des systèmes physiques, mécaniques, chimiques et biologiques.

En dernier lieu, l'époque positive recherche les lois du monde extérieur, y compris la société, dans les phénomènes eux-mêmes, c'est-à-dire dans les rapports existant entre les choses.

Déjà M. Wyrouboff, l'un des disciples les plus remarquables de Comte et de Littré, a indiqué dans une étude très impartiale, publiée dans la *Revue de Philosophie positive*, que cette loi des trois états ne s'appliquait pas à la civilisation indoue.

La philosophie de l'histoire de Comte soulève des objections encore plus fondamentales. La plus grave est peut-être que la loi des trois états est purement dynamique, c'est-à-dire relative à l'évolution sociale, et néglige absolument l'autre moitié de la sociologie, celle relative à la statique. La loi des trois états n'explique pas et ne peut avoir la prétention d'expliquer comment la société se tient en équilibre ; elle ne fournit pas le moindre renseignement morphologique ou relatif à sa structure, ni même concernant l'évolution de cette structure ; elle se rapporte exclusivement à son développement fonctionnel, et encore à une portion excessivement minime de ce développement : celle relative aux doctrines et aux croyances ; elle ne s'applique même qu'à l'aspect superficiel de ces dernières : elle se restreint, en effet, aux idées religieuses et philosophiques, sans tenir compte, notamment, des doctrines économiques, dont l'influence est bien plus générale, en supposant que les doctrines et les croyances aient, par elles-mêmes, l'influence directrice prédominante que leur attribue Comte.

Les doctrines et les croyances, loin de déterminer l'évolution générale, sont déterminées par les facteurs les plus généraux de la sociologie, sur lesquels elles n'exercent une influence que par voie de réaction. Ni la circulation des valeurs, ni leur consommation, ni leur production ne sont réglées par les lois du développement scientifique et moral ; leur causation générale réside dans les lois de la matière inorganique et organique ; à leur tour, elles donnent aux idées et aux émotions leur structure et leur direction d'ensemble, et les idées et les émotions ne s'émancipent de leur tutelle rigoureuse que par une certaine réaction favorisée par leurs caractères spéciaux.

De même que l'homme est un composé de matières inorganiques et organiques, plus certains caractères propres qui ne lui enlèvent jamais l'empreinte que lui a imprimée la nature, de même, les doctrines et les croyances sont fondues dans le moule plus vaste du monde économique, dont elles conservent à tout jamais la configuration, malgré les modifications particulières qui les en distinguent.

Postérieurement à Comte, Spencer, ainsi que nous l'avons déjà indiqué, par une contradiction évidente avec ses premières critiques du principe de la classification sociale des sciences, affirma d'une façon catégorique qu'il n'y avait pas de science sociale possible sans une classification hiérarchique des phénomènes qu'elle embrasse ; cette classification et cette hiérarchie, il n'a malheureusement pas tenté de les réaliser ; aussi, bien que sa *Statique sociale* et sa *Sociologie* soient empreintes d'un esprit de méthode et basées sur des analyses et des inductions beaucoup plus rigoureuses que les généralisations hâtives du philosophe français, on peut lui reprocher également d'avoir négligé les fondements de la science sociale, c'est-à-dire la structure et l'évolution économiques, pour se perdre dans l'examen plus superficiel des croyances religieuses et du développement des institutions politiques.

Comte et Spencer ont, malheureusement pour leur œuvre, accordé trop peu d'attention à cet ensemble de doctrines socialistes, d'abord utopiques, puis de plus en plus scientifiques, où l'importance prédominante des conditions sociales économiques sur l'état et l'évolution des civilisations était appréciée d'une façon bien plus clairvoyante. Aussi, avant de terminer cet aperçu, très incomplet, des progrès de la science sociale, convient-il de rendre aux socialistes, y compris leurs précurseurs les plus utopistes, la justice qui leur est due. La science sociale doit au moins autant à Fourier, Saint-Simon et Proudhon, pour ne citer que ceux-là, qu'à Comte, Stuart-Mill et Spencer. S'il nous est donné d'avoir un jour une vue à la fois plus large et plus exacte de la sociologie, si l'humanité atteint jamais un degré plus élevé de bien-être, de justice et de liberté, ce sera à la double série des écrivains socialistes et des philosophes positivistes que nous le devrons et nous leur vouerons justement une éternelle reconnaissance.

A l'heure actuelle, l'union du socialisme et de la science positive est un fait accompli ; il ne s'agit plus que de la rendre de plus en plus intime et parfaite et d'en tirer les conclusions légitimes.

Socialisme et positivisme sont aussi anciens que la misère et que la science ; leurs racines plongent dans le cœur saignant et dans le cerveau pensant de l'humanité ; le premier, dès le principe, appuya ses revendications et ses théories, progressivement plus rationnelles, sur la cause la plus générale de toutes les douleurs sociales: la cause économique; de ce principe, il déduisit toutes les misères morales et politiques de la société; issu du plus profond de la conscience populaire, il fut l'écho chaque jour plus conscient de souffrances dont il sentait plus directement le principe et les effets; la science positive, au contraire, partie d'abord empiriquement de la surface des choses, moins secouée et émotionnée par les cataclysmes extérieurs, dont le bruit arrivait à peine jusqu'à elle, entreprit d'une façon plus sérieuse et plus exacte son long travail d'analyse; elle enleva successivement du système social la croûte superficielle des phénomènes purement politiques, jusqu'à ce qu'enfin elle se rencontra dans ses profondeurs avec le socialisme A partir de ce moment, faisant route commune, et le système social étant percé d'outre en outre, ils purent, l'un et l'autre, se rendre compte de la superposition et des mouvements exacts et naturels des diverses couches de phénomènes sociaux dont la structure et l'évolution, tant spéciales que générales, forment le domaine de la science sociale.

FIN DE LA PREMIÈRE PARTIE.

TABLE DES MATIÈRES.